LUZ DA IDADE MÉDIA

Tradução:
Ana Júlia Galvan

@editoraquadrante
@editoraquadrante
@quadranteeditora
Quadrante

RÉGINE PERNOUD

LUZ DA
IDADE MÉDIA

QUADRANTE

Título original
Lumière du moyen-âge, 1944

© Éditions Bernard Grasset 1944.
© Éditions Grasset et Fasquelle, 1981, pelo Prefácio.

Capa
Gabriela Haeitmann

DADOS INTERNACIONAIS DE CATALOGAÇÃO NA PUBLICAÇÃO (CIP)

Pernoud, Régine, 1909–1998

Luz da Idade Média / Régine Pernoud; tradução Ana Júlia Galvan. –São Paulo,
SP : Quadrante Editora, 2025.

ISBN: 978-85-7465-773-8

1. História medieval da Europa (ca. 500–1450) I. Autor II. Título

CDD 940.1

ÍNDICES PARA CATÁLOGO SISTEMÁTICO:
1. História medieval da Europa (ca. 500–1450) – 940.1

Todos os direitos reservados a
QUADRANTE EDITORA
Rua Bernardo da Veiga, 47 – Tel.: 3873-2270
CEP 01252-020 –São Paulo –SP
www.quadrante.com.br / atendimento@quadrante.com.br

Sumário

Prefácio 7

A organização social 13

O vínculo feudal... 31

A vida rural.. 45

A vida urbana 57

A realeza 73

As relações internacionais 83

A Igreja 95

O ensino.. 113

As letras 129

As artes 171

As ciências... 187

A vida cotidiana... 195

A mentalidade medieval 235

Pequeno dicionário da Idade Média tradicional............. 245

Para saber mais 253

Prefácio

"Produzir livros é um trabalho sem fim", dizia o Eclesiastes, no tempo em que a Bíblia se chamava *Vulgata*. É um pouco o sentimento da autora considerando a presente obra a quase quarenta anos de distância... Trabalho sem fim.

Este foi empreendido alguns anos após a minha saída da École des Chartres, no encantamento de uma descoberta ainda totalmente nova. Para mim, de fato, como para todo mundo, ao fim dos estudos secundários e de uma licenciatura clássica, a "Idade Média" era uma época de "trevas". Éramos munidos, tanto em literatura quanto em história, de um robusto arsenal de juízos pré-fabricados que nos levavam pura e simplesmente a declarar ingênuos os ouvintes de Tomás de Aquino e bárbaros os construtores do Thoronet. Não havia nada nesses séculos obscuros em que valesse a pena se demorar. Por isso, foi com um sentimento de resignação que abordei uma escola que, em minhas intenções, estava destinada a abrir-me as portas de uma carreira de bibliotecária.

E eis que ela me abriu uma janela para outro mundo; e que depois de pouco mais de três anos de curso — frequentemente pontuados, é preciso dizê-lo, por crises de sono irreprimível, quando se tratava, por exemplo, de biblioteconomia ou de arquivologia —, "os tempos a que chamamos de obscuros" surgiram para mim numa luz insuspeita. O mérito da escola foi o de colocar-nos de imediato diante dos próprios materiais da História. Nenhuma "literatura", pouquíssima importância atribuída às opiniões professadas pelos professores, mas uma rigorosa exigência em face dos textos antigos ou aos monumentos de época tomados no sentido mais amplo. Éramos levados, em suma, a sermos técnicos da História, e isto foi mais substancial do que as diversas filosofias da mesma História que tínhamos tido a oportunidade de abordar anteriormente. Sobretudo no terceiro ano, a arqueologia, e ainda mais a história do direito, ensinadas pelo grande mestre que era Roger Grand, faziam-nos penetrar uma sociedade em suas estruturas profundas, bem como em sua expressão artística; revelavam-nos um passado aflorado ainda no presente, um mundo que vira o lirismo enflorar, a literatura romanesca eclodir e as catedrais de Chartres e de Reims elevarem-se; ao identificar uma estátua após a outra, descobrimos personagens de uma alta humanidade; ao folhear cartas ou manuscritos, tomávamos consciência de uma harmonia da qual cada selo, cada linha traçada, cada disposição parecia deter o segredo.

Desta forma, pouco a pouco surgia uma questão, que, em tempos em que a contestação se fazia difícil, mal se ousava formular: por que nunca nos tinham deixado sequer suspeitar de tudo aquilo? Por que os programas não nos faziam entrever mais que um grande vazio entre o século de Augusto e a Renascença? Por que era preciso adotar sem discussão a opinião de alguém como Boileau sobre os "séculos grosseiros" e acolher com não mais que um sorriso indulgente a opinião dos românticos sobre a floresta gótica?

A presente obra nasceu dessas interrogações e de uma série de outras semelhantes. E parece que hoje todos as colocariam. Mas isso não importa. Porque aprenderam a viajar nesse meio-tempo, os franceses, como todo mundo, aprenderam a ver. Uma cultura latente, completamente ausente em minha juventude, em que a "cultura" ainda era o apanágio de uma sociedade muito restrita, se disseminou. E se ainda não viajamos tanto quanto os anglo-saxões, ou se não lemos tanto quanto os irlandeses, o nível geral, contrariando tantos clamores pessimistas, parece-nos estar consideravelmente elevado sobretudo nos últimos vinte a vinte e cinco anos, de modo que, por todo canto, começa-se a saber discernir em nosso entorno o que merece admiração.

"Você vai passar a vida inteira reescrevendo esta obra", disse-me, em sua publicação, Léon Gischia; e essa segurança vinda de um pintor a quem eu admirava profundamente, ele próprio muito bem informado quanto às diversas formas de arte da nossa Idade Média, pegou-me de surpresa. De fato, ele tinha razão. Todos os meus trabalhos foram dedicados a estudar, aprofundar e esclarecer os caminhos aqui abertos ou entrevistos, a tentar uma exploração mais completa, a querer partilhá-la com um público pronto a manifestar a sua curiosidade intelectual; isto sobretudo, note-se, fora dos meios tradicionalmente devotados à cultura clássica e somente a ela.

Para esta reedição, exatamente trinta e cinco anos após a sua publicação original, perguntamo-nos se a obra deveria ou não ser renovada. Feita a reflexão, lançamos agora o livro tal como ele fora escrito. Os leitores de hoje estão aptos a preencher as suas ocasionais lacunas graças a coleções como a da Zodiaque sobre a arte romana ou como os *Cahiers de civilization médiévale*; ou ainda, graças a estudos tão completos e tão profundos quanto os de Reto Bezzola, de Pierre Riché, de Paul Zumthor, de Léopold Génicot e de inúmeros estudiosos americanos, tais como Lynn White e muitos outros.

Não deixamos de assinalar aqui e ali algumas aproximações. Assim, reproduzi bastante inocentemente o que foi-me ensinado a respeito do "esquecimento da escultura" até as épocas romana e gótica; os pintores de nosso tempo corrigiram em alguns detalhes a nossa visão e nos fizeram compreender que os fresquistas romanos tinham tanto interesse quanto Matisse em obedecer às "leis da perspectiva". Ou ainda, alguns detalhes estavam errados: Abelardo jamais lecionou em Argenteuil; mas isto é mais conhecido hoje em dia.

Queremos retificar também, aqui e ali, certa imperícia, detalhes "datados", epítetos intempestivos, julgamentos um tanto peremptórios: tudo devido à juventude; mas excluí-los seria pôr em risco também certo fervor entusiástico devido à mesma juventude. Para ela, pode-se invocar a indulgência do leitor — a mesma indulgência que, na primeira vez em que cruzei, muito timidamente, as portas da editora Grasset, manifestou para comigo o caro Henry Poulaille, então diretor do departamento editorial. A despeito de suas imperfeições, esta obra pode representar para todas as demais uma iniciação de certa forma comparável à que eu recebi na velha casa da 19ª rua da Sorbonne.

~

Seria iniciar outro capítulo — o mais importante, sem dúvida — falar de todo o reconhecimento que tenho por aqueles que inspiraram, acolheram, encorajaram esta obra e me proveram com a sua substância ou com a sua forma. Se voltarmos no tempo, houve primeiro quem aconselhou ou quis esta reedição — Christian de Bartillat, da editora Stock, ou Françoise Verny, da editora Grasset. Depois, além deles, uma porção de estudiosos, mestres e colegas. "Quando o dia baixa às janelas e as canções se extinguem", avaliamos melhor o alcance daquele "o que obtiveste que não tenhas recebido?".

Mas, primeiro e sobretudo, o ponto de partida desta obra foi o conselho e a opinião de Georges, meu irmão ("se tudo o que você nos conta da Idade Média está certo, escreva sobre isso; ninguém o sabe"), e, mais tarde, todas as obras que escrevi foram inspiradas, guiadas, revisadas, finalizadas por aquele que, atento à obra dos outros a ponto de negligenciar a sua própria, conhece hoje a Luz acima de toda luz.

2 de fevereiro de 1981

... esses tempos a que chamam obscuros.
— Miguel de Unamuno

A ORGANIZAÇÃO SOCIAL

Durante muito tempo, acreditou-se que, para explicar a sociedade medieval, bastava recorrer à divisão clássica em três ordens: o clero, a nobreza e o terceiro estado. É a noção que os manuais de história ainda fornecem: três categorias de indivíduos, bem definidas, tendo cada uma delas suas devidas atribuições e claramente separadas umas das outras. Nada poderia ser mais distante da realidade histórica. A divisão em três classes pode aplicar-se ao Antigo Regime, nos séculos XVII e XVIII, em que, efetivamente, os diferentes estratos da sociedade formavam ordens distintas, cujas prerrogativas e relações explicavam o mecanismo da vida. No que diz respeito à Idade Média, uma divisão como essa é superficial: ela explica o agrupamento, a repartição, a distribuição de forças, mas nada revela sobre a sua origem, sobre a sua mobilidade, sobre a estrutura mais profunda da sociedade. Tal como apresentada nos textos jurídicos, literários e outros, esta é a bem dizer uma hierarquia que comporta uma ordem determinada, mas essa ordem é diferente daquela na qual acreditávamos e, sobretudo, muito mais diversa. Nos atos notariais, vê-se com frequência o senhor de um condado ou o padre de uma paróquia mencionados como testemunhas nas transações entre plebeus, e a casa[1] de um barão — isto é, o seu meio, os indivíduos próximos — comporta tanto servos e monges quanto altas figuras.

---

[1] No original, *mesnie*. O termo refere-se não somente ao lugar, mas também às pessoas que o compõe, o patrimônio e a linhagem das famílias nobres — NT.

As atribuições dessas classes também são estritamente misturadas: a maioria dos bispos também são senhores; ou muitos deles saem do povo; em certas regiões, o burguês que comprasse um terreno nobre tornava-se ele mesmo nobre. A partir do momento em que deixamos de lado os manuais para mergulharmos nos textos propriamente ditos, a noção de "três classes da sociedade" nos parecerá factícia e sumária.

Mais próxima da verdade, a divisão entre privilegiados e não-privilegiados também se mantém incompleta, pois houve na Idade Média privilégios de alto a baixo na escala social. O mais baixo dos aprendizes é, sob certos aspectos, um privilegiado, visto que participa dos privilégios do corpo do ofício; os da Universidade beneficiam tanto aos estudantes e a seus criados quanto aos mestres e aos doutores. Certos grupos de trabalhadores rurais gozam de privilégios determinados que o seu senhor é obrigado a respeitar. No tocante aos privilégios, considerar apenas os da nobreza e do clero é adquirir uma noção completamente errônea da ordem social.

Para compreender a sociedade medieval, é preciso estudar a sua organização familiar. Nela encontra-se a "chave" da Idade Média, e também a sua originalidade. Todas as relações, à época, eram estabelecidas no modo familiar: tanto as do senhor para com os vassalos como as do mestre para com o aprendiz. A vida rural e a história de nossa terra não se explicam senão pelo regime de famílias que nela viveram. Quer-se avaliar a importância de uma cidade? Conte-se o número de "fogos", e não o número de indivíduos que a compunham. Na legislação, nos costumes, todas as disposições voltam-se ao bem da família, ao interesse da linhagem — ou, compreendendo essa noção familiar num círculo mais importante, ao interesse do grupo, dos corpos de ofício que nada mais são que uma vasta família, fundada sobre o mesmo modelo que a célula familiar propriamente dita. Os altos barões são antes de mais nada pais de família, reunindo ao seu redor todos os seres que, por nascença, fazem parte do domínio patrimonial; seus combates são querelas de família, nas quais toma parte toda a *casa* à qual devem defender e gerir.

A história do feudalismo não é senão a das linhagens principais. E o que é, no fim das contas, a história do poder real entre os séculos x e xiv? É a história de uma descendência que se estabelece graças à sua renomada coragem, ao valor o qual seus ancestrais provaram: muito mais que um homem, é uma família que os barões colocaram à sua cabeça; na pessoa de Hugo Capeto, eles veem o descendente de Roberto, o Forte, que defendera a região contra os invasores normandos; de Hugo, o Grande, que já havia portado a coroa; isso transparece no discurso de Adalberto de Reims: "Dai-vos por chefe o duque dos Francos, glorioso por suas ações, *por sua família e por seus homens* — o duque em quem encontrareis um tutor não somente dos assuntos públicos, como também de vossos assuntos *privados*". Esta linhagem manteve-se no trono por meio da heredita-riedade, de pai para filho, e viu acumularem-se os seus domínios por meio de heranças e de casamentos, muito mais do que por meio de conquistas: história que se repete milhares de vezes em nossa terra, em graus diversos, e que determinou de uma vez por todas os rumos da França, fixando em sua terra descendências de camponeses e de artesãos cuja persistência ao longo dos altos e baixos das épocas de fato criou a nossa nação. Nos fundamentos da "energia francesa", há a família, tal como a Idade Média a compreendia e a conhecia.

Não se pode distinguir precisamente a importância dessa base familiar sem opor, por exemplo, a sociedade medieval, com-posta por famílias, à sociedade antiga, composta de indivíduos. Desta, o homem, *vir*, antes de mais nada; na vida pública, ele é o *civis*, o cidadão, que vota, que faz as leis e que assume o seu papel nos assuntos do Estado; na vida privada, é o *paterfamilias*, o proprietário de um bem que lhe pertence pessoalmente, pelo qual é o único respondente e sobre o qual suas atribuições são quase ilimitadas. Em nada se vê a sua família ou a sua linhagem participando de sua atividade. Sua esposa e seus filhos são-lhes todos submissos e seu respeito permanecem em estado de minoria perpétua; ele tem sobre eles, como sobre seus escravos ou sobre seus bens patrimoniais, o *jus utendi et abutendi*, o poder de usar e de abusar. A família parece existir apenas em estado latente; não vive senão através da personalidade do pai, que é ao mesmo tempo chefe militar e sumo sacerdote; isso aliado a todas as consequências morais que daí derivaram, dentre as quais é preciso colocar o infanticídio legal. A criança era, sem dúvida, o grande sacrificado na Antiguidade: era um objeto cuja vida dependia do julgamento ou dos caprichos paternos; era submetida a todas as eventualidades de troca ou de adoção e, quando o direito de viver lhe era concedido, ela permanecia sob a dependência e a autoridade do *paterfamilias* até a morte deste; e mesmo depois, não obtinha o direito pleno à herança paterna, visto que seu pai podia dispor à vontade de seus bens no testamento; ainda que o Estado se ocupasse desta criança, não era para intervir em prol de um ser vulnerável, mas simplesmente para construir a educação do futuro soldado e do futuro cidadão.

Nada subsiste dessa concepção em nossa Idade Média. O que importa, portanto, não é o homem, mas a linhagem. Poder-se-ia estudar a Antiguidade — e, com efeito, estudamo-la — sob a forma de biografias individuais: a história de Roma é a de Sula, de Pompeu, de Augusto; a conquista da Gália é a história de Júlio César. E para abordar a Idade Média? Impõe-se neste caso uma mudança de método: a história da unidade francesa é a da linhagem capetiana; a conquista da Sicília é a história dos rebentos de uma família normanda, numerosa demais para o seu patrimônio. Para compreender bem a Idade Média, é preciso enxergá-la em sua continuidade, em seu conjunto. Talvez seja esse o motivo de este período ser tão pouco conhecido e muito mais difícil de estudar que o período antigo, porque é preciso desenredar a complexidade, segui-la na continuidade do tempo, através dessas *casas* que compõem a sua trama — e não apenas aquelas que deixaram um nome para o brilho de suas explorações ou para a importância de seu domínio, como também para casas muito modestas, as do povo das vilas e do campo, as quais é preciso conhecer em suas vidas familiares se se quiser compreender o que foi a sociedade medieval.

A ORGANIZAÇÃO SOCIAL

Aliás, pode-se explicá-lo: durante o período turbulento e de decomposição total em que consistiu a Alta Idade Média, a única fonte de unidade, a única força que permaneceu viva foi precisamente o núcleo familiar, a partir do qual pouco a pouco foi constituída a unidade francesa. A família e sua base dominial foram, assim, por causa das circunstâncias, o ponto de partida da nação francesa.

Esta importância dada à família se traduz na preponderância, muito marcada na Idade Média, da vida privada sobre a vida pública. Em Roma, um homem só tinha valor à medida que exercia os seus direitos de cidadão: que votasse, que deliberasse e que participasse dos assuntos do Estado; as lutas da plebe para conseguir ser representada por um tribuno são, sob este prisma, bastante significativas. Na Idade Média, era raro que as questões fossem os assuntos públicos: ou, antes, tais questões logo tomam o aspecto de administração familiar; são as contas do domínio, das legislações dos gerentes e dos proprietários; e mesmo quando, no momento da formação de comunidades, os burgueses reivindicavam direitos políticos, sua intenção era poder exercer livremente o seu ofício, sem mais restrições por circulação e direitos aduaneiros; a atividade política, em si mesma, não lhes interessava. Além disso, a vida rural era então infinitamente mais ativa que a vida urbana e, numa e noutra, era a família, e não o indivíduo, que prevalecia como unidade social.

Tal como se mostra desde o século X, a sociedade assim compreendida apresenta como traço essencial a noção de solidariedade familiar, resultado de costumes bárbaros, germânicos ou nórdicos. A família é considerada como um corpo no qual em todos os membros circula o mesmo sangue — ou como num mundo em redução, cada ser atuando de acordo com o seu papel com a consciência de fazer parte de um todo. Assim, a união não se apoia mais, como na Antiguidade romana, na concepção estatista da autoridade de seu chefe, mas sim sobre esse fato de ordem a uma só vez biológica e moral, segundo a qual todos os indivíduos que compõem a mesma família são unidos pela carne e pelo sangue, seus interesses são solidários, e nada é mais respeitável que a afeição que naturalmente os anima uns para com os outros. É muito vívido o senso de tal caráter comum entre os seres de uma mesma família:

> *Les gentils fils des gentils pères*
> *Des gentils et des bonnes mères*
> *Ils ne font pas de pesants heires (hoirs, héritiers).*[2]

— conforme diz um autor da época. Aqueles que vivem sob um mesmo teto, cultivam a mesma terra e se aquecem na mesma fogueira — ou, para empregar a linguagem daquele tempo, aqueles que têm parte na mesma "gamela", que "talham o mesmo tecido", sabem que podem contar uns com os outros e que, se for o caso, o apoio de sua casa não lhes faltará. O espírito de corpo, com efeito, é mais forte aqui do que poderia ser em qualquer outro agrupamento, visto que funda-se em ligações inegáveis de parentesco de sangue e que apoia-se numa comunidade de interesses não menos visível e evidente. O autor do trecho que citamos anteriormente, Étienne de Fougères, protesta em seu *Livre des Manières* (Livro das Maneiras) contra o nepotismo entre os bispos; não obstante, reconhece que jamais se pode assegurar-se da fidelidade de estranhos, enquanto que os seus, pelo menos, não lhe faltarão.

Deste modo, partilham-se as alegrias e os sofrimentos; recolhem-se à casa os filhos daqueles que estão mortos ou carentes, e toda a gente da casa mexe-se para vingar a injúria feita a um de seus membros. O direito de guerra privada, reconhecido durante uma boa parte da Idade Média, não é senão a expressão da solidariedade familiar. Ele respondia, no início, a uma necessidade: na época da fraqueza do poder central, o indivíduo não podia contar com outra ajuda que não a da sua casa para defendê-lo, e durante toda a época das invasões, se estivesse só, ele estaria entregue a toda sorte de perigos e de misérias. Para viver, era preciso formar frontes, agrupar-se — e que grupo seria melhor que o de uma família firmemente unida?

---

2   "Os filhos amáveis de pais amáveis/ de mães bondosas e amáveis/ Não se tornam herdeiros pesados" — NT.

A solidariedade familiar, expressando-se se necessário através do auxílio das armas, resolvia, assim, os complexos problemas da segurança pessoal e do domínio. Em certas províncias, em particular no norte da França, a moradia traduzia esse senso de solidariedade: o principal cômodo da casa é a *sala*, a sala que preside, com a sua vasta chaminé, as reuniões de família; a sala onde as pessoas reúnem-se para comer, para celebrar nos casamentos e nos aniversários e para velar os mortos; é o *hall* dos costumes anglo-saxões — pois na Idade Média a Inglaterra teve costumes semelhantes aos franceses, aos quais permaneceu fiel sob muitos aspectos.

Para essa comunidade de bens e de afeição, é preciso um administrador. Naturalmente, é o pai da família quem assume o papel. Porém, em vez de ser como um chefe, absoluto e pessoal, como no direito romano, a autoridade da qual goza é, antes, como a de um gestor: gerindo responsabilidades, diretamente interessado na prosperidade da casa, mas que cumpre um dever, em vez de exercer um direito. Proteger os seres frágeis, as mulheres, as crianças, os servos, que vivem sob seu teto, assegurar a gestão do patrimônio: tal é o seu cargo; mas não é considerado para sempre como o senhor da casa, nem como o proprietário do domínio. Se goza de bens patrimoniais, não tem senão o seu usufruto; tais como os recebeu de seus ancestrais, ele os transmitirá àqueles cujo nascimento designou para o suceder. A verdadeira proprietária é a família, não o indivíduo.

Da mesma forma, se por um lado ele detém toda a autoridade necessária para as suas funções, por outro, está longe de ter, sobre a esposa e os filhos, o poder sem limites que lhe concedia o direito romano. Sua esposa colabora na *tutela* (*mainbournie*), isto é, na administração da comunidade e na educação das crianças; ele gerenciava os bens que ela possuía, porque considerava-se que ele era mais capaz que ela de fazê-los prosperar, coisa que não acontecia sem esforço e sem trabalho; mas quando, por um motivo qualquer, ele precisasse se ausentar, sua esposa tomava as rédeas dessa gestão sem o menor obstáculo e sem autorização prévia. Guardava-se tão vivamente a lembrança da origem de sua fortuna que, se uma mulher morresse sem filhos, seus bens retornavam integralmente à sua família; nenhum contrato se opunha a isso, e era como as coisas naturalmente aconteciam.

Em relação às crianças, o pai era o seu guardião, protetor e mestre. Sua autoridade paterna se restringia à maioridade, à qual eles chegavam muito jovens: quase sempre aos quatorze anos no caso dos plebeus; entre os nobres, a idade ia dos quatorze aos vinte anos, porque precisavam prestar à defesa do feudo um serviço mais ativo, o que exigia força e experiência. Os reis da França eram considerados maiores de idade desde os quatorze ou quinze anos, e foi nesta idade, como sabemos, que Filipe Augusto avançou à frente de suas tropas. Uma vez maior de idade, o rapaz continuava a gozar da proteção dos seus e da solidariedade da família, mas, diferentemente do que se passava em Roma, e por conseguinte nos países de direito escrito, ele adquiria a plena liberdade de iniciativa e poderia afastar-se, fundar uma família, administrar seus próprios bens, como bem entendesse. Desde que seja capaz de agir por conta própria, nada impedirá a sua atividade; tornava-se seu próprio mestre, conservando o apoio da família de que veio. É uma cena clássica dos romances de cavalaria aquela em que os filhos da casa, tão logo atingem a idade mínima para portar armas e receber o título de cavaleiros, deixam a moradia paterna para correr o mundo ou para servir ao suserano.

A noção familiar assim compreendida apoiava-se numa base material: é o bem da família — em geral, as propriedades imóveis, pois a terra constitui, no início da Idade Média, a única fonte de riqueza e, como consequência, permanece o bem estável por excelência.

Héritage ne peut mouvoir
Mais meubles est chose volage.[3]

---

3   "Patrimônio não se pode mover/ Mas móveis são coisas volúveis" — NT.

— dizia-se à época. Este bem familiar, que se tratava de uma posse servil ou de um domínio senhoril, permanecia para sempre como propriedade da linhagem. Era impenhorável e inalienável; as tribulações acidentais da família não o atingiam. Não se podia retirá-lo dela e a família não tinha o direito de vendê-lo ou de violá-lo.

Uma vez morto o pai, este bem de família passava aos herdeiros diretos. Se se tratasse de um feudo nobre, o filho mais velho o recolhia em quase toda a sua totalidade, pois era preciso um homem, e um homem amadurecido pela experiência, para manter e defender um domínio; esse era o motivo por trás do direito de morgadio, consagrado pela maioria dos costumes. Para as posses comuns, o uso variava de acordo com a província: por vezes, a herança era partilhada, mas geralmente era o filho mais velho quem assumia a sucessão. Note-se que a questão era a da herança principal, do patrimônio familiar; os outros bens eram, se fosse o caso, partilhados entre os mais novos; mas era o primogênito que recebia a "habitação principal", com uma extensão de terras suficiente para fazer a sua vida, bem como a de sua família. Além disso, era uma questão de justiça, visto que quase sempre o filho mais velho acompanhava o pai e era visto, depois deste, como aquele que mais cooperou à manutenção e à defesa do patrimônio. Em algumas províncias, tais como em Hainaut, na Artésia, na Picardia e em certas partes da Bretanha, não era o mais velho, mas o mais jovem que sucedia o pai na herança principal, também por razões de direito natural: porque, numa família, os mais velhos casavam-se primeiro e, a partir daí, iam estabelecer-se por conta própria, enquanto o caçula permanecia por mais tempo com os pais e cuidava deles na velhice. Este *direito do mais jovem* demonstra a flexibilidade e a diversidade de costumes, que adaptavam-se aos hábitos familiares, de acordo com as condições de existência.

Em todos os casos, o que é digno de nota no sistema de delegação patrimonial é que ele acontecia a um só herdeiro e que este herdeiro era designado pelo sangue. "Não há herdeiro testamentário", como se diz em direito consuetudinário. A vontade do testador não interfere na transmissão dos bens familiares. Na morte de um pai de família, o seu sucessor natural estava em pleno direito de posse do patrimônio. "O morto se apossa do vivo", como ainda se diz, nessa linguagem medieval que detinha o segredo das expressões notáveis. Era a morte do ancestral que conferia ao sucessor o seu título de propriedade, que o colocava em *posse legítima*, em fruição de sua terra; o homem das leis não tinha de passá-la ao herdeiro, como em nossos dias. Se os costumes variavam segundo o lugar — se a maneira pela qual sobrinhos e sobrinhas podiam reivindicar a sucessão, na falta de herdeiros diretos, variava segundo as províncias, ao menos uma regra é constante: não se obtém uma herança senão em virtude de vínculos naturais que unem o pretendente ao falecido. Isto quando tratamos de bens imóveis; os testamentos só incluíam os bens móveis ou as terras adquiridas durante a vida, que não faziam parte dos bens da família. Quando o herdeiro natural se achava indigno do cargo, notavelmente, ou se fosse, por exemplo, pobre de espírito, eram admitidas alterações; no entanto, em geral, a vontade humana não intervinha contra a ordem natural das coisas. "Não há a instituição de herdeiro", tal é o adágio dos juristas do direito consuetudinário. É nesse sentido que ainda se diz, falando das sucessões reais: "O rei morreu; viva o rei". Não há interrupção nem vacância possíveis, uma vez que a própria hereditariedade designa o sucessor.

Assim, a gestão do bem familiar encontrava-se assegurada a todo tempo. Não deixar o patrimônio se destruir, eis aí, com efeito, o objetivo ao qual visavam todos os costumes. É por isso que jamais houve um único herdeiro, ao menos para os feudos nobres. Temia-se a fragmentação, que empobrecia a terra ao dividi-la em infinitas partes: a fragmentação sempre foi fonte de discussões e de processos; ela prejudicava o camponês e representava um obstáculo ao progresso material — pois para poder beneficiar-se das melhoras que a ciência ou o trabalho colocam ao alcance do camponês, era preciso uma empresa de certa importância, com a possibilidade de, se necessário, aguentar os fracassos parciais e em todo caso fornecer recursos variados. O grande domínio, tal como existia no feudalismo, permitia uma exploração inteligente da terra: era possível periodicamente deixar uma parte dela em pousio, o que dava-lhe tempo de renovar-se e de variar as culturas, conservando, de cada uma delas, uma harmoniosa proporção. Desta forma, a vida rural foi extraordinariamente ativa durante o curso da Idade Média e muitas culturas foram introduzidas na França nessa época.

Isso era devido em grande parte às facilidades que o sistema rural da época oferecia ao ímpeto de iniciativa dos franceses. Os camponeses de então não eram nem retardatários, nem rotineiros. A unidade, a estabilidade do domínio eram garantias para o futuro como para o presente, favorecendo a continuidade do esforço familiar. Atualmente, quando muitos herdeiros encontram-se presentes, faz-se preciso desmembrar os fundos e passar por toda sorte de negociações e de divisões para que um deles possa retomar a empreitada paterna.[4] A exploração cessa com o indivíduo. Ora, o indivíduo passa, ao passo que a família permanece, e, na Idade Média, tendia-se a *permanecer*. Se há uma palavra significativa na terminologia medieval é esta: solar, o ambiente onde se fica, *manere* — o ponto de fixação da descendência, o teto que abriga seus membros, passados e presentes, e que permite às gerações sobreviverem tranquilamente.

Também muito característico o emprego dessa unidade agrária chamada *herdade* ("*manse*"): a extensão de terras suficiente para que uma família pudesse nela fixar-se e nela viver. Ela variava naturalmente com as regiões: um pequeno canto de terra na grande Normandia ou na rica Gasconha dá maior retorno ao agricultor do que vastas extensões na Bretanha ou em Forez; o solar tinha, portanto, uma extensão muito variável de acordo com o clima, com as qualidades do solo e com as condições de existência. Era uma

---

4   Sabe-se que disposições recentes vieram felizmente modificar o regime de sucessões.

medida empírica e, característica essencial, baseada na família, não individual.

Assegurar uma base fixa para a família, uni-la ao solo de alguma forma, para que ela nele lançasse raízes, pudesse gerar frutos e se perpetuar: eis o objetivo de nossos ancestrais. Se era possível negociar com as riquezas móveis e delas dispor por testamento é porque, essencialmente, elas eram mutáveis e pouco estáveis; pelos motivos inversos o bem imóvel, propriedade familiar, era inalienável e intangível. O homem não era nada mais que o guardião temporário da terra, o seu usufrutuário; a sua verdadeira proprietária era a linhagem.

Uma série de costumes medievais resultam desta preocupação de resguardar o bem da família. Assim, em caso de perda do herdeiro direto, os bens de origem paterna retornavam à família do pai e os de origem materna, à da mãe; ao passo que no direito romano só se reconhecia o parentesco masculino. A isto chamamos de *cisão*, que dividia os bens de uma família extinta segundo a fonte desses bens. Da mesma forma, o *retiro de linhagem* concedia mesmo aos parentes distantes o direito de preempção quando, por qualquer razão, uma propriedade era vendida. A maneira com que era regulada também a guarda das crianças tornadas órfãs apresenta uma espécie de legislação familiar. A tutela era exercida pelo conjunto da família e o indivíduo cujo grau de parentesco o designava para administrar os bens tornava-se naturalmente o tutor da criança. Nosso conselho familiar não é nada mais que um resquício do costume medieval que regulava o arrendamento dos feudos e a guarda das crianças.

Além disso, a Idade Média tinha muito viva a preocupação de respeitar o curso natural das coisas, de não criar atrito no declínio do patrimônio familiar que, nos casos em que os proprietários de um bem morriam sem deixar herdeiros, seus domínios não podiam retornar aos ascendentes; buscavam-se os descendentes mesmo distantes, primos ou netos dos primos, antes de retornar esses bens a seus possuidores anteriores: "bens próprios não retornam". Por desejo de seguir a ordem normal da vida, estes eram transmitidos do mais velho ao mais novo e não retornavam: os rios não retornam à fonte; da mesma forma, os elementos da vida devem alimentar o que representa a jovialidade, o porvir. Além disso, era uma garantia a mais para o bem da linhagem seguir necessariamente aos indivíduos jovens, e portanto mais ativos, e capazes de bem empregá-los por mais tempo.

Por vezes, a devolução dos bens se fazia sob uma forma que revelava muito do sentimento familiar que era a grande força da Idade Média. A família (aqueles que vivem com a mesma "gamela") constituía uma verdadeira pessoa moral e jurídica, possuindo em conjunto os bens dos quais o pai era o administrador; em sua morte, a comunidade se reformava segundo a conduta de um dos *parsonniers*, designados por sangue, sem que houvesse interrupção na fruição de bens, nem transmissão de qualquer tipo. O que chamamos de *comunidade tácita*, da qual fazia parte todo membro da casa que não tivesse sido expressamente excluído da "gamela". O costume subsistiu até o fim do Antigo Regime e poderíamos citar famílias francesas que, durante séculos, jamais tiveram de pagar o mínimo direito de sucessão. Em 1840, o jurista Dupin assim reportou a família Jault, que não pagara tal direito desde o século XIV.

Em todo caso, mesmo fora da comunidade tácita, a família, considerada em seus prolongamentos que atravessam gerações, permanecia a verdadeira proprietária do bem patrimonial. O pai da família que recebeu esse bem de seus ancestrais prestava con- tas dele a seus descendentes; seja servo, seja senhor, ele não era o senhor absoluto desse patrimônio. Era reconhecido o seu direito de usufruir dele, sem dele abusar, e havia ainda o dever de defender, de proteger e de aperfeiçoar o destino de tudo aquilo — seres e objetos — de que ele fora constituído guardião natural.

E foi assim que formou-se a França, obra dessas milhares de famílias, obstinadamente fixadas ao solo, no tempo e no espaço. Francos, borgonheses, normandos, visigodos, todos esses povos nômades cuja massa instável fez da Alta Idade Média um caos tão desconcertante, formaram, desde o século X, uma nação solidamente ligada à sua terra, unida por laços mais firmes que todas as federações das quais se pôde proclamar a existência. O esforço renovado dessas famílias microscópicas deu origem a uma vasta família, um microcosmo, cuja ligação capetiana, que ao longo de três séculos conduziu gloriosamente de pai para filho os rumos da França, simboliza perfeitamente os altos padrões. É, sem dúvida, um dos mais belos espetáculos que se poderia oferecer à História a sucessão dessa família à frente da França, em linha direta, sem interrupção, sem falhas, durante mais de trezentos anos — tempo equivalente ao que se passou entre o advento do rei Henrique IV à guerra de 1940...

No entanto, o importante é compreender que a história dos Capetos diretos não é senão a história de uma família francesa, entre milhões de outras. Todas as casas da França tinham essa mesma vitalidade, esta mesma persistência sobre nosso solo, em nível semelhante — exceto por acidentes ou riscos, inevitáveis na existência. A Idade Média, resultante da incerteza e da confusão, da guerra e da invasão, foi uma época de estabilidade e de permanência, no sentido etimológico da palavra.

Isto ocorreu devido às instituições familiares, tais como as explicam o nosso direito consuetudinário. Nelas, conciliavam-se de fato o máximo da independência individual e o máximo da segurança. Cada indivíduo encontrava no domicílio a ajuda materna, e na solidariedade familiar, a proteção moral, das quais pode precisar; ao mesmo tempo, desde que se baste a si mesmo, o indivíduo é livre, livre para empregar a própria iniciativa, para "fazer a vida"; nada impedia a expansão de sua personalidade. Os vínculos que o ligavam à casa paterna, ao seu passado, às suas tradições, não representam um entrave; a vida recomeçava para ele integralmente, assim como, biologicamente, ela recomeça integral e nova para cada ser que vem ao mundo — ou como a experiência pessoal, tesouro incomunicável que cada um deve forjar para si mesmo, e cuja validade só se dá na medida que essa experiência é própria do sujeito.

É evidente que basta essa concepção da família para construir o dinamismo e a solidez de uma nação. A aventura de Robert Guiscard e de seus irmãos — filhos mais novos de uma família normanda, muito pobre e muito numerosa —, que emigra, torna-se rei da Sicília e funda uma poderosa dinastia: eis aí o tipo próprio de história medieval, de toda a audácia, do senso familiar e de fecundidade. Nisso, o direito consuetudinário, que se tornou a força de nosso país, opunha-se diretamente ao direito romano, no qual a coesão da família só existia sob a autoridade do chefe, sendo todos os seus membros submetidos a ele numa rigorosa disciplina ao longo de toda a sua vida: uma concepção militar, estatista, baseada numa ideologia de legisladores e de funcionários, e não no direito natural. Comparou-se a família nórdica a uma colmeia que se enxameia periodicamente e que se multiplica, renovando os campos de coleta de pólen, e a família romana a uma colmeia que jamais se enxameia. Foi dito ainda da família "tradicional" que ela formava pioneiros e homens de negócios, ao passo que a família romana gerava militares, administradores, funcionários.[5]

É curioso acompanhar, ao longo dos séculos, a história de povos formados sob essas diferentes disciplinas e constatar os resultados nos quais foram exitosos. A expansão romana havia sido política, militar, mas não étnica; os romanos conquistaram um império através das armas, e o resguardaram por meio de seus burocratas; este império era sólido somente à medida que os soldados e os funcionários podiam vigiá-lo facilmente; não parou de aumentar a desproporção entre a ampliação das fronteiras e a centralização que é o objetivo ideal e a consequência inevitável

---

[5] Estas formulações foram retiradas da obra do Sr. Roger Grand, professor na École des Chartes.

do direito romano; ele sucumbia por conta própria, por causa de suas próprias instituições, enquanto a poeira das invasões vinha dar-lhe o golpe de misericórdia.

Pode-se opor este exemplo ao dos povos anglo-saxões; seus costumes familiares assemelharam-se aos nossos durante a Idade Média e, ao contrário do que nos foi legado, eles os mantiveram; eis aí, sem dúvida, a explicação de sua expansão prodigiosa por todo o mundo. Ondas de exploradores, de pioneiros, de mercadores, de aventureiros e de homens audazes, deixando suas casas a fim de tentar a fortuna, sem por isso se esquecerem da sua terra natal e das tradições de seus pais — eis aí a fundação de um império.

Os países germânicos, que nos trouxeram em grande parte os costumes adotados pela nossa Idade Média, logo viram-se sob a imposição do direito romano. Seus imperadores perceberam-se incorporando as tradições do Império do Ocidente e julgaram que, para unificar os vastos territórios que tinham sob seu domínio, o direito romano lhes fornecia um excelente instrumento de centralização. Portanto, foi depressa implementado, e desde o fim do século XIV constituiu definitivamente a lei comum do Sacro Império, ao passo que na França, por exemplo, a primeira cadeira de direito romano na Universidade de Paris só foi instituída em 1679. A expansão germânica foi também antes militar do que étnica.

A França foi moldada sobretudo pelo direito consuetudinário; sem dúvida, tem-se o hábito de descrever o sul do Loire e do vale do Ródano como "países de direito escrito", isto é, de direito romano, mas isso significa que os costumes dessas províncias foram inspirados na lei romana, e não que o código justiniano esteve em vigor nesses lugares. Durante a Idade Média, a França conservou intactos os seus costumes familiares, as suas tradições domésticas. Somente a partir do século XVI as suas instituições, sob a influência de legisladores, desenvolveu-se num sentido cada vez mais "latino". Foi uma transformação que se deu lentamente e que foi notada de início em pequenas alterações: há o retorno da maioridade para a idade de vinte e cinco anos, como na Roma Antiga, onde,

A ORGANIZAÇÃO SOCIAL

permanecendo o filho em menoridade perpétua em relação a seu pai, não era inconveniente proclamá-la mais tarde. Ao casamento, considerado até então como um sacramento, como a adesão de duas vontades livres para a realização de seu fim, aliou-se a noção do contrato, do acordo puramente humano, com estipulações materiais em sua base. A família francesa toma como modelo um tipo estatista que jamais conhecera e, assim como o pai de família concentra em suas mãos todo o poder familiar, também o Estado se encaminha para a monarquia absoluta.[6] A despeito das aparências, a Revolução foi não um ponto de partida, mas um ponto de chegada: o resultado de uma evolução de dois a três séculos; ela representa o cumprimento da lei romana em nossa maneira de viver, em detrimento do costume; Napoleão só conseguiu completar a sua obra instituindo o Código Civil e organizando o exército, o ensino, toda a nação, sobre o ideal funcionalista da Roma antiga.

Pode-se ainda questionar-se se o direito romano, quaisquer que sejam seus méritos, convinha ao gênio de nosso povo, ao caráter de nosso solo. Este conjunto de leis, forjadas em todas as partes por militares e legisladores, esta criação doutrinária, teórica, rígida: poderia ela substituir nossos costumes elaborados pela experiência de gerações, lentamente moldados segundo a medida de nossas carências? — nossos costumes que nunca foram mais que nosso modo de viver constatado e formulado juridicamente, os hábitos de cada indivíduo, ou melhor, do grupo do qual ele fazia parte. O direito romano foi concebido para um Estado urbano, não para um território rural. Falar da Antiguidade é evocar Roma ou Bizâncio; para fazer reviver a França medieval — não Bordeaux, mas sim Guyenne; não Rouen, mas sim a Normandia —, não podemos a conceber senão nessas províncias de solo fecundo em bom trigo e bom vinho. É um pequeno fato significativo ver sob a Revolução aqueles a quem chamamos de *camponês* (aquele que reside) tornar-se

---

6   Muito característico deste aspecto é a evolução do direito de propriedade, tornado cada vez mais absoluto e individual. Os últimos traços de propriedade coletiva desapareceram no século XIX com a abolição dos direitos de uso (*droit d'usage*) e de pastagem (*droit de vaine pâture*).

o *cidadão*: em "cidadão" há "cidade". Assim se concebe pois a vila iria deter o poder político, logo, o poder principal, dado que, não existindo mais os costumes, tudo devia então depender da lei. As novas divisões administrativas da França, seus departamentos que fazem todos girarem em torno de uma cidade, sem consideração pela qualidade do solo nos campos que se ligam, tornam bastante manifesta esta evolução do estado de espírito. A vida familiar estava desde esta época enfraquecida o suficiente para que se pudesse estabelecer instituições tais como o divórcio, a alienabilidade do patrimônio ou as leis modernas sobre as sucessões. As liberdades privadas, das quais antes teve-se tanta inveja, desapareceram diante da concepção de um Estado centralizado no modo romano. Talvez fosse necessário buscar aí a origem de problemas que em seguida se impuseram com agudeza: problemas da infância, da educação, da família, da natalidade — que não existiam na Idade Média, porque a família era, então, uma realidade, que possuía a base material e moral e as liberdades necessárias à sua existência.

O VÍNCULO FEUDAL

Pode-se dizer da sociedade atual que está fundada sobre o assalariado. No plano econômico, as relações de homem a homem remetem às relações do capital e do trabalho: cumprir um determinado trabalho, receber em troca certo montante — eis aí a estrutura das relações sociais. Nelas, o dinheiro é o nervo essencial, posto que, com raras exceções, uma determinada atividade se transforma primeiro em dinheiro antes de transformar-se novamente em algum objeto necessário à vida.

Para compreender a Idade Média, é preciso ter representada uma sociedade que vivia de um modo completamente diferente, do qual a noção de trabalho assalariado — e mesmo, em parte, a noção do dinheiro — é ausente ou bastante secundária. O fundamento dos laços entre homens é a dupla noção de fidelidade, por um lado, e de proteção, por outro. Assegura-se a sua devoção a qualquer pessoa e, em troca, espera-se dela a segurança. Não se compromete a sua atividade com vistas a um trabalho preciso, de remuneração fixa, mas sim a sua pessoa, ou antes, a sua fé; e, em retribuição, requer-se os meios de subsistência e de proteção, em todos os sentidos da palavra. Tal é a essência do vínculo feudal.

Pode-se explicar essa característica da sociedade medieval se considerarmos as circunstâncias que nortearam a sua formação. Sua origem está na Europa caótica do período entre os séculos v e viii. O Império Romano desmoronara sob o duplo efeito da decomposição interior e da pressão das invasões. Em Roma, tudo dependia da força do poder central; a partir do momento em que esse poder foi ultrapassado, a ruína tornou-se inevitável; nem a cisão em dois impérios, nem os esforços de recuperação passageira a poderiam deter. Nada de sólido subsiste nesse mundo onde as forças vivas foram pouco a pouco drenadas por um funcionalismo sufocante; onde o fisco pressiona os pequenos proprietários que nada têm até restar-lhes apenas o recurso de ceder as suas terras ao Estado para quitar os impostos; onde o povo abandona os campos e apela voluntariamente para o trabalho no campo, esses mesmos bárbaros a quem com tanta dificuldade se continha nas fronteiras; foi assim que, ao leste da Gália, os borgonheses instalaram-se na região de Saboia-Franco-Condado (*Savoie-Franche-Comté*) e tornaram-se os arrendatários dos proprietários gálico-romanos, cujos domicílios eram com eles partilhados. Sucessivamente, pela paz ou pela espada, os povos germânicos ou nórdicos rumaram em ondas ao mundo ocidental; Roma era tomada e retomada pelos bárbaros, os imperadores eram nomeados e destituídos segundo os caprichos dos soldados, a Europa não passava de um enorme campo de batalha onde se confrontavam armas, etnias e religiões.

Como preservar a si mesmo numa época em que as tribulações e a insegurança são a única lei? O Estado encontra-se distante e impotente, se não inexistente; assim, volta-se naturalmente à única força permanente relativamente firme e próxima: os grandes proprietários de terras, aqueles que podem assegurar a defesa de seus domínios e de seus arrendatários; os fracos e pequenos têm recurso junto a eles; eles confiam-lhe a sua terra e a sua pessoa, com a condição de verem-se protegidos dos excessos fiscais e das invasões estrangeiras. Por um movimento que se esboçara desde o Baixo Império e que só se acentuou durante os séculos VII e VIII, o poder dos grandes proprietários cresceu com a fraqueza do poder central. Cada vez mais, procura-se a proteção do *senior*, a única ativa e eficaz, que salvaguardará não apenas da guerra e da fome, como também da ingerência dos funcionários reais. Desta forma, multiplicam-se as cartas de imunidade, pelas quais os menores associam-se a um *senior* para garantir a sua segurança pessoal. Ademais, os reis merovíngios tinham o hábito de cercarem-se de uma escolta de *fideles*, homens devotados à sua pessoa, guerreiros ou outros, o que incitaria os poderosos da época a, por imitação, reunirem em torno de si os *vassi* que achassem por bem se recomendarem a eles. Enfim, esses mesmos reis que não raro ajudaram na formação da potência dominial, distribuíam as terras a seus funcionários — cada vez mais desprovidos de autoridade ante os grandes proprietários — como retribuição a seus serviços.

Quando os carolíngios chegaram ao poder, a evolução estava quase concluída: sobre toda a extensão do território, senhores, cujo poder era maior ou menor, cercavam-se de seus homens, de seus fiéis, administrando os seus feudos, de maior ou de menor extensão; sob a pressão dos eventos, o poder central havia dado lugar ao poder local, que absorvera, de maneira pacífica, a pequena propriedade e que permaneceu, no fim das contas, como a única força organizada; a hierarquia medieval, resultado de fatores econômicos e sociais, foi formada por si mesma e seus usos, nascidos da pressão das circunstâncias, iriam se manter pela tradição.

Não tentavam lutar contra o estado de fato: a dinastia de Pepino, aliás, só chegou ao poder porque seus representantes contavam com os maiores proprietários da época. Eles se satisfaziam em canalizar as forças em presença das quais encontravam-se e em aceitar a hierarquia feudal explorando a parte que nela pudessem ter. Tal é a origem do estado social da Idade Média, cujo caráter é totalmente diferente do que se conhecia até agora: em vez de ser concentrada num só ponto — em um indivíduo ou em um órgão —, a autoridade encontrava-se repartida pelo conjunto do território. Esta foi a sabedoria dos carolíngios, de não tentar tomar em mãos toda a máquina administrativa, de conservar a organização empírica que haviam encontrado. Sua autoridade imediata não se estendia senão sobre um pequeno número de pessoas, as quais tinham autoridade sobre outras, e assim por diante até as camadas sociais mais humildes; porém, por níveis, uma ordem do poder central podia ser transmitida dessa forma por todo o país; o que não tocassem diretamente podia, no entanto, ser alcançado indiretamente. Desta forma, em vez de combatê-la, Carlos Magno contentou-se em disciplinar a hierarquia que impregnaria tão fortemente os costumes franceses; reconhecendo a legitimidade do duplo juramento que todo homem livre deve a si mesmo e a seu senhor, ele consagrou a existência do vínculo feudal. Tal é a origem da sociedade medieval, e também a da nobreza, proprietária de terras e não militar, como tão frequentemente se pensou.

Desta formação empírica, modelada pelos fatos, pelas necessidades sociais e econômicas,[1] resulta uma diversidade extrema na condição das pessoas e dos bens, pois a natureza dos compromissos que uniam o proprietário ao seu arrendatário variavam segundo as circunstâncias, a natureza do solo e o modo de vida dos habitantes; toda sorte de fatores estavam em jogo, os quais diferenciavam uma província da outra, ou mesmo um domínio do outro, as relações e a hierarquia; mas o que permanecia estável era a obrigação recíproca: de uma lado, a fidelidade; de outro, a proteção — em outras palavras, o vínculo feudal.

Durante a maior parte da Idade Média, o caráter principal desse vínculo era ser pessoal: tal vassalo, específico e determinado, recomendava-se a tal senhor, igualmente específico e determinado; decidia associar-se a ele, jurava-lhe fidelidade e dele esperava a subsistência material e a proteção moral. Quando Rolando morreu, fê-lo evocando: "Carlos, seu senhor que lhe deu de comer", e essa simples evocação diz muito da natureza do laço que os unia. Somente a partir do século XIV é que o vínculo se tornaria mais real do que pessoal; seria associado à posse de um bem e resultaria em obrigações de arrendamento entre o senhor e os seus vassalos, cujas relações daí em diante pareceriam antes as relações entre proprietários e seus locatários; é a condição da terra que estabelece a condição da pessoa. Porém, por todo o período medieval propriamente dito, os

---

[1] Citemos a excelente formulação de Henri Pourrat: "O sistema feudal foi a organização viva imposta pela terra aos homens da terra" (*L'homme à la bêche — Histoire du paysan*, p. 83).

vínculos se criavam de indivíduo para indivíduo. *Nihil est preter individuum*, diz-se, "nada existe fora do indivíduo": o gosto de tudo o que é pessoal e específico, o horror da abstração e do anonimato são, também, características da época.

Este vínculo pessoal que associava o vassalo a seu suserano é proclamado no decorrer de uma cerimônia em que se afirma o formalismo tão caro à Idade Média: pois cada obrigação, cada transação, cada acordo deve, então, traduzir-se num gesto simbólico, forma visível e indispensável da conformidade interior. Quando, por exemplo, era vendido um terreno, o que constituía o ato de venda era a entrega do vendedor ao novo proprietário um argueiro de palha ou um torrão da terra de seu campo; se, em seguida, fosse preparado um registro — o que nem sempre acontecia —, este não serviria para nada além de lembrança: o ato essencial é a *traditio*, como o é nos dias atuais o aperto de mãos em certos mercados. "Entregar-lhe-ei", diz o *Ménagier de Paris*, "um argueiro de palha, um prego velho ou um cascalho que me tenham sido entregues por insígnia de um grande caso" (isto é, como sinal de uma transação importante). A Idade Média é uma época em que o rito triunfa, em que tudo o que se cumpre na consciência deve obrigatoriamente passar ao ato; isto satisfaz uma necessidade profundamente humana: a do sinal corpóreo, na ausência do qual a realidade fica imperfeita, inacabada, defeituosa.

O vassalo presta "fidelidade e homenagem" a seu senhor: põe-se diante deste, de joelhos, de cinturão desatado, e coloca a sua mão sobre a dele. Tais gestos significam o abandono, a confiança, a fidelidade. Declara-se seu vassalo e confirma-lhe a devoção de seu ser. Em contrapartida, e para selar o pacto que os liga dali em diante, o suserano beija a boca do vassalo. Este gesto implica uma proteção melhor e maior que a geral: é um laço de afeição pessoal que deve reger as relações entre os dois homens.

Em seguida, vem a cerimônia do juramento, cuja importância não pode ser reforçada o bastante. É preciso compreender "juramento" no sentido etimológico da palavra: *sacramentum*, coisa sagrada. Jurava-se pelos Evangelhos, realizando, desta forma, um ato sagrado, que comprometia não somente a honra, como também a fé e a pessoa como um todo. Tal era, portanto, o valor do juramento, e o perjúrio era tão monstruoso que não se hesitava em ater-se à palavra dada em casos extremamente graves, como por exemplo para provar os últimos desejos de um moribundo, com a fé de uma ou duas testemunhas. Para a mentalidade medieval, renegar o juramento representava a pior das degradações. Um trecho de Joinville expressa de modo muito significativo o que é um extremo ao qual um cavaleiro não podia recorrer, mesmo se sua vida estivesse em jogo: durante o cativeiro, os drogomanos do sultão do Egito vieram oferecer-lhe a sua liberdade, a ele e a seus companheiros:

> Daríeis, perguntaram eles, em troca da vossa liberdade, um dos castelos pertencentes aos barões do além-mar? O conde respondeu que não podia o fazer, pois eram propriedade do imperador da Alemanha, que ainda vivia. Perguntaram se não abriríamos mão de algum dos castelos do Templo ou do Hospital em troca de nossa liberdade. E o conde respondeu que isso não podia ser feito: que quando lá encontramos o castelão, fizemo-lo jurar pelos santos que ele não cederia nenhum dos castelos para libertar corpos de homens. E eles nos responderam que lhes parecia que nós não tínhamos o talento para sermos libertos, e que iriam embora e nos enviariam aqueles que nos lançariam espadas, como haviam feito com os outros.[2]

A cerimônia completava-se com a investidura solene do feudo, feita pelo senhor ao vassalo: ele confirma-lhe a posse do feudo por um gesto de *traditio*, geralmente entregando-lhe uma vara ou um bastão, símbolos do poder que lhe convém exercer sobre o domínio que lhe cabe desse senhor: é a investidura *cum baculo vel virga*, para empregar termos jurídicos em uso na época.

Este cerimonial, as tradições que ele pressupõe, refletem a ideia elevada que a Idade Média tinha da dignidade pessoal. Nenhuma época foi tão rápida em descartar as abstrações, os princípios, para voltar-se unicamente às convenções de homem para homem; nenhuma outra recorreu aos mais elevados

---

2   Isto é, que os massacrariam, como fizeram com os outros.

sentimentos como a base de suas convenções. Foi um magnífico tributo à pessoa humana. Conceber uma sociedade fundada na fidelidade recíproca era, sem dúvida, audacioso; como se pode esperar, houve abusos, faltas; as lutas dos reis contra os vassalos obstinados estão aí para prová-lo. Mantém-se que durante mais de cinco séculos a fé e a honra permaneceram como a base essencial, a armadura das relações sociais. Não se pode fingir que, com a substituição do princípio de autoridade nessas relações, no século XVI e sobretudo no século XVII, a sociedade saiu ganhando; em todo caso, a nobreza, já diminuída devido a outros motivos, perdeu com isso a sua principal força moral.

Durante toda a Idade Média, sem esquecer de sua origem terrena e dominial, essa nobreza teve um aspecto sobretudo militar; com efeito, isso se dava porque o seu dever de proteção abrangia, antes de mais nada, uma função guerreira: defender o domínio contra possíveis usurpações; além disso, ainda que houvesse o esforço de diminuí-lo, o direito à guerra privada subsistia, e a solidariedade familiar podia implicar a obrigação de vingar pelas armas as injúrias cometidas contra um dos seus. A isso, associava-se uma questão de ordem material: detendo a terra, principal fonte de riqueza, senão a única, apenas os senhores tinham a possibilidade de equipar um cavalo de guerra e de armar escudeiros e sargentos. O serviço militar será, portanto, inseparável do serviço de um feudo, e a fé prestada pelo vassalo nobre supõe o auxílio de suas armas todas as vezes em que "disso for mester".

Era a primeira incumbência da nobreza, e uma das mais onerosas, a obrigação de defender o domínio e seus habitantes.

> *L'épée dit : C'est ma justice*
> *Garder ler cleros de Sainte Église*
> *Et ceux par qui viandes est quise*[3-4]

---

3   Aqueles que ocupavam-se da alimentação, da vida material (os camponeses). Poema de *Carité*, de Reclus de Molliens.

4   "Disse a espada: É de minha alçada/ Guardar os clérigos da Santa Igreja/ E aqueles por quem a carne é obtida" — NT.

Os castelos fortes mais antigos, aqueles que foram erguidos nas épocas de tribulações e de invasões, levavam a marca visível desta necessidade: a vila, as habitações dos servos e dos camponeses, são agarradas às encostas da fortaleza, onde toda a população se refugiava quando havia perigo, onde encontrava auxílio e reabastecimentos em caso de sítio.

De suas obrigações militares seguia-se a maioria das finalidades da nobreza. O morgadio[5] vinha, em parte, da necessidade de confiar ao mais forte a herança que ele deve conservar, frequentemente pela espada. A lei da masculinidade explica-se também por isso: somente um homem podia assegurar a defesa de um torreão. Da mesma forma, quando um feudo era "abandonado" — quando uma mulher ficava como sua única herdeira, o suserano, sobre o qual recaía a responsabilidade desse feudo posto assim em estado de inferioridade, dispunha-se a desposá-la. Eis o porquê de a mulher só suceder após os seus irmãos mais novos, e estes, depois do mais velho: eles só receberão apanágios; os desastres ocorridos em fins da Idade Média tiveram em sua origem os apanágios mais importantes deixados por João, o Bom a seus filhos, cujo poder foi, para eles, uma perpétua tentação e, para todos, uma fonte de desordens durante a menoridade de Carlos VI.

Os nobres tinham igualmente o dever de fazer justiça aos vassalos das mais variadas condições e de administrar o feudo. Tratava-se, de fato, do exercício de um dever, e não de um direito, implicando responsabilidades muito pesadas, visto que cada senhor prestava contas de seu domínio não somente à sua linhagem, como também ao seu suserano. Étienne de Fougères retrata a vida do senhor de um grande domínio como cheia de preocupações e de aborrecimentos:

> *Cà et là va, souvent se tourne,*
> *Ne repose ni ne séjourne:*

---

5   Direito de primogenitura, isto é, segundo o qual o patrimônio passaria ao filho primogênito quando da morte do pai — NT.

Château abord, château aourne,
Souvent haitié, plus souvent mourne.
Cà et là va, pas ne repose
Que sa marche ne soit déclose.[6]

Longe de ser ilimitado, como geralmente se cria, o seu poder era bem menor do que o poder conferido a um chefe industrial ou a qualquer proprietário de nossos dias, visto que ele não tinha jamais a propriedade absoluta de seu domínio, que dependia sempre de um suserano e que, no fim das contas, os suseranos mais poderosos dependiam do rei. Em nossos dias, segundo a concepção romana, o pagamento de uma terra confere plenos direitos sobre ela. Não era assim na Idade Média: em caso de má administração, o senhor incorria em penas que podiam ir até o confisco de seus bens. Desta forma, ninguém governava em plena autoridade e ninguém escapava ao controle direto daquele a quem reportava. Esta repartição da propriedade e da autoridade é um dos traços mais característicos da sociedade medieval.

As obrigações que ligavam o vassalo a seu senhor acarretavam, além disso, a reciprocidade: "O *sire* deve tanto fé quanto lealdade a seu homem quanto o homem a seu senhor", afirmou Beaumanoir. Esta noção de dever recíproco, de serviço mútuo, é frequentemente encontrada em textos tanto literários, quanto jurídicos:

Graigneur fait a sire à son homme
Que l'homme à son seigneur et dome[7]

Observa Étienne de Fougères, já mencionado, em seu *Livre des Manières*; e Philippe de Novare aponta, apoiando essa constatação: "O que recebe serviço e jamais o recompensa bebe do suor de seus

---

6   "De cá e para lá, muita vez muda de rumo/ Não repousa, nem se detém:/ Castelo aborda, castelo adorna/ Às vezes alegre, muitas mais triste./ De cá e para lá, não repousa/ Até seu caminho estar aberto" — NT.

7   "O senhor deve mais reconhecimento a seu vassalo que este deve a seu senhor" — NT.

servos, que lhes é veneno mortal ao corpo como à alma". É também daí a máxima: "Ao bom servir, convém a recompensa".[8]

Como é justiça, exige-se da nobreza mais comedimento e retidão moral que de outros membros da sociedade. A emenda pela mesma falta será muito superior para o nobre do que a infligida a um plebeu. Beaumanoir cita um delito pelo qual a "emenda do camponês será de sessenta soldos e do cavalheiro, de sessenta libras" — o que representa uma desproporção enorme: de 1 para 20. Segundo os *Etablissements de Saint-Louis*, a falta pela qual um *homem de costumes*, isto é, um plebeu, pagaria cinquenta soldos de emenda acarretaria ao nobre o confisco de todos os seus bens móveis. Isso se encontrava também nos estatutos de diferentes cidades; o de Pampers fixava da seguinte forma a tarifa das emendas em caso de roubo: vinte libras para o barão, dez para o cavaleiro, cem soldos para o burguês, vinte soldos para o plebeu.

A nobreza é hereditária, mas também pode ser adquirida, seja por redistribuição de serviços prestados, seja simplesmente pela aquisição de um feudo nobre. Foi o que aconteceu em grande escala por volta do fim do século XIII: muitos haviam sido os nobres mortos ou arruinados nas grandes expedições do oriente e viu-se famílias burguesas enriquecidas ascenderem em massa à nobreza, o que provocou nesta uma reação. A cavalaria também enobrecia aqueles a quem fosse conferida. Por fim, havia, na sequência, as cartas de enobrecimento, distribuídas, é bem verdade, com grande parcimônia.[9]

A nobreza podia ser adquirida, e também podia ser perdida, por prescrição, seguindo uma condenação infamatória.

> *La honte d'une heure du jour,*
> *Tolt bien de quarante ans l'honnour*,[10]

---

8   "*Eür*", termo que corresponde a recompensa, com um sentido mais extenso: felicidade, conforto — NT.

9   O Antigo Regime tendia a proibir cada vez mais o acesso à nobreza, o que contribuiu para fazer desta uma casta fechada, que isolava o rei de seus súditos. Os inúmeros enobrecimentos na Inglaterra deram, pelo contrário, resultados excelentes, renovando a aristocracia por meio de novos elementos, fazendo dela uma classe aberta e vigorosa.

10   "A vergonha de uma hora do dia/ Apaga quarenta anos de honra" — NT.

O VÍNCULO FEUDAL

dizia-se. Ela se perdia por infração, quando um nobre era convencido de ter exercido um ofício plebeu ou uma transação qualquer: com efeito, é-lhe proibido sair do papel que lhe foi conferido e ele não deve buscar o enriquecimento assumindo cargos que possam fazê-lo negligenciar aqueles a quem a sua vida deve ser devotada. Além disso, eram excluídos dos ofícios plebeus aqueles que, necessitando de recursos importantes, dificilmente podiam ser empreendidos senão por nobres: a vidraçaria ou o domínio das forjas; da mesma forma, o tráfego marítimo era permitido aos nobres, porque exigia, com os capitais, um espírito de aventura que não se ousaria obstruir. No século XVII, Colbert ampliou da mesma forma o campo de atividade econômica da nobreza, para dar maior impulso ao comércio e à indústria.

A nobreza era uma classe privilegiada. Seus privilégios eram, antes de mais nada, honoríficos: direito de precedência etc. Alguns se devem a cargos que se apoiam nela: assim, o nobre tem direito único à espora, ao cinturão e ao estandarte, o que remete à sua origem; somente os nobres têm a possibilidade de equipar um cavalo de guerra. Além disso, a nobreza goza de certas dispensas, das quais, de início, gozavam todos os homens livres; assim era com a dispensa do tributo da talha e de certos impostos indiretos, cujos montantes, inexistentes na Idade Média, não cessariam de se acumular no século XVI e sobretudo no século XVII.

Por fim, a nobreza possuía direitos específicos, e aqueles, substanciais: todos aqueles que resultavam do direito de propriedade — direito de cobrar tarifas, o direito à caça, entre outros. Os censos e juros pagos pelos camponeses não são mais que a locação da terra sobre a qual têm a permissão de se instalarem, ou a terra que seus ancestrais julgaram melhor deixar nas mãos de um proprietário mais poderoso que eles próprios. Os nobres, cobrando tarifas, colocavam-se precisamente na condição de um proprietário de imóveis que cobra seus locatários. A origem longínqua desse direito de propriedade gradualmente se esvaneceu e, na época da Revolução, o camponês passou a crer-se o proprietário legítimo de uma terra da qual havia sido locatário ao longo de séculos. O mesmo se aplica ao famoso direito à caça, que se convencionou retratar como um dos abusos mais gritantes de uma época de terror e de tirania: o que é mais legítimo ao homem que aluga um terreno a outro que reservar-se o direito de caçar nesse terreno?[II] O fundamental é que proprietários e arrendatários conheciam a sua posição no momento em que concordavam com suas obrigações recíprocas; o senhor não deixava de estar em suas terras se caçasse perto da casa de um camponês; que alguns dentre eles abusassem deste direito e "pisassem os cascos de seus cavalos nas colheitas douradas do camponês" — para falarmos como nos livros-texto da educação básica — é coisa possível, embora não verificável, mas é difícil entender por que o fariam sistematicamente, visto que boa parte das tarifas consistia em um quinhão da safra; o senhor estava, portanto, diretamente interessado na abundância da colheita. A questão é a mesma quanto às "banalidades"; o forno ou o lagar senhoriais estão na origem das comodidades oferecidas aos camponeses em troca das quais é normal cobrar uma retribuição — bem como atualmente, em certas comunidades, aluga-se ao camponês a debulhadora ou outros instrumentos agrícolas.

Entretanto, não há dúvidas de que, pouco a pouco, por volta do fim da Idade Média, as atribuições da nobreza diminuíram, sem que os privilégios fossem reduzidos, e que no século XVII, por exemplo, era flagrante a desproporção entre os direitos — mesmo legítimos — de que ela gozava, e os deveres insignificantes que eram de sua incumbência. O grande mal foi arrancar os nobres de suas terras e não ter havido a adaptação adequada de seus privilégios às suas novas condições existenciais; a partir do momento em que o serviço de um feudo, e principalmente a sua defesa, deixou de ser missão onerosa, os privilégios da nobreza se encontraram sem

---

II   É preciso estabelecer uma distinção entre as épocas: o direito à caça só foi reservado tardiamente, por volta do século XIV, e aplicava-se somente às grandes caças. As interdições formais não surgiram antes do século XVI. Quanto à pesca, esta permanecia livre a todos.

objeto. Foi isso que causou a decadência da aristocracia — uma decadência moral que seria seguida por uma decadência material, merecidamente. A nobreza foi diretamente responsável pelo mal-entendido, que viria a crescer, entre o povo e a realeza; tornada inútil, e não raro nociva ao trono (foi entre a nobreza, e graças a ela, que foram propagadas a doutrina dos enciclopedistas, a irreligião de Voltaire e as divagações de um Jean-Jacques), a nobreza contribuiu vastamente para levar Luís xvi à guilhotina e Carlos x ao exílio; nada mais justo que ela os seguisse. Mas se pode pensar, no entanto, que foi uma perda difícil para a França; um território sem aristocracia é um território sem ossatura, como sem tradições, disposto a todas as vacilações e todos os erros.

A VIDA RURAL

Na visão um tanto grosseira que tão comumente se tem da sociedade medieval, não há lugar para mais nada além dos senhores e dos servos: de um lado, a tirania, o arbitrário e os abusos de poder; do outro, os miseráveis, à mercê da talha e da corveia; tal é a ideia que evocam — e não apenas nos livros didáticos de história da rede escolar de educação básica — as palavras "nobreza" e "terceiro estado". Contudo, basta o simples bom senso para fazer com que seja difícil crer que os descendentes dos ferozes gauleses, dos soldados romanos, dos guerreiros germânicos e dos impetuosos escandinavos teriam se rebaixado a ponto de levar, por séculos, uma vida de animais perseguidos. Mas são lendas persistentes; o desdém pelos "rudes séculos" data de ainda antes de Boileau.

Na realidade, o terceiro estado comporta uma porção de condições intermediárias entre a liberdade absoluta e a servidão. Nada de mais diverso, e de mais desconcertante, que a sociedade medieval e as posses rurais da época; sua origem empírica explica essa variedade prodigiosa das condições das pessoas e dos bens. Para dar um exemplo: na Idade Média, enquanto a duplicação do domínio representa a concepção geral do direito de propriedade, existe, contudo, algo que o nosso tempo simplesmente não conhece: a terra possuída em franca propriedade, o *alódio* ou o *franco alódio*, livre de todos os direitos e imposições de qualquer tipo que fosse; isto se manteve até a Revolução Francesa, quando, sendo declaradas livres todas as terras, os alódios de fato pararam de existir, visto que

45

tudo foi submetido ao controle e às imposições do Estado. Note-se ainda que na Idade Média, quando um camponês fixava-se numa terra e nela exercia a sua arte pela duração da prescrição — ano e dia, isto é, o tempo de atravessar o ciclo completo do trabalho do campo, da aragem à ceifa — sem ser perturbado, era considerado como proprietário único daquela terra.

Isso dá uma noção do infinito número de modalidades que se pode encontrar nela. Hóspedes, colonos, *lites*, *collibertes*, tantos termos para nomear condições pessoais diferentes. E a condição das terras apresenta um a variedade ainda maior: censo (*cens*), renda (*rente*), jugada (*champart*), granja (*métairie*), propriedade de fazenda (*propriété en bordelage*), de mercado (*en marché*), de caçula (*en quevaise*), de plantio (*à complan*), de colônia (*en collonge*); seguindo as épocas e as regiões, encontra-se uma infinidade de acepções diferentes da posse da terra, todas com um só ponto comum: o de que, salvo no caso especial do franco alódio, sempre há inúmeros proprietários, ou pelo menos inúmeros detentores de direitos sobre um mesmo domínio. Tudo depende do costume, e o costume adapta-se às diversas variedades de terrenos, de climas e de tradições — o que, além do mais, é lógico, pois não se pode exigir dos que vivem num solo pobre a sujeição às obrigações que se pode impor, por exemplo, aos aldeões de Beauce ou de Touraine. Com efeito, eruditos e historiadores ainda tentam desvendar uma das matérias mais complexas já oferecidas à sua inteligência. Há a abundância e a diversidade dos costumes; há em cada um deles uma imensidão de condições diferentes, desde aquele do pioneiro que se instala numa terra nova e do qual se exigirá uma pequena parte de sua colheita, até o agricultor estabelecido num território em vínculos plenos e sujeito ao cento e ao arrendamento anuais; há os erros sempre possíveis advindos das confusões de termos, pois esses às vezes recuperam realidades totalmente diferentes segundo as regiões e as épocas; há, por fim, o fato de que a sociedade medieval esteve em perpétua evolução e o que era verdadeiro no século XII já não o era no século XIV.

A VIDA RURAL

O que se pode saber com certeza é que na Idade Média havia, fora da nobreza, muitos homens livres que prestavam a seus senhores um juramento muito semelhante ao dos vassalos nobres — e uma quantidade parecida de indivíduos de condição um pouco imprecisa entre a liberdade e a servidão. O jurista Beaumanoir faz uma clara distinção entre três estados: "Nem todos os francos são nobres [...], pois chama-se de nobres aqueles que são extraídos das linhagens francas, tanto quanto reis, duques, condes ou cavaleiros; e essa nobreza é sempre atribuída pelos pais [...]. Mas, por outro lado, é da franquia de homens plebeus,[1] visto que o que têm de franquia advém de suas mães e quem nascer de mãe franca, será franco — e têm livre poder de fazer o que lhes apraz [...] e o terceiro estado é o de servo. E este gênero de pessoas não é todo de uma condição, mas sim de várias condições de servidão [...]". Vê-se que não faltam distinções a serem estabelecidas.

Os livres eram todos moradores das aldeias; essas, como sabemos, multiplicavam-se desde o início do século XII. O grande número daquelas que hoje ainda levam o nome de Villefranche, Villeneuve, Bastide etc., é para nós uma lembrança dessas cartas de povoamento pelas quais todos os que viessem a se estabelecer em uma dessas aldeias recém-criadas eram declarados livres, como o eram burgueses e artesãos nas comunidades e, em geral, todas as cidades do reino. Fora delas, um grande número de agricultores era livre; eram aqueles a quem se chama de camponeses ou plebeus, termos que não têm, vale ressaltar, o sentido pejorativo que mais tarde adquiriram. O camponês (*roturier*) é o plebeu, o trabalhador, pois *rutura* quer dizer a ação de romper a terra com o arado; o plebeu (*vilain*) é, de maneira geral, o que mora num domínio, a *villa*.

E então vêm os servos. A palavra foi muitas vezes mal-entendida, pois confundiu-se a servidão, própria da Idade Média, com a escravidão, que foi a base de sociedades antigas e da qual não se encontra *traço nenhum* na sociedade medieval. Como o relata Loisel:

---

1   *Homme de poosté* quer dizer o plebeu em geral.

"Todas as pessoas são francas neste reino, e tão logo um escravo chega aos mercados daqui, é batizado e torna-se franco". Tendo a Idade Média tomado emprestado o vocabulário da língua latina para muitas coisas, seria de se pensar que a semelhança entre os termos implica a semelhança de sentido. Ora, a condição do servo é totalmente diferente da condição da antiga escravatura: o escravo é um objeto, não uma pessoa; e está sob a dependência absoluta de seu mestre, que possui o direito de vida e de morte sobre ele; toda atividade pessoal lhe é proibida; não tem nem família, nem casamento, nem propriedade.

O servo, pelo contrário, é uma pessoa, não uma coisa, e é tratado como tal. Ele tem a sua família, uma casa, um campo e fica quite com o seu senhor quando tiver pagos os seus tributos. Não é submisso a um mestre, mas sim ligado a um domínio: não se trata de uma servidão pessoal, mas de uma servidão real. A restrição imposta à sua liberdade é a de que não pode deixar a terra que cultiva. Note-se, porém, que essa restrição não lhe é desvantajosa, pois, se não pode abandonar a sua posse, *não se pode tirá-la dele*; esta particularidade não estava longe, na Idade Média, de ser considerada como um privilégio e, com efeito, o termo se encontra numa coleção de costumes, o *Brakton*, que, falando dos servos, diz expressamente: "tali gaudent privilegio, quod a gleba amovera non poterunt..." — "eles gozavam deste *privilégio* de não poderem ser removidos de sua terra" (um pouco semelhante ao que em nossos dias seria uma garantia contra o desemprego). O arrendatário livre é submisso a toda sorte de responsabilidades civis que tornam a sua fortuna mais ou menos precária: se endivida, podem lhe tomar a terra; em caso de guerra, ele pode ser forçado a assumir um posto em combate, ou o pode ter o seu domínio arrasado sem compensação possível. O servo, por outro lado, está protegido de vicissitudes destes tipos; a terra em que trabalha não pode lhe escapar, bem como ele não pode se afastar dela. Esta fixação à gleba revela a mentalidade medieval, e note-se que, nessa relação, o nobre está submetido às mesmas obrigações que o servo, pois ele tampouco pode em hipótese alguma alienar o seu domínio ou dele se separar de qualquer forma que seja: nos dois extremos da hierarquia, encontra-se a mesma necessidade de estabilidade, de fixidez, inerente à alma medieval, que fez a França e a Europa Ocidental de modo geral. Não é um paradoxo dizer que o camponês atual deve a sua prosperidade à servidão de seus ancestrais; nenhuma instituição contribuiu mais para a fortuna do campesinato francês; mantido ao longo de séculos no mesmo solo, sem responsabilidades civis, *sem obrigações militares*, o camponês tornou-se o verdadeiro mestre da terra; somente a servidão poderia realizar uma ligação tão íntima de um homem à gleba e fazer do antigo servo o proprietário do solo. Se a condição do camponês no leste europeu, na Polônia e arredores tornou-se tão miserável, é porque não teve esse vínculo protetor da servidão; nas épocas tumultuosas, o pequeno proprietário, entregue a si mesmo, responsável pela sua terra, conheceu as angústias mais hediondas, que facilitaram a formação de domínios imensos; donde um flagrante desequilíbrio social, a riqueza exacerbada de grandes proprietários contrastando com a condição lamentável de seus arrendatários. Se o camponês francês pôde desfrutar até os últimos tempos de uma existência tranquila em relação ao camponês da Europa Oriental, isso não se deu apenas por causa da riqueza do solo que lhe era devido, como também e sobretudo por causa da sabedoria de nossas antigas instituições, que fixaram o seu destino no momento em que ele mais carecia de segurança, e subtraíram dele as obrigações militares, as quais, mais tarde, terão maior peso sobre as famílias camponesas.

As restrições relatadas às liberdades do servo eram todas derivadas dessa fixação à terra. O senhor tem consigo o direito de revenda, isto é, ele pode recuperar à força o seu domínio em caso de defecção, pois, por definição, o servo não deve abandonar a sua terra; não há exceção senão para aqueles que saem em peregrinação. O direito de casamento contrário à tradição implica a proibição do casamento fora do domínio senhorial, que se veria reduzido — ou, como se dizia, "abreviado"; mas a

Igreja não deixava de protestar contra esse direito que violava as liberdades familiares, e atenuou-se, de fato, desde o século x; estabeleceu-se, então, o costume de reivindicar somente uma indenização pecuniária ao servo que deixasse um feudo para casar-se com alguém de outro feudo; eis aí a origem do famoso "direito senhorial", sobre o qual se disse tantos disparates: não se tratava de nada mais que o direito do senhor de autorizar o matrimônio de seus servos; mas como, na Idade Média, tudo é traduzido em símbolos, o direito senhorial deu ocasião a gestos simbólicos cujo significado foi exagerado: por exemplo, colocar a mão ou a perna sobre o leito conjugal, donde veio o termo, que às vezes se emprega, de direito da pernada ou de direito da primeira noite, que suscitou interpretações deploráveis, além do mais completamente errôneas.

Sem dúvida, a obrigação mais pesarosa para o servo era a da *mão-morta*: todos os bens adquiridos por ele durante a sua vida deviam, após a sua morte, ser retornados ao senhor; também esta obrigação foi reduzida muito cedo e o servo recebeu o direito de dispor por meio de testamento de seus bens móveis (pois a sua posse passava, de todo modo, para os filhos). Além disso, o sistema de comunidades silenciosas lhe permitia, de acordo com o costume do lugar, escapar da mão-morta, pois, tal como o plebeu, o servo podia formar com a sua família uma espécie de sociedade que agrupasse todos aqueles que estivessem sob a mesma "gamela", com um chefe temporário cuja morte não interrompesse a vida da comunidade, continuando esta a fruir dos bens de que dispunha.

Por fim, o servo podia tornar-se livre; as liberações multiplicavam-se já desde o fim do século XIII, pois o servo devia comprar a sua liberdade, fosse ao preço do dinheiro, fosse ao se comprometer a pagar um censo anual como o arrendatário livre. Tem-se um exemplo disso nas liberações de servos de Villeneuve-Saint-Georges, dependente de Saint-Germain-des-Prés, por uma soma total de 1.400 liras. Essa obrigação do resgate sem dúvida explica por que as liberações foram frequentemente aceitas de muito mau grado pelos seus beneficiários; a ordem de Luís x, *o Teimoso*, que libertou em 1315 todos os servos do domínio real, enfrentou em muitos lugares a má vontade dos "servos recalcitrantes". A servidão não é mais mencionada, quando da redação dos costumes do século xiv, a não ser pelas de Borgonha, de Auvergne, de la Marche, de Bourbonnais e de Nivernais, e nos costumes locais de Chaumont, de Troyes e de Vitry; em todos os outros lugares, estava desaparecida. Algumas ilhas de servidão muito branda subsistiram aqui e ali, e Luís xvi as aboliu definitivamente em 1779 — dez anos antes do gesto teatral da noite mais famosa do dia 4 de agosto — no domínio real, convidando os senhores a imitá-lo: pois tratava-se de uma questão de direito privado sobre a qual o poder central não tinha direito de legislar. Além disso, as atas nos mostram que, perante os senhores, os servos não tinham em absoluto essa postura de cães abatidos que tão frequentemente se lhes supõem. Vemo-los discutir, afirmar o seu direito, exigir o respeito às antigas convenções e reivindicar sem rodeios o que lhes era devido.

~

Temos o direito de aceitar sem controle a lenda do camponês miserável, inculto (esta é uma outra história) e desprezado, que uma tradição bem estabelecida ainda impõe a um grande número de nossos livros de história? Como veremos, seu regime geral de vida e de alimentação não oferecia nada que suscitasse pena. O camponês não sofreu mais na Idade Média do que terá sofrido o homem em geral, em todas as épocas da história da humanidade. Ele sofreu as repercussões das guerras: terão elas poupado os seus descendentes dos séculos xix e xx? Ainda assim, o servo medieval era dispensado dos serviços militares, como a maior parte dos plebeus; ainda assim, o castelo senhorial era-lhe um refúgio nas tribulações e a paz de Deus, uma garantia contra a brutalidade dos homens de armas. Sofreu com a fome nas épocas de colheitas ruins — como delas sofreu o mundo todo, até que a facilitação dos transportes permitisse que se levasse auxílio às regiões atingidas; e mesmo desde então... —, mas tinham o recurso de recorrer aos celeiros dos seus senhores.

Houve apenas um período realmente complicado para o camponês na Idade Média, que porém o foi para toda a sociedade, independentemente das classes: a época dos desastres produzidos pelas guerras que marcaram o declínio da época — período lamentável de turbulências e desordens geradas por uma luta fratricida, durante a qual a França conheceu uma angústia que só pode ser comparável à das guerras de religião, da Revolução ou de nossos tempos: bandos de plebeus arrasavam o país, a fome provocava revoltas e motins e, para completar o cenário, a aterradora epidemia da peste negra que despovoou a Europa. Isto, contudo, fez parte do ciclo de misérias próprias à humanidade e, portanto, povo algum foi poupado desses eventos; nossa própria experiência é o bastante para nos informar daquela.

O camponês terá sido o mais desprezado? Talvez jamais o tenha sido menos que na Idade Média. Certas literaturas em que se costuma representar o plebeu não devem nos iludir: não são mais que o testemunho do rancor, velho como o mundo, que o jogral e o errante têm pela posição do camponês, do "campônio" cujo domicílio é estável, o espírito por vezes lento e a bolsa muitas vezes lenta a se abrir — aliado à aptidão, bastante medieval, de zombar de tudo, incluindo daquilo que lhes parecia mais respeitável. Na realidade, os contatos jamais foram mais estreitos entre as classes ditas dirigentes — neste caso, os nobres — e o povo: contatos que facilitavam a noção do vínculo pessoal, fundamental à sociedade medieval — que multiplicavam as cerimônias locais, as festas religiosas e outras, nas quais o senhor encontrava o seu arrendatário, aprende a conhecê-lo e divide a sua existência de modo muito mais próximo do que o dos pequenos burgueses de nossos dias em relação aos seus empregados domésticos. A administração do feudo o obrigava a inteirar-se de todos os detalhes de sua vida;

nascimentos, casamentos, falecimentos nas famílias de servos são incluídos nos registros para o nobre, como interesses diretor do domínio; o senhor tem encargos judiciais; daí a sua obrigação de assistir os camponeses, de decidir os seus litígios, de arbitrar em suas disputas; dessa forma, o nobre tem quanto a eles uma responsabilidade moral, assim como tem a responsabilidade material de seu feudo em relação a seu suserano. Em nossos dias, o patrão da usina vê-se livre de quaisquer obrigações materiais e morais para com os seus trabalhadores, enquanto estes têm de "passar pelo caixa" para "tocar no pagamento"; não os vemos abrindo as portas de seus domicílios para oferecer aos trabalhadores um banquete, por exemplo, à ocasião do casamento de um de seus filhos. Como um todo, uma concepção radicalmente diferente da que prevaleceu na Idade Média, durante a qual, conforme a citação de Sr. Jean Guiraud que reproduzimos anteriormente, o camponês ocupa a ponta da mesa, mas à mesa de seu senhor.

Poderíamos facilmente nos dar conta disso ao passar brevemente os olhos sobre o patrimônio artístico que essa época nos legou, e constataríamos o lugar que tinha nela o camponês. Na Idade Média, ele está em todo canto: nos quadros, nas tapeçarias, nas esculturas das catedrais, nas iluminuras dos manuscritos; por todo lado, encontra-se os trabalhos do campo como o mais prevalecente dos temas de inspiração. Que hino à glória do camponês valerá as miniaturas de *Très riches heures du Duc de Berry*, ou o *Livre des prouffictz champestres*, iluminado pelo filho ilegítimo Antoine de Borgonha, ou ainda os pequenos quadros dos meses no portal da Notre Dame e de tantos outros edifícios? E, percebamos, em todas essas obras de arte, executadas para a multidão ou para o nobre apreciador, o camponês aparece em sua vida autêntica: revolvendo o solo, empunhando a enxada, podando a videira, matando o porco. Poderá alguma outra época, uma só, apresentar tantos quadros exatos, vivos, realistas da vida rural?

Que certos nobres ou certos burgueses tenham manifestado, individualmente, desdém pelos camponeses, é possível e mesmo certo: esse tipo de coisa não terá existido em todas as épocas? Mas a mentalidade geral, levando em conta os hábitos zombeteiros da época, tinha muito claramente a consciência da igualdade fundiária dos homens por meio das desigualdades de condição.

> *Fils de vilain preux et courtois*
> *Vaut quinze mauvais fils de rois*[2]

disse Robert de Blois, e o Reclus de Molliens, em seu poema *Miserere*, protesta vigorosamente contra aqueles que se creem superiores aos demais:

> *Garde qui tu as en dédain,*
> *Franc hom, qui m'appelles vilain.*
> *Jà de ce mot ne me plaindrais*
> *Si plus franc que mal te savais.*
> *Oui fut ta mère, et qui la maie? [la mienne]*
> *Andoi [toutes deux] furent filles Evain.*
> *Or mais ne dis que vilain sois*
> *Plus que toi, car je te dirais*
> *Tel mot où a trop de levain.*[3]

É um jurista, Philippe de Novare, que distingue três tipos de humanidade: a "gente franca", isto é, "todos aqueles que têm coração [*sic*] francos... e se tem um coração franco, de onde quer que tenha vindo, deve ser chamado franco e gentil; pois se é vindo de mau lugar e é bom, deve ser tanto mais honrado" — a gente de ofício e os plebeus, isto é, aqueles que não prestam serviço senão constrangidos pela força, "todos aqueles que o fazem são por direito plebeus, da mesma forma que se fossem servos ou ganhadores... A gentileza e o valor dos ancestrais não fazem

---

2   "Filho de plebeu bravo e cortês/ Vale quinze filhos maus de reis" — NT.

3   "Olha quem tens em desdém/ Franco homem, que me chamas de vilão./ Deste nome não me lamentaria/ Se te soubesse mais franco que eu./ Quem foi tua mãe, e quem foi a minha?/ As duas foram filhas de Eva./ Ora, não digas que sou vilão / Mais que tu, pois eu te direi / Tal palavra tem muito de leviano" — NT.

mais que nutrir herdeiros desonestos". Pode-se citar inúmeras dessas proclamações de igualdade, como a seguinte, em Roman de Fauvel:

> *Noblesse, si com dit le sage*
> *Vient tant seulement de courage*
> *Qui est de bons moeurs aorné;*
> *Du ventre, sachez, pas ne vient.*[4]

De maneira mais geral, será possível que sujeitos que tivessem lugar no primeiro plano nas manifestações artísticas e literárias de uma nação poderiam ser por ela desprezados?

Sobre essa questão, como sobre tantas outras, confundiram-se as épocas. O que é verdadeiro para a Idade Média não o é para tudo o que chamamos de Antigo Regime. Desde o fim do século XV, ocorreu uma cisão entre os nobres — os letrados —, e o povo; dali em diante, as duas classes viveriam vidas paralelas, interpenetrando-se e compreendendo-se cada vez menos uma a outra. Naturalmente, a alta sociedade atrairia para si a vida intelectual e artística e o camponês seria excluído da cultura, como da atividade política do país. Desapareceu da pintura, salvo raras exceções — em todo caso, sumiu da pintura em voga à época —, da literatura e das preocupações dos grandes. O século XVIII não veria mais que uma cópia inteiramente artificial da vida rural. Que do século XVI[5] até os nossos dias o camponês tenha sido, senão desprezado, ao menos desdenhado e pouco conhecido, disto não há dúvida; mas não há dúvidas de que na Idade Média ele tenha tido um lugar de primeira ordem na vida da França.

---

4   "Nobreza, se como diz o sábio/Vem tão somente da coragem/Que é de bons costumes adornada:/ Do ventre, sabei-o, não vem" — NT.

5   Note-se que é também no século XVI que ressurge o desprezo, conhecido na Antiguidade, pelos ofícios manuais. A Idade Média tradicionalmente assimilava as "ciências, artes e ofícios".

A VIDA URBANA

Desde que acabaram as invasões, a vida transbordou os limites do domínio senhoril. A casa começa a não mais se bastar por si mesma; retoma-se o caminho da cidade, o comércio clandestino organiza-se e, logo, sobem-se as muralhas, surgindo os subúrbios. É então, desde o século XI, o período de grande atividade urbana. Dois fatores da vida econômica, que até então permaneciam em segundo plano, adquirirão maior importância: o ofício e o comércio. Com eles, crescerá uma classe cuja influência será capital sobre os destinos da França — ainda que sua adesão ao poder efetivo só seja datada da Revolução Francesa, da qual ela será a única a tirar benefícios reais: a burguesia.

Ao menos a sua influência data de muito antes, pois, desde a origem, ela teve um lugar de preponderância no governo das cidades, ao passo que os reis — principalmente desde Filipe, o Belo —, apelavam de bom grado aos burgueses como conselheiros, administradores e agentes do poder central. Essa influência deve a sua grandeza à expansão do movimento comunal, da qual ela foi de longe a principal força motriz. Nada mais vivaz, mais dinâmico que este impulso irresistível que, do século XI ao início do século XIII, estimula as cidades a libertar-se da autoridade dos senhores, e nada mais zelosamente protegido que as liberdades comunais, uma vez adquiridas. É que os tributos cobrados pelos barões tornaram-se intoleráveis desde o instante em que não havia mais a necessidade de sua proteção: nos tempos de tribulações, outorgas e pedágios eram justificados, pois representavam os custos do policiamento da rota: um comerciante que tivesse suas terras invadidas por um senhor poderia receber indenização dele; mas, a tempos novos e melhores, devia corresponder um reajuste que fora obra do movimento comunal. Assim, a Idade Média foi bem-sucedida nesta rejeição necessária do passado, tão difícil de realizar na evolução da sociedade em geral; é muito provável que se o mesmo reajuste fosse produzido em tempos oportunos aos direitos e aos privilégios da nobreza, muitas desordens teriam sido evitadas.

A realeza exemplifica o movimento pela outorga de liberdades às comunas rurais: a "carta Lorris", concedida por Luís VI, exclui as corveias e a servidão, reduz as contribuições, simplifica o processo em justiça e estipula ainda a proteção dos mercados e das feiras:

> Nenhum homem da paróquia de Lorris pagará imposto de terrádego ou qualquer tributo para aquilo que for necessário à sua subsistência, nem tributos sobre as colheitas feitas por seu trabalho ou pelo trabalho de seus animais, nem tributos sobre o vinho que extraiu de suas vinhas.
>
> A ninguém será requisitado cavalgada ou expedição que não lhe permita retornar no mesmo dia para a sua casa, se assim desejar.
>
> Ninguém pagará pedágio até Étampes, nem até Orléans, nem até Milly em Gâtinais, nem até Melun.
>
> E àquele que tiver a sua propriedade na paróquia de Lorris, não se lha poderá confiscar caso ele tenha cometido qualquer crime, a menos que seja um crime contra Nós ou nossa gente.
>
> Quem vir às feiras ou ao mercado de Lorris, ou a eles retornar, não poderá ser preso ou importunado, a menos que tenha cometido algum crime naquele dia.
>
> Ninguém, nem Nós, nem outros, poderá cobrar a talha aos homens de Lorris.
>
> [...]
>
> Nenhum dentre eles cobrará a corveia por Nós, exceto uma vez ao ano, para levar nosso vinho a Orléans, e não além desta cidade.
>
> [...]
>
> E quem quer que possuir moradia por um ano e um dia na paróquia de Lorris, sem que ninguém a reclame, e que tal moradia não lhe tenha sido proibida nem por Nós, nem por nosso preboste, será a partir de então livre e franco.

A pequena cidade de Beaumont recebeu pouco depois os mesmos privilégios, e logo o movimento esboçou-se por todo o reino.

A evolução de uma cidade da Idade Média é um dos espetáculos mais cativantes da história: cidades mediterrâneas, Marselha, Arles, Avignon ou Montpellier, rivalizando em audácia com as grandes cidades italianas para o comércio "abaixo do nível do mar" — centros comerciais como Laon, Provins, Troyes ou Le Mans —, núcleos da indústria têxtil, como Cambrai, Noyon ou Valenciennes; todas deram provas de um ardor e de uma vitalidade sem igual. A partir de então, tiveram as simpatias da realeza: não procuravam, em sua vontade de emancipação, a vantagem dupla de enfraquecer a influência dos grandes feudos e de levar ao domínio real um crescimento inesperado, visto que as cidades libertas entram desta forma na mudança da coroa? Às vezes a violência se faz necessária, e vê-se movimentos populares, como em Laon ou em Mans; mas o mais frequente é que as cidades se libertem pela via das trocas, por sucessivas negociações ou, simplesmente, pagando em dinheiro. Também aí, como em todos os detalhes da sociedade medieval, a diversidade triunfa, pois a independência pode não ser total: tal parte da cidade, ou tal taxa em particular permanecem sob a autoridade do senhor feudal, ao passo que o resto retorna à comuna. Um exemplo típico nos é dado por Marselha: o porto e a cidade baixa, que eram compartilhados pelos viscondes, foram adquiridos pelos burgueses, quadra por quadra, e tornaram-se independentes, ao passo que a cidade alta permanecia sob o domínio do bispo e do capítulo e que uma porção da baía, de frente para o porto, seguia sendo propriedade da Abadia de São Vítor.

Em todo caso, o mais comum a todas as cidades é a boa vontade com que elas visam confirmar essas liberdades preciosas que adquiriam e a sua pressa em se organizarem, em colocarem por escrito os seus costumes, em regulamentarem as suas instituições segundo as necessidades que lhes eram próprias. Os seus diferentes usos seguem o que fez a especialidade de cada uma delas: tecelagem, comércio, ferraria, curtumes, indústrias marítimas, entre outras. Durante todo o Antigo Regime, a França conservava um caráter muito especial devido a tais costumes particulares a cada cidade, fruto empírico das lições do passado e, além do mais, definidos de forma independente pelo poder local, de acordo com as necessidades de cada uma. Esta variedade de uma cidade a outra deu ao país uma aparência muito atrativa e das mais simpáticas; a monarquia absoluta teve a esperteza de não tocar nos costumes locais, de não impor um tipo de administração homogêneo; esta foi uma das forças — e um dos charmes — da antiga França. Cada cidade possuía, em um grau difícil de imaginar hoje em dia, uma personalidade própria, não somente exterior, como também interior, em todos os detalhes de sua administração, em todos os aspectos de sua existência. São, em geral — ao menos no sul da França — dirigidas por cônsul cujo número varia: dois, seis, às vezes doze; ou ainda apenas um reitor reunia o conjunto dos cargos, assistido por um vigário que representava o senhor, quando a cidade não tinha a plenitude das liberdades políticas. Ainda com frequência, nas cidades mediterrâneas, recorria-se a um podestade, instituição muito curiosa; o podestade era sempre um estrangeiro (os de Marselha eram todos italianos) ao qual se confiava o governo da cidade por um período de um ou dois anos; onde quer que fosse empregado, esse regime causava grande satisfação.

Em todo caso, a administração da cidade compreende um conselho eleito pelos habitantes, em geral por sufrágio restrito ou a vários graus, e assembleias plenárias que reuniam o conjunto da população, mas cujo papel era predominantemente de conselho. Os representantes dos ofícios sempre tiveram um papel importante, e sabe-se que esse papel foi a parte assumida pelo reitor dos mercadores de Paris nos movimentos populares do século XIV. A grande dificuldade contra a qual se chocam as comunas são os constrangimentos financeiros; quase todas se mostram incapazes de assegurar uma boa gestão de recursos; além disso, o poder logo era cercado por uma oligarquia burguesa que se mostrava mais rígida em relação às arraias-miúdas do que jamais o foram os senhores — daí a origem da rápida decadência das comunas, que eram frequentemente agitadas por desordens populares e que decaem a partir do século XIV,

A VIDA URBANA

nisto auxiliadas, é preciso lembrar, pelas guerras da época e pelo mal-estar generalizado do reino.

~

Nos séculos XII e XIII, o comércio amplia-se de maneira prodigiosa, pois uma causa exterior deu-lhe novo impulso: as Cruzadas. As relações com o Oriente, que jamais haviam sido completamente interrompidas em épocas anteriores, ganharam novo vigor; as expedições ultramarinas favoreceram o estabelecimento dos mercadores franceses na Síria, na Palestina, na África do Norte e até a costa do Mar Negro. Italianos, provençais e landguedocianos formaram uma concorrência amarga, em cujo centro está o Mediterrâneo e que se espalha, seguindo a rota secular do vale do Ródano, do Saône e do Sena (já percorrido pelas caravanas, que, antes da fundação de Marselha, no século VI antes de Cristo, transportaram o estanho das ilhas Cassitérides, isto é, da Grã-Bretanha, até os portos que os mercadores fenícios frequentavam) — até o norte da França, os Países Baixos e a Inglaterra. Era a época das grandes feiras de Champagne, de Brie e da Ilha de França: Provins, Lagny, o Lendit em Saint-Denis, Bar, Troyes, onde acabavam as sedas, os veludos e os brocados, o alume, a canela e o cravo, os perfumes e as especiarias, vindas do centro da Ásia e que se trocavam em Damasco ou Jafa, pelos tecidos de Douai ou de Cambraia, as lãs da Inglaterra, as peles da Escandinávia. As casas de comércio de Gênova ou de Florença tinham sobre os mercados franceses as suas sucursais permanentes; os banqueiros da Lombardia ou de Cahors tratavam com os representantes das hansas do norte e entregavam cartas de câmbio válidas até nos portos mais remotos do Mar Negro. As rotas francesas viam uma animação extraordinária. A importância da contribuição oriental é capital na civilização medieval; já a Alta Idade Média conhecera em grego uma parte de seus serviços; foram os marfins bizantinos que retomaram de fato no Ocidente a arte esquecida de esculpir a madeira e a pedra, e a decoração dos manuscritos irlandeses inspirou-se nas miniaturas persas; mais tarde, os árabes conduziram a sua conquista com a brutalidade que se conhece e, por certo tempo, cortaram os pontos que ligavam as duas civilizações. Porém, vieram os Cruzados, e essa contribuição oriental — a qual corresponde, além disso, uma contribuição "franca" na Ásia Menor, à qual obras recentes lançaram luzes — banha toda a Europa, faz com que ela conheça a vertigem do tráfego, o brilho dos frutos estrangeiros, tecidos preciosos, perfumes fortes, trajes suntuosos — inunda com a sua luz essa época apaixonada pela cor e pela claridade. Sobretudo, ele multiplica esse gosto pelo risco, essa sede do movimento, que na Idade Média coexistia da maneira tão surpreendente com a fixação à terra. Talvez jamais a palavra "epopeia" tenha sido melhor empregada que ao falar das Cruzadas; jamais a atração do Oriente se manifestou com mais ardor e levou, a despeito dos aparentes insucessos, a realizações mais incríveis. Basta relembrar as fundações dos "Francos" na Terra Santa, desde os entrepostos de mercadores, estabelecimentos organizados que formam verdadeiras cidadezinhas, com sua capela, com seus banhos públicos, com seus armazéns, com as moradias de mercadores e a sala do tribunal e de reuniões — até esses castelos fortes cuja massa ainda hoje desafia o sol: a Fortaleza dos Cavaleiros, o castelo de Saône, as fortificações de Tiro — até essas proezas bélicas extraordinárias, as de um Raimundo de Poitiers ou de um Reinaldo de Châtillon, que fazem pensar que os Cruzados, posto aparte o seu objetivo piedoso, foram felizes derivados do fervente ardor dos barões.

A Europa perdeu muito quando, no século XIV, a sua atenção voltou-se ao oriente. São Luís havia vislumbrado esta possibilidade de aliança com os mongóis que, uma vez introduzida, provavelmente teria mudado a todo custo o destino dos dois mundos, o oriental e o ocidental. Sua morte prematura e a estreiteza da visão de seus sucessores deixaram ao Estado a missão de esboçar um projeto no qual as obras de René Grousset perderam em valor toda a sua importância.

Os mongóis podiam impor ao Islã apenas uma barreira eficaz; buscavam a aliança com os francos e favoreciam do seu lado os cristãos nestorianos. As relações estabelecidas por João de Plano Carpini, e mais tarde por Guilherme de Rubruck — que, em 1254, visitou Caracórum, capital do Grão-cã —, tinha feito com que uns e outros entendessem que frutos podiam nascer de tal união. Os mongóis não ofereciam a reconquista de Jerusalém sobre os turcos mamelucos? No entanto, a sua oferta não foi levada em conta; o historiador das Cruzadas, já citado, ressaltou a coincidência das duas datas: 1287 — embaixada sem resultado do nestoriano mongol Rabban Çauma em Paris, com Filipe, o Belo; 1291 — perda de Saint-Jean-d'Acre.

Dominado pelo Islã, o Oriente se fecharia à influência e ao comércio europeus; este é o marco de uma decadência irremediável das cidades mediterrâneas, e para os seus armadores perseguidos por piratas; apenas os cavaleiros do Hospital São João continuariam a lutar passo a passo e, de Rodes a Malta, empregariam incansáveis esforços para conservar a nossa visão frente ao Oriente — combate desigual, mas admirável, que não cessaria até a tomada de Malta por Bonaparte.

A organização desse grande comércio oriental era mais ou menos a mesma em todos os lugares. O negociante confiava a um armador fosse um cargueiro, fosse certo montante de dinheiro com vistas a gerar frutos; em geral, a destinação da viagem era claramente indicada, mas também era frequente que se a deixasse à iniciativa do navegador, *ad fortunam maris*. Quando do retorno, este último recebia uma parte proporcional da receita, acordada de antemão. Nisto estavam inclusos os contratos de "comando" ou de "sociedade" entre os mercadores. Uma das diferenças específicas entre a Idade Média e a nossa época é que, então, o comerciante, e não o armador, decidia sobre a travessia; as companhias de navegação não tinham itinerários determinados; isso era assunto de acordos entre aqueles que desejavam viajar.

No que diz respeito ao comércio marítimo, a Igreja tolerava o empréstimo com juros, porque então os riscos em que se incorria justificam o empréstimo de dinheiro. Fora o risco de naufrágio, o maior desses riscos era o costume do alijamento: um navio em perigo, ou perseguido por piratas, livrava-se de uma parte do seu conteúdo para aliviar a sua carga. Os compêndios de costumes marítimos, *Constitutum Usos* de Pisa, Estatutos de Marselha, Consulado do Mar, regulamentavam cuidadosamente a descarga, as mercadorias que seriam submetidas a ela e a repartição das perdas entre os mercadores que então se encontrassem no navio. Outro risco advinha do direito às represálias, que podia ser acordado por uma cidade a seus patrícios que viajassem em navios de cidades inimigas, ou mais particularmente a um mercador que se encontrasse lesado ou cuja carga tivesse sido pilhada; era, portanto, uma das formas de direito de vingança privada.

Para defender-se melhor, e por um costume caro à época, os mercadores tinham o hábito de se associarem. Antes de mais nada, havia, para os navios, o que chama-se de conserva: dois ou mais navios decidem fazer juntos a travessia; tal decisão é objeto de um contrato que não se pode quebrar sem se expor a sanções e a uma emenda. Por outro lado, os mercadores de uma cidade, onde quer que se encontrassem, formavam uma associação e elegiam entre eles alguém que administraria e, se fosse o caso, assumiria a responsabilidade ou a defesa dos interesses do grupo. Os pontos comerciais mais importantes tinham um cônsul fixo que a todo tempo — ou ao menos durante a grande "temporada" comercial, que ia do São João, em 24 de junho, a Santo André, em novembro — geria a hospedaria. Marselha é um exemplo desta instituição de cônsules gerais nas cidades do Mediterrâneo, cujas decisões não podiam ser revogadas senão pelo reitor da comuna e, até este ponto, tinham força de lei; ela mesma o tinha na maior parte das cidades da Síria e do norte da África, em Acre, em Ceuta, em Bugia, em Tunes e nas Baleares.

~

A VIDA URBANA

Com o comércio, o elemento essencial da vida urbana é o trabalho. A maneira pela qual o trabalho era entendido na Idade Média, pela qual criou-se regras e condições para o seu exercício, foi capaz de atrair a atenção de nossa época, que via no mesmo sistema corporativo uma solução possível ao problema do trabalho. Contudo, o único tipo de corporação[1] realmente interessante foi o medieval, tomado no sentido geral de confraria ou de associação de ofício, e, ademais, alterado já cedo sob a pressão da burguesia; os séculos seguintes não viram mais que deformações ou caricaturas.

Não se pode melhor definir a corporação medieval do que encarando-a como organização familiar aplicada ao ofício. É o agrupamento, num organismo único, de todos os elementos de um determinado ofício: patrões, operários e aprendizes reúnem-se não sob uma autoridade qualquer, mas sim em virtude dessa solidariedade que nasce naturalmente do exercício de uma mesma indústria. Como a família, é uma associação natural; ele não emana do Estado, nem do rei. Quando São Luís ordena que Étienne Boileau redija o *Livro dos Ofícios*, é apenas para colocar por escrito os costumes já existentes, sobre os quais sua autoridade não intervém. O único papel do rei perante a corporação, como a todas as instituições de

---

[1] É com pesar que empregamos este termo, do qual tanto se abusa e que foi emprestado a inúmeras confusões quanto às nossas instituições antigas. Note-se, antes de mais nada, que se trata de um vocábulo moderno, que só surgiria no século XVIII. Até então, a questão não passava de *mestres* e de *jurados*. Estes, que caracterizam o monopólio da fabricação por um determinado ofício numa cidade, foram, durante o melhor período da Idade Média, muito pouco numerosos; existiam em Paris, mas não no conjunto do reino, onde só começaram a tornar-se o regime comum — com ainda inúmeras exceções — no fim do século XV. A idade de ouro das corporações não foi a Idade Média, mas sim o século XVI; ora, desde aquela época, elas começaram, com o impulso da burguesia, a serem de fato cercadas pelos patrões que faziam do domínio uma espécie de privilégio hereditário, tendência que se acentuou tanto que nos séculos seguintes os mestres constituíam uma verdadeira casta, cujo acesso era difícil, senão impossível, aos operários pouco afortunados. Estes não tinham outro recurso que formar por conta própria, em sua defesa, sociedades autônomas e mais ou menos secretas, as companhias.

Após ter sido, como defendem certos historiadores, o sinônimo de "tirania", a corporação foi objeto de julgamentos menos severos e, às vezes, de elogios exacerbados. O principal intuito dos trabalhos de Hauser é reagir contra essa última tendência e demonstrar que é preciso tomar cuidado para não enxergar nela um mundo "idílico"; é certo que nenhum regime de trabalho pode ser qualificado como "idílico", e a corporação ainda menos que as outras — se talvez não seja, por comparação com a situação provocada ao proletariado industrial do século XIX, ou com inovações modernas tais como o sistema Bedaud.

direito privado, é o de controlar a aplicação leal dos costumes em vigor; como a família e como a Universidade, a corporação medieval é um corpo livre, sem conhecer outras leis senão aquelas às quais ela mesma forjou: eis aí o seu caráter essencial, que ela conservaria até o fim do século XV.

Todos os membros de um mesmo ofício desempenhavam a função de parte da corporação, mas cada um, é claro, tinha o seu papel: a hierarquia ia de aprendizes a mestres-jurados, formando o conselho superior do ofício. Costuma-se distinguir neles três graus: aprendiz; companheiro ou servente; e mestre. Mas isso não pertencia ao período medieval, durante o qual, até por volta do meio do século XIV, se podia, na maioria dos ofícios, passar a mestre tão logo finda a aprendizagem. Os criados não se tornariam numerosos antes do século XVII, quando uma oligarquia de artesãos ricos buscava cada vez mais reservar a si o acesso ao domínio, o que esboça a formação de um proletariado industrial. Porém, durante toda a Idade Média, as chances de início são exatamente as mesmas para todos, e todo aprendiz, a menos que fosse demasiado inábil ou indolente, acabava por passar ao grau de mestre.

O aprendiz ligava-se a seu mestre por um contrato de aprendizagem — sempre esse vínculo pessoal, caro à Idade Média —, o que abrangia obrigações para ambas as partes: para o mestre, a de formar o seu aluno no ofício, de assegurar-lhe abrigo e alimento, mediante pagamento dos pais das taxas de aprendizagem; para o aprendiz, a obediência ao mestre e o esmero no trabalho. Encontra-se, transposta no artesanato, a noção dupla de "fidelidade e proteção" que unia o senhor ao seu vassalo ou a seu arrendatário. Mas como, neste caso, uma das partes contratantes é um jovem de doze a catorze anos, toma-se todos os cuidados no reforço da proteção da qual ele deve fruir e, se por um lado, há grande indulgência quanto às falhas, às distrações, ou mesmo quanto às vadiagens do aprendiz, os deveres do mestre são severamente precisos: ele não pode tomar mais que um aprendiz por vez, para que seu ensino seja fecundo e para que não possa explorar os seus alunos ao colocar sobre eles parte de sua tarefa; este aprendiz só terá o direito de se encarregar dela após ter exercido o domínio por pelo menos um ano, a fim de que se dê conta de suas qualidades técnicas e morais. "Ninguém deve tomar um aprendiz se não for tão sábio e tão rico que possa ensinar e governar e manter a sua palavra [...] e esse deve ser sabido e feito pelos dois probos que conservam o ofício", dizem as regras. Elas fixam expressamente o que o mestre deve despender a cada dia para a alimentação e a manutenção do aluno; por fim, os mestres eram submetidos à visita dos jures da corporação, que iam ao seu domicílio para examinar a maneira com que o aprendiz era alimentado, como era iniciado ao ofício e como era tratado, de maneira geral. O mestre tinha para com ele deveres e os encargos de um pai e devia, entre outras coisas, observar a sua conduta e o seu comportamento moral; em contrapartida, o aprendiz lhe devia respeito e obediência, mas se chegava até a favorecer certa independência da parte deste último: caso o aprendiz fugisse da casa do mestre, este deveria aguardar um ano antes de poder aceitar um novo aprendiz e, durante esse ano, esperava-se que ele acolhesse o aluno fugitivo, se este retornasse — isto para que todas as garantias fossem dadas ao lado mais frágil, não ao mais forte.

Para passar ao grau de mestre, era preciso terminar o seu período de aprendizado; esse período variava de acordo com o ofício, naturalmente, e geralmente durava de três a cinco anos. Era provável que, a esta altura, o futuro mestre devesse dar a prova de sua habilidade diante dos jures de sua corporação, o que está na origem da obra-prima, cujas condições se complicariam no curso dos séculos; além disso, ele deveria pagar um taxa, que aliás era mínima (em geral, de três a cinco soldos) — sua cotação na confraria do corpo de ofício; por fim, em alguns ofícios, naqueles em que o mercador fosse obrigado a justificar a sua liquidez, era exigido o pagamento de um caução. Tais eram as condições do grau de mestre durante o período medieval propriamente dito; por volta do século XIV, as corporações, até então em sua maioria independentes, começaram a ser religadas ao poder central, e o acesso ao grau de mestre tornou-se mais difícil: exigia-se, em certos ramos, um estágio prévio de três anos como criado e o postulante devia pagar uma taxa de licença chamada *compra do ofício*, que variava de cinco a vinte soldos.

O exercício de cada função era objeto de uma regulamentação minuciosa, que tendia antes de mais nada a manter o equilíbrio entre os membros da corporação. Todas as tentativas de tomar um mercado, todo esboço de acordo entre quaisquer mestres em detrimento dos outros, todo ensaio de apossar-se numa grande quantidade de matérias-primas eram severamente reprimidos: nada de mais contrário ao espírito das antigas corporações do que a reserva e a especulação, ou, em nossos termos modernos, o *trust*. Punia-se também de maneira implacável o ato de desviar para o seu lucro a clientela de um vizinho, o que atualmente chamamos de abuso de publicidade. A concorrência existia, mas restringia-se ao âmbito das qualidades pessoais: a única maneira de atrair o cliente era fazer, ao mesmo preço, algo melhor, mais bem acabado, com mais esmero que o vizinho.

As regras estavam lá para garantir a boa execução do ofício, buscar as fraudes e punir os erros; neste objetivo, o trabalho devia sempre que possível ser feito externamente, ou ao menos em plena luz; cuidado com o comerciante que escondesse os tecidos de má qualidade nos recantos obscuros de sua loja! Tudo devia ser exibido em plena luz do dia, sob o toldo em que o observador gostava de demorar-se, onde Mestre Pathelin[2] ia "engendrar" o mercador ingênuo.

Os mestres-jures, ou "guardiões do ofício", existiam para aplicar as regras. Exerciam um rígido direito de visita. Os fraudadores eram mandados ao pelourinho e expostos com a mercadoria duvidosa durante tempo variável; seus companheiros eram os primeiros a

---

2   *A farsa do advogado Pathelin* é peça de teatro composta por volta de 1460. Conta a história de um advogado espertalhão que, em momento de crise econômica, para se vestir a si próprio e à mulher, resolve aplicar um golpe num comerciante de tecidos tão esperto quanto ele. A peça explora os costumes de duas das mais fortes classes sociais francesas do século XV — NE.

apontá-los, pois tinha-se muito vivo o sentimento de honra pelo ofício. Os que se destacassem despertavam o desprezo dos confrades, que sentiam-se atingidos pela vergonha que os primeiros faziam refletir no ofício como um todo; estes eram banidos da sociedade; eram vistos de modo similar aos cavaleiros perjuros que mereciam a degradação. O artesão medieval, em geral, cultuava o seu trabalho. Encontra-se em romances o testemunho de ofícios como aqueles de Thomas Deloney sobre os tecelões e os sapateiros de Londres: os sapateiros davam à sua arte o título de "o ofício nobre" e eram fiéis ao adágio: "todo filho de sapateiro é príncipe nascido". Um poema medieval, o *Dit fes Fèvres* (dos trabalhadores) demora-se complacentemente sobre os méritos destes:

> *Foi-me dito que os operários são*
> *A gente por que mais se deve rezar.*
> *Bem sabeis que de vadiar*
> *Não vivem os operários, verdade,*
> *Não vem da usura o seu ganhar*
> *... De seu labor, de seu trabalho*
> *Vivem os operários lealmente*
> *E doam-se amplamente*
> *E dão de tudo que têm, mais*
> *Que os que nada fazem, os usuários,*
> *Os cônegos, provedores, monges.*

É um traço especificamente medieval esse orgulho de seu estado — e não menos medieval o ciúme com que cada corporação reivindica seus privilégios.

O traço de julgar por si mesmo os delitos do ofício talvez seja um dos mais preciosos para a época, que crê também ser fundamental a liberdade de administrar a si por meio de seus próprios representantes. Para isso, a cada ano era eleito um conselho composto de mestres apontados, seja pelo conjunto da corporação, seja pelos outros mestres; os usos variavam de acordo com os ofícios. Os conselheiros prestavam juramento, donde surgiu o nome de "jurados"; deviam zelar pela observância das regras, visitar e proteger os aprendizes, decidir as disputas que pudessem surgir entre os mestres, inspecionar as lojas para monitorar fraudes. Era neles que recaía também o encargo de administrar o caixa da corporação. Sua influência era tal na cidade que eles frequentemente chegavam a assumir um papel político.

Em algumas cidades, como em Marselha, os delegados de ofícios tomavam parte efetiva na direção dos assuntos comunais; prontamente faziam parte do Conselho Geral; nenhuma decisão tangente aos interesses da cidade podia ser tomada na sua ausência; eles escolhiam a cada oito dias os "planejadores" que assistiriam o reitor e sem os quais não era possível haver deliberação. Segundo a expressão do historiador da comuna de Marselha, Sr. Bourrilly, os chefes de ofício eram "o elemento motor" da vida municipal, e poder-se-ia dizer que Marselha teve, no século XIII, um governo de base corporativa.

De origem religiosa, a confraria, que existe quase em todo lugar, mesmo onde o ofício não é organizado por domínio ou juramento, é um centro de ajuda mútua. Entre as incumbências que recaem regularmente sobre o caixa da comunidade, figuram, primeiramente, as pensões pagas aos mestres de idade avançada ou enfermos e os seguros dos membros adoecidos, durante o tempo em que permanecerem doentes e convalescentes. Era um sistema de garantias em que cada caso podia ser conhecido e examinado em particular, o que permitia a remediação adequada de cada situação e também evitava os abusos e os acúmulos. "Se o filho do mestre cai pobre, e quer aprender, o tribunal deve informá-lo dos 5 soldos (taxa corporativa) — e de suas comissões", diz o estatuto dos "escudeiros de ferro" ou fabricantes de escudos. A corporação ajudava os seus membros, se necessário, quando eles estivessem em viagem ou em caso de desemprego. Thomas Deloney coloca na boca de um confrade do Nobre Ofício um trecho muito significativo. Tom Drum (é como se chama o personagem) reencontrou em sua trajetória um jovem senhor arruinado e propôs-se a acompanhá-lo até Londres:

— Fica por minha conta — disse ele. — Na próxima cidade, divertir-nos-emos muito.

— Como? — disse o rapaz. — Creio que não tua fortuna não passe de apenas um soldo.

— Vou dizer-te — replica Tom. — Se fosses sapateiro como eu, poderias viajar de um canto a outro da Inglaterra com nada mais que um *penny* no bolso. Contudo, em cada cidade, encontrarás bom abrigo e bom alimento, e o que beber, sem nem sequer empregar o teu *penny*. Isso porque os sapateiros não desejam ver um dos seus passar qualquer necessidade. Eis a nossa regra: se um companheiro chega numa cidade, sem dinheiro e sem pão, basta apresentar-se e não se não precisará preocupar-se com mais nada. Os demais companheiros da cidade não somente o receberão bem, como lhe darão sem custo o abrigo e o alimento. Se ele quiser trabalhar, o escritório deles encarrega-se de encontrar-lhe um patrão e ele não terá com o que se incomodar.

Este breve trecho basta para dispensar comentários.

Compreendidas desta forma, as corporações eram vivíssimos centros de ajuda mútua, honrando a sua divisa: "Um por todos, todos por um". Orgulhavam-se de suas obras de caridade. Os ourives obtinham, desta forma, a permissão de abrir os seus comércios aos domingos e nas festividades dos Apóstolos, geralmente fechadas, cada qual em sua vez; tudo o que ganhassem neste dia serviria para oferecer aos pobres de Paris uma refeição no dia da Páscoa: "O quanto ganhar com a ourivesaria aberta, colocará na caixa da confraria os ourives, [...] e com todo o dinheiro da caixa dar-se-á a cada ano no dia da Páscoa um jantar aos pobres do Hôtel-Dieu de Paris". Também na maioria dos ofícios, os órfãos da corporação eram criados às suas custas.

Tudo isso se passava numa atmosfera de concórdia e de alegria a qual o trabalho moderno não consegue conceber. As corporações e as confrarias tinham cada qual as suas tradições, as suas festividades, os seus ritos piedosos ou zombeteiros, as suas canções, as suas insígnias. Novamente segundo Thomas Deloney, para ser adotado como filho do "Nobre Ofício", um sapateiro precisava saber "cantar, tocar corneta, tocar flauta, manejar o bastão de ferro, lutar com espada e contar suas ferramentas em versos". Durante as festas da cidade e nos cortejos solenes, as corporações exibiam suas bandeiras, e a quem lá se encontrasse cabia alguns títulos de precedência. Eram pequenos mundos extraordinariamente vivazes e ativos que conseguiam impulsionar a cidade e dar a ela a sua expressão original.

No total, não podemos resumir de forma mais adequada o caráter da vida urbana na Idade Média sem citar o grande historiador das cidades medievais, Henri Pirenne:

> A economia urbana era digna da arquitetura gótica da qual é contemporânea. Ela criou de todas as peças [...] uma legislação social mais completa que a de qualquer outra época, incluindo a nossa. Retirando-se os intermediários entre vendedor e comprador, ela garantia aos burgueses o benefício da vida barata; perseguiu implacavelmente a fraude, protegeu o trabalhador contra a concorrência e a exploração, regulamentou o seu trabalho e o seu salário, cuidou de sua higiene, forneceu a sua instrução, impediu o trabalho de mulheres e crianças e, ao mesmo tempo, conseguiu reservar à cidade o monopólio do fornecimento de seus produtos dos campos que a cercavam e de encontrar à distância saídas para o seu comércio.[3]

---

3   Henri Pirenne, *Les Villes et les Institutions urbaines au Moyen Âge*, tomo I, p. 481.

A REALEZA

Quanto mais se estuda a sociedade medieval, por meio dos textos da época, mais ela surge como um organismo completo, análoga, segundo a comparação cara à João de Salisbury, ao organismo humano, possuindo uma cabeça, um coração e membros. Muito mais que desigualdade de função, as três "ordens" — o clero, a nobreza e o terceiro estado — representavam um sistema de repartição de forças, de "divisão do trabalho". Ao menos, é assim que as compreendemos:

> *Labeur de clerc est de prier*
> *Et justice de chevalier;*
> *Pain leur trouvent les labouriers.*
> *Cil paist, cil prie et cil défend.*
> *Au champ, à la ville, au moustier,*
> *S'entr'aïdent de leur métier*
> *Ces trois par bel ordenement.*[1-2]

Isto resulta numa sociedade muito heterogênea e que, por sua complexidade, lembra, de fato, o corpo humano com os seus inúmeros órgãos estritamente sujeitos uns aos outros, e todos concorrentes para a existência como ao equilíbrio do ser, dos quais todos se beneficiam igualmente.

Esta complexidade de estrutura se agravava com a extrema variedade de senhorias e de províncias; cada uma possuía o seu caráter,

---

[1]   Poema de *Miserere*, de Reclus de Molliens.

[2]   "O labor do clérigo é rezar/ E a justiça o do cavaleiro;/ O pão, é do lavrador lhes dar,/Este apascenta, aquele reza, o outro defende./ No campo, na cidade, no convento,/ Ajudam-se os três em seus ofícios/ Seguindo o bom ordenamento" — NT.

vigorosamente marcado. Os adágios daquele tempo ressaltam com complacência — e malícia — essa diversidade:

> *Les meilleurs jongleurs sont en Gascogne*
> *Les plus courtois sont en Provence*
> *Les plus apperts hommes en France*
> *Les meilleurs archers en Anjou*
> *Les plus "enquérants" en Normandie*
> *Les meilleurs mangeurs de raves sont en Auvergne*
> *Les plus "rogneux" en Limousin, etc., etc.*[3]

Pequenos traços locais, que se evidenciam de forma muito mais profunda quando em contraste com nossos costumes.

Diante de uma tal miscelânea, a tarefa do poder central se mostrou particularmente difícil. É evidente que não havia lugar, na Idade Média, nem para um regime autoritário, nem para uma monarquia absoluta. Os personagens da realeza medieval nela ganhavam ainda mais interesse, cada qual trazendo a solução de um problema sobre a questão sempre espinhosa das relações do indivíduo e do poder central.

O notável à primeira vista é a quantidade de degraus que se interpõem entre um e outro. Longe de serem as duas únicas forças em presença, o Estado e o indivíduo não se correspondem senão por uma multidão de intermediários. O homem da Idade Média nunca esteve isolado; ele necessariamente fazia parte de grupos: domínio, associação ou "universidade" que fosse, que garantisse a sua defesa mantendo-o na via correta. O artesão e o comerciante eram de uma só vez vigiados e defendidos pelos mestres de seus ofícios, que eles próprios escolheram. O camponês era submetido a um senhor, o qual é vassalo de um outro, e este de um outro, e assim por diante, até chegar ao rei. Uma série de contatos pessoais tinham, assim, o papel de "amortecedores" entre o poder central

---

3   "Os melhores jograis são da Grasconha/ Os mais corteses, de Provença/ Os mais francos homens vêm da França/ Os melhores arqueiros, de Anjou/ Os mais 'inquisidores' são da Normandia/ Os maiores comedores de rábanos são de Auvergne/ Os mais 'sarnentos' em Limousin etc., etc." — NT.

e o "francês médio", que desta forma não pode jamais ser atingido por medidas gerais arbitrariamente aplicadas, e não precisa lidar com poderes irresponsáveis ou anônimos, como seria o exemplo de uma lei, de um *trust* ou de um partido.

O domínio do poder central é, além disso, estritamente limitado aos assuntos públicos. Nas questões de ordem familiar, tão importantes para a sociedade medieval, o Estado não tinha o direito de intervir e pode-se dizer de cada casa o que já se disse do *home* dos ingleses, que é o "praça-forte" daqueles que nele vivem. Matrimônios, testamentos, educação, contratos pessoais são regidos pelo Costume, como o ofício e todas as modalidades gerais da vida pessoal. Ora, o costume é um conjunto de observâncias, de tradições, de regras provenientes da natureza dos fatos, não de uma vontade exterior; ela apresenta esta garantia de não ter sido imposta pela força, mas de ter-se desenvolvido espontaneamente, de acordo com a evolução do povo — e essa vantagem de ser indefinidamente maleável, de adaptar-se a tudo que é novo, de absorver toda mudança. O respeito que se tem por ela explica por que, durante toda a duração do Antigo Regime, os reis nunca comandaram o direito privado. Mesmo no período posterior à Idade Média, legislaram apenas sobre a forma dos atos da vida privada, não sobre os atos em si: por exemplo, sobre o registro das disposições testamentárias, mas nunca sobre o testamento; ordenaram a escrita dos costumes, mas não tocaram de forma alguma no direito consuetudinário; o que surge de seu domínio sempre lhes escapou.

Feitas essas reservas, como se exerce a autoridade real? O teólogo Henri de Gand vê na pessoa do rei um chefe de família, defensor dos interesses de todos e da cada um. Tal parece mesmo ser o caráter da monarquia medieval. O rei, colocado no topo da hierarquia feudal, como o senhor à frente do domínio, e o pai à frente da família, era de uma só vez um administrador e um vigilante. É o que simbolizam os seus dois atributos: o cetro e a mão da justiça.

Como administrador, ele tinha, antes de mais nada, a ocasião de exercer diretamente o seu poder, sobre o seu próprio domínio.

Conhecia então, por experiência, os detalhes da "gerência" de um feudo, e sabia o que podia exigir de seus vassalos, tendo neste feudo os mesmos direitos e os mesmos deveres que eles. Isto foi, em diversas ocasiões, precioso para o conjunto do reino. Como um vassalo é mais ou menos tentado a imitar o seu suserano, o poder real foi levado a dar aos barões exemplos salutares. As reformas que ele introduziu em si mesmo, e que não se viu no direito de impor aos demais, não raro repetiam-se no conjunto do país. Foi o caso do afrancesamento geral dos servos do domínio, no início do século XIV. Isso provocou uma emulação benéfica, da qual a própria realeza por vezes se beneficiou. Assim, os grandes vassalos tinham o direito de combater a moeda, mas o rei acabou por levar a França inteira a preferir a sua moeda às outras, certificando-se de que ela fosse sempre a mais sã e a mais justa — pois não se deve abusar da lenda dos reis falsificadores, que só foi justificada por Filipe, o Belo, e nas épocas das grandes misérias públicas da Guerra dos Cem Anos.

Sobre os domínios senhoriais, o rei não possuía senão um poder indireto. Os barões que surgiam imediatamente dele eram pouco numerosos, mas todos podiam apelar por seu suserano ao rei, e as ordens que ele dava eram transmitidas por uma série de intermediários em todo o reino. O direito que ele exerce é, essencialmente, um direito de controle: zelar para que tudo aquilo que é prescrito pelo costume seja normalmente executado, manter a "tranquilidade da ordem". Era a esse título que ele era o árbitro designado para apaziguar as querelas entre vassalos. É conhecida a resposta de São Luís àqueles que lhe apontaram, após o Dito de Amiens, que seria melhor deixar os grandes barões brigarem entre si e acalmarem-se por si próprios: "Se vissem que eu os deixei a guerrear, poderiam avisar-se uns aos outros, dizendo: 'O rei, por sua malícia, deixou-nos guerrear'. Se acontecesse que, por ódio que tivessem de mim, viessem derrubar-me, seria eu a perder — sem contar o ódio de Deus que conquistaria, que diz: benditos sejam os apaziguadores".

Este poder podia ter permanecido platônico, pois, durante a maior parte da Idade Média, o rei da França dispunha, com o seu domínio exíguo, recursos inferiores aos dos grandes vassalos. Mas o prestígio que se lhe conferiu a unção[4] e a moral elevada da linhagem capetiana revelam-se singularmente eficazes contra os senhores mais turbulentos. O exemplo do rei da Inglaterra declarando que não pode fazer o cerco do lugar em que se encontra o seu suserano, e outro, do mesmo rei, que recorreu ao árbitro real para impor as regras às suas próprias contendas com seus barões, provam-nos suficientes. A autoridade real, até o século XVI, era fundada antes na força moral que nos efetivos militares.

Foi também ela que consolidou o renome de reis justiceiros. Os *Regrets de la mort de Saint Louis* insistem neste ponto:

> *Je dis que Droit est mort, et Loyalté éteinte,*
> *Quando le bon roi est mort, la créature sainte*
> *Qui chaconne et chacun faisait droit à sa plainte...*
> *A qui se pourront mais les pauvres gens clamer*
> *Quand le bon roi est mort qui les sut tant aimer?*[5]

O "bom rei" voltava ele mesmo frequentemente sobre este ponto, nos *Enseignements* a seus filhos: "Para manteres a justiça e a retidão, sejas leal e rígido para com teus súditos, sem voltar-se nem à direita, nem à esquerda, mas sempre reto adiante; e sustentes a querela dos pobre até que a verdade seja declarada". Joinville conta em diversas ocasiões como pôs tais princípios em ação. Até os confins do reino, fazia-se sentir a justiça real: "[...] e no Rhône encontramos um castelo a que chama-se Roche de Glin, que o rei mandou derrubar porque Roger, o senhor do castelo, foi acusado de roubar de peregrinos e mercadores". Foi por um bom motivo que popularizou-se a imagem familiar do carvalho de Vincennes, sob o qual fazia-se a justiça. As penas impostas aos culpados podiam chegar ao confisco dos bens:

---

4   Com efeito, é a unção, feita pelo arcebispo de Reims sobre a fronte com o óleo da Santa Ampola conservada na cidade, que consagra a pessoa real. Os primeiros Capetos, para garantir a sucessão, tomaram o cuidado de ungir os filhos durante a vida.

5   "Digo que o Direito é morto, a Lealdade jaz em sepultura/Quando é morto o bom rei, a santa criatura/Que ouvia a cada um, a queixa de cada figura.../A quem poderá a pobre gente clamar/ Se é morto o bom rei que tanto os soube amar?" — NT.

é uma noção muito difícil de conceber em nossos tempos, já que o dinheiro com o qual se paga uma propriedade dá plenos poderes sobre ela, que não pode lhe ser tirada a não ser por falta de dinheiro: para regularizar débitos com o fisco ou para com pessoas físicas. Era o que acontecia na Roma antiga. Na Idade Média, o patrimônio era inalienável: um senhor, mesmo muito endividado, o conservaria durante a vida; mas, em contrapartida, ele corria a todo tempo o risco de vê-lo confiscado se se mostrasse indigno de sua incumbência ou se violasse o seu juramento. Todo poder implicava, portanto, uma responsabilidade. O próprio rei não era isento desta regra. Henri de Gante, que definiu os poderes reais, reconhecia nesses assuntos o direito de destituir o rei se este lhes desse uma ordem contrária à sua consciência; o Papa podia desligá-los de seu juramento de fidelidade e não deixava de usar desta faculdade quando um rei cometia qualquer exação, mesmo em sua vida privada; foi o que ocorreu quando a infeliz rainha Ingeborg, abandonada por Filipe Augusto, mandou da prisão de Étampes seu apelo a Roma. O princípio fundamental é que, segundo a doutrina de São Tomás, "O povo não é feito pelo príncipe, mas o príncipe pelo povo".

Tem-se nesta época, antes de mais nada, uma ideia muito elevada dos deveres de um soberano. Eustache Deschamps, que foi a voz e o espelho de seu tempo, enumera-as da seguinte forma:

> *Premier il doit Dieu et l'Église aimer;*
> *Humble cœur ait, pitié, compassion;*
> *Le bien commun doit sur tous préférer,*
> *Son peuple avoir en grand dilection,*
> *Être sage et diligent,*
> *Vérité ait, tel doit être régent,*
> *Lent de punir, aux bons non faire ennui,*
> *Et aux mauvais rendre droit jugement*
> *Si qu'on voie toute bonté en lui...*[6]

---

6   "Primeiro, o amor a Deus e à Igreja é seu dever;/ Ter humilde coração, piedade, compaixão;/ O bem comum deve sobre tudo o mais preferir,/ Seu povo ter em grande dileção,/ Ser sábio e diligente,/ Ter verdade, tal deve ser regente,/ Lento a punir, aos bons não perturbar,/ E aos maus deve o bem julgar,/ Para que nele a bondade seja vista..." — NT.

A personalidade dos reis capetianos era singularmente bem adaptada à concepção medieval da realeza; colocando-os no trono, seus contemporâneos tiveram a felicidade de corresponder ao que o povo podia esperar deles, dadas a mentalidade da época e as necessidades do país. Foram, antes de mais nada, realistas. Muito apegados ao seu patrimônio, jamais perderam de vista seus interesses. Poder-se-ia até censurá-los por certa estreiteza de concepções. Quando, nos últimos carolíngios, passou-se a Hugo, o Grande ou a Hugo Capeto, a diferença era impressionante: os descendentes de Carlos Magno, mesmo os mais decaídos, guardavam uma mentalidade "imperial"; olhavam para Roma, para Aix-la-Chapelle; pensavam em "europeus". Os capetianos pouco se importavam com o que se passava para além das fronteiras de seus territórios; desconfiavam do Império como se este fosse uma ilusão perigosa; antes da Europa, viam a França. Sondados repetidas vezes pelo papado para usarem a coroa imperial, recusaram todas as vezes, e não foi sem franzir o cenho que viram seus caçulas administrarem, como Carlos I, suas fortunas no exterior.

Suas ambições eram limitadas, mas práticas. Vendo-se à frente de um pequeno patrimônio, mas fortalecidos pela unção real, buscaram, com uma imbatível tenacidade, afirmar o seu domínio desenvolvendo a sua autoridade moral. Mesmo as Cruzadas não lhes despertavam o interesse, a não ser de modo secundário. A primeira, que agitou toda a Europa, não causou comoção no rei da França; Filipe Augusto cruzou ou braços, sem convicção — recordando-se, sem dúvida, de que o oriente não ajudou o seu pai, Luís VII, que lá havia comprometido, junto de sua felicidade conjugal, a base de seu reinado; aproveitou a primeira oportunidade para voltar, julgando mais oportuna a sua presença em Artois ou em Vermandois do que nos rios palestinos. Foi preciso um São Luís para abraçar fervorosamente a Cruzada, mas isso porque nele predominava o fim religioso, em detrimento de todas as ambições mundanas. A quimera imperial, a aventura italiana — tantas tentações nas quais nossos capetianos não se detiveram. Seus descendentes foram informados a romper com essa política do bom senso? As desventuras de um Carlos VIII, de um Luís XII, de um Francisco I são suficiente demonstração do tamanho da inteligência representante de tal moderação.

Em contrapartida, foi com um incrível espírito de equipe que os reis capetianos esforçaram-se para consolidar o seu patrimônio. Geração após geração viram-nos aumentar esse precioso território, adquirir um condado aqui, um castelo acolá, lutar rudemente por uma fortaleza, reivindicar uma herança, se necessário empunhando a espada. Estrategistas perspicazes, sabiam o preço que se devia acordar quanto a uma rota, a uma cabeceira de ponte. A glória de um Luís VI foi a de garantir a passagem entre Paris e Orléans; ele sabia que para ele as torres de Montlhéry tinham mais importância que o teria uma coroa estrangeira. Ao mesmo tempo, eles intervinham em tudo quanto podiam, dentro das fronteiras do reino, sem perderem nenhuma ocasião de fazer lembrar de sua presença e de seu poder aos vassalos, muito certos de suas forças; soldados mercenários, como os *cottereaux* de Berry, sempre se faziam presentes. Fazer justiça era, para eles, a mais sã das políticas e, se fosse o caso, sabiam sacrificar seus interesses imediatos com vistas a um bem superior. Lembramo-nos da supresa que causou, tanto entre contemporâneos quanto entre historiadores, o gesto de Luís IX ao ceder ao rei da Inglaterra o Agenais, a Saintonge e uma parte de Limousin, após ter conquistado essas províncias. Ato de "alta política", entretanto, como o qualificou Auguste Longnon, e o qual foi explicado pelo próprio rei: "Estou certo de que os predecessores do rei da Inglaterra perderam por direito a conquista que eu obtive; quanto à terra que lhes dou, não a dou por qualquer outro motivo que me obriga a ele ou a seus herdeiros, mas para cultivar o amor entre meus filhos e os dele, que são primos próximos; e parece-me que eu faça bom uso daquilo que lhe dou, pois que não era homem meu se não entrasse em minha homenagem". Com efeito, o resultado foi que ganhou a fidelidade de seu vassalo mais temível —

e a paz entre a França e a Inglaterra, por um período de mais de cinquenta anos.

Junto deste espírito metódico, é preciso mencionar a bonomia, a familiaridade amável desses reis da França. Nada menos autocrata, como já foi indicado, que um monarca medieval.[7] Nas *Crônicas*, nos relatos, não passou de uma questão de reuniões, de deliberações, de conselhos de guerra. O rei nada faz sem a opinião de seu conselho. E este conselho não é composto, como o de Versailles, de cortesãos dóceis: são homens de armas, vassalos tão poderosos e frequentemente tão ricos quanto o próprio rei, monges, sábios, juristas; o rei solicita os seus conselhos, discute com eles e atribui grande importância a esses contatos: "Atenta para que tenhas em companhia", lê-se em *Enseignements de Saint Louis*, "homens probos e locais, que não sejam concupiscentes, sejam eles religiosos ou seculares, e fales com eles com frequência [...]. E se algum deles agir contra ti, não o creias até que saibas a verdade, pois assim o julgarão teus conselheiros mais corajosamente segundo a verdade, por ti ou contra ti". Ele mesmo dava o exemplo; é preciso ler o relato completo de Joinville do patético conselho de guerra reunido pelo rei na Terra Santa, quando o início infeliz de sua cruzada pôs tudo em cheque e fez com que a maioria dos barões quisesse retornar à França. A maneira com que Luís IX informou a Joinville que ele lhe era grato por ter tomado o partido contrário, e de ter ousado dizê-lo, é a marca dessa familiaridade, extremamente simpática, dos reis em relação ao que os cercava:

> Enquanto o rei recebia as suas graças, fui até uma janela de ferro [...] e pus meus braços entre os ferros da janela, e pensei que se o rei fosse para a França, eu iria até o príncipe da Antioquia [...]. A esta altura, enquanto estava lá, o

---

7   Citemos esta passagem muito pertinente de A. Hadengue, em sua obra *Bouvines, victorie créatice*: "Os conselhos de guerra! Estavam muito em voga nos estados maiores dos exércitos medievais. Retornam ininterruptamente à pena dos cronistas as mesmas expressões: '*A l'avies prin fu li consaus... lors li roi prist conseil... Adonc il prist conseil...*" No século XIII, um chefe militar não comanda, não determina ao modo de um general onipotente. Sua autoridade é feita de colaboração, de confiança, de amizade. Tem dificuldade? Senta-se ao pé de uma árvore, chama a si seus 'altos barões', expõe-lhes os fatos, recebe suas ponderações. Sua opinião pessoal jamais prevalece. 'Cada qual diz a sua razão', como o escreveu Philippe Mouskès" (pp. 188-9).

> rei veio apoiar-se em meus ombros e colocou suas mãos em minha cabeça. E cuidei que fosse meu senhor Filipe de Nemours, que muitos incômodos me causara no dia pelo conselho que eu lhe havia dado; e disse-lhe: "Deixa-me em paz, senhor Filipe". Por azar, ao virar-me, a mão do rei passou-me pelo rosto; e conheci que era o rei por causa de uma esmeralda que levava no dedo. E disse-me ele: "Feches a tua boca; pois quero perguntar-te como foi que tu, um homem tão moço, ousaste tecer loas à minha casa, contra todos os grandes homens e sábios da França, que louvaram minha partida". "Senhor, disse eu, se eu tivesse a malícia em meu coração, não vos louvaria por nada que fizésseis". "Dizes", disse ele, "que eu faria mal se me fosse?". "Se Deus quiser, senhor", disse eu, "Sim". E ele disse-me: "Se eu ficar, ficas?" E eu disse-lhe que sim [...]. "Ora alegra-te, pois tenho-te em muito boa estima por teres me elogiado" [...].

Essa bonomia, essa simplicidade de costumes, caracterizam perfeitamente a época. Enquanto o imperador e a maioria dos grandes vassalos desfrutam do emprego de seu esplendor, a linhagem capetiana é marcada pela frugalidade do seu estilo de vida. Os reis vão e vêm no meio da multidão. Luís VII dorme um dia à margem de uma floresta, e quando seus familiares acordam, observam que lhe é possível dormir assim, a sós e sem armas, visto que ninguém o quer mal. Filipe Augusto, algumas horas antes de Bouvines, sentou-se sob uma árvore e comeu um pedaço de pão molhado ao vinho. São Luís deixou-se insultar na rua por uma senhora, e proibiu seus acompanhantes de repreendê-la. Para as ocasiões de festas e entradas solenes, reservam-se os gibões de veludo e os mantos de arminhos — mas o cilício ainda é frequentemente usado sob o arminho. Para os estudantes alemães acostumados às magnificências imperiais, a simplicidade dos trajes reais é matéria de gracejos. Essa simplicidade não foi imitada pelos Valois, e ainda menos pelos seus sucessores da Renascença; no entanto, se ganharam uma corte brilhante, perderam esse contato direto com o povo, elemento precioso do prestígio de um príncipe.

As relações internacionais

A Idade Média, tal como ela se apresentou, arriscou jamais conhecer nada além de caos e decomposição. Nascida de um império que desmoronava e de vagas de invasões sucessivas, formada de povos díspares que tinham cada qual os seus hábitos, as suas estruturas, a sua ordem social, diferentes, quando não opostas — e quase todos um senso muito vivo de castas, de sua superioridade de vencedores —, ela devia apresentar, e de fato só o apresentou em seu início, a ruína mais inconcebível.

Entretanto, constata-se que nos séculos XII e XIII esta Europa tão dividida, tão conturbada em seu berço, atravessou uma era de acordo e de união tal como nunca havia visto e talvez não visse mais ao longo dos séculos. Vê-se, quando da primeira Cruzada, príncipes sacrificando seus bens e seus interesses, esquecendo-se de suas querelas para tomarem juntos a Cruz — os mais diversos povos reunindo-se num só exército, a Europa inteira emocionando-se com as palavras de um Urbano II, de um Pedro, o Eremita, mais tarde de um São Bernardo ou de um Foulques de Neuilly. Viram-se monarcas, preferindo a arbitragem à guerra, referindo-se ao julgamento do Papa ou de um rei estrangeiro para regular os seus dissensos. As pessoas encontravam-se, fato ainda mais notável, diante de uma Europa organizada; ela não é um império e não é uma federação; ela é a cristandade.

É preciso reconhecer aqui o papel que a Igreja e o papado tinham na ordem europeia; eles foram, com efeito, fatores essenciais de unidade; a diocese e a paróquia, não raro confundindo-se com o território, foram, durante o período de decomposição da Alta Idade Média, as células vivas a partir das quais foi reconstituída a nação. As grandes datas que iriam marcar a Europa para sempre são as da conversão de Clóvis — garantindo no mundo ocidental a vitória da hierarquia e da doutrina católicas sobre a heresia ariana — e a coroação de Carlos Magno pelo Papa Estevão II, que consagrou a espada dupla, espiritual e temporal, da qual a união formaria a base da cristandade medieval.

É preciso levar em consideração, de maneira mais generalizada, a influência do dogma católico que ensina que todos os filhos da Igreja são membros de um mesmo corpo, como o recordam os versos de Rutebeuf:

> *Tous sont un corps en Jésus-Christ*
> *Dont je vous montre par l'écrit*
> *Que li uns est membre de l'autre*[1]

A unidade de doutrina, vivamente sentida na época, jogava em prol da união dos povos. Carlos Magno o tinha compreendido tão bem que, para conquistar a Saxônia, enviou missionários antes dos exércitos — por convicção, antes de mais nada, e não por mera ambição; a história repetiu-se no Império germânico com a dinastia dos Othons.

Na prática, a cristandade pode se definir como a "universidade" de príncipes e de povos cristãos que obedeciam a uma mesma doutrina, animados por uma mesma fé e reconhecendo a partir de então o mesmo magistrado espiritual.

Esta comunidade de fé foi traduzida por uma ordem europeia confusa demais para as mentes modernas, complexa demais em suas ramificações, e no entanto grandiosa quando analisamos o seu conjunto. A paz da Idade Média foi muito precisamente,

---

[1]   "Todos são um corpo em Jesus Cristo/Do que eu vos mostro por escrito/Que uns são membros do outro" — NT.

segundo a bela definição de Santo Agostinho, a "tranquilidade" dessa ordem.

Um ponto central permanecia fixo: o papado, centro da vida espiritual; mas muito diversos eram os seus laços com os diferentes Estados. Alguns estavam ligados à Santa Sé por títulos especiais de dependência: tal era o Império romano germânico cujo chefe, sem se encontrar, como costuma-se crer, sob a suserania do Papa, devia, contudo, ser escolhido ou ao menos confirmado por ele; isso se explica se retomarmos as circunstâncias que levaram à sua fundação e à parte essencial assumida pelo papado. Esta nada mais fez que conferir-lhe o título e avaliar casos de deposição.

Outros reinos foram os feudatários da Santa Sé; num dado momento de sua história, exigiram aos papas a sua proteção; como os reis da Hungria, entregaram solenemente a sua coroa, ou, como os reis da Inglaterra, da Polônia ou de Aragão, rogaram-lhe para autenticar seus direitos, de modo que, a partir daquele momento, o selo de São Pedro retificasse e preservasse as suas liberdades.

Por fim, outros, incluindo aí a França, não tinham ligação de dependência temporal alguma com a Santa Sé, mas aceitavam naturalmente suas decisões em matéria de consciência e também submetiam-se voluntariamente à sua determinação arbitrária.

Tal foi, em linhas gerais, o edifício da cristandade, como a precisou Inocêncio III numa época em que ela já se encontrava realizada na prática desde muitos séculos. Essencialmente, ela repousa sobre um acordo de ordem mística entre os povos. Quando se observa os princípios do equilíbrio europeu, concebidos quando do tratado de Westfália, não podemos deixar de achar muito pobre essa dose de nacionalidades, essa agulha de equilíbrio tendo o lugar das bases sólidas sobre as quais se fundou a paz medieval.

Com frequência, despreza-se o caráter desses vínculos entre a Igreja e os Estados; estamos acostumados a ver na autoridade espiritual e na autoridade temporal duas potências nitidamente distintas, e às vezes essa "intrusão" do papado nos assuntos dos príncipes era considerada intolerável. Tudo fica mais claro se nos colocarmos na mentalidade da época: não é a Santa Sé que impõe a sua visão aos príncipes e aos povos, mas esses príncipes e esses povos, sendo crentes, recorrem naturalmente ao magistério espiritual, seja por quererem reafirmar a sua autoridade ou fazerem respeitar os seus direitos, seja porque desejam reger as suas contendas por meio de um árbitro imparcial. Assim o anuncia Gregório x: "Se é do dever daqueles que dirigem os Estados conservar os direitos e a independência da Igreja, também é do dever daqueles que têm o governo eclesiástico fazerem o possível para que os reis e os príncipes possuam a plenitude de sua autoridade". Os dois poderes, em vez de se ignorarem ou de se combaterem, reforçavam-se mutualmente.

O que pode ter gerado confusão é que, na Idade Média, era comum professar respeito muito maior pela autoridade religiosa do que pela autoridade laica, e considerar uma superior à outra, seguindo a famosa colocação de Inocêncio iii, "como a alma está para o corpo", ou "como o sol está para a lua": hierarquia de valores, que não acarreta necessariamente uma subordinação de fato.

Além disso, não se pode esquecer que a Igreja, guardiã da fé, era também juíza do foro doméstico e depositária dos juramentos. Ninguém, na Idade Média, jamais sonhava em contestá-la. Quando era cometido um escândalo público, ela tinha o direito e o dever de proclamar a sua sentença, de encaminhar o culpado ou de absolver o arrependido. Desta forma, ela não fazia mais que usar de um magistério que lhe era universalmente reconhecido quando excomungava um Roberto, o Piedoso, ou um Raimundo de Toulouse. Da mesma forma, quando, na sequência de sua conduta repreensível ou de suas exações, ela liberava os indivíduos do rei Filipe Augusto ou do imperador Henrique iv do juramento de fidelidade, exercia uma de suas funções soberanas, pois, na Idade Média, todo juramento toma Deus por testemunho e, consequentemente, a Igreja, que tem o poder de ligar e de desligar.

Que houve abusos da parte da Santa Sé, bem como da parte do poder temporal, é coisa incontestável; a história das disputas entre o papado e o Império estão aí para prová-lo. Porém, como um todo, pode-se dizer que essa tentativa audaciosa de unir as duas espadas, a espiritual e a temporal, para o bem comum, foi bem-sucedida. Era uma garantia de paz e de justiça, de que essa potência moral cujas regras não se podia violar sem correr riscos específicos, entre outros, o de ver-se despojado de sua própria autoridade, e perdido na estufa de seus assuntos: enquanto Henrique II combatia Thomas Becket, não se sabia quem prevaleceria, mas quando o rei decidiu livrar-se do prelado por um homicídio, foi ele o vencido. A reprovação moral, e as sanções que ela atraía, tinham então mais eficácia que a força material. Para um príncipe interditado, a vida não era mais tolerável: os anos silenciosos quando ele passava, seus súditos fugindo quando ele se aproximava, tudo isso compunha uma atmosfera na qual mesmo as personalidades mais fortemente temperadas não resistem. Mesmo um Filipe Augusto veio, por fim, a submeter-se, ao passo que restrição exterior alguma teria podido impedi-lo de deixar a infeliz Ingeborg chorar em sua prisão.

Durante a maior parte da Idade Média, o direito à guerra privada seguia considerado inviolável pelo poder civil e pela mentalidade geral; manter a paz entre os barões e os Estados apresentava, então, imensas dificuldades e, não fosse essa concepção da cristandade, a Europa arriscaria não ser mais que um vasto campo de batalha. No entanto, o sistema em vigor permitia opor uma série de obstáculos ao exercício da vingança privada. Em primeiro lugar, a lei feudal queria que um vassalo que tivesse jurado fidelidade ao seu senhor não pudesse portar armas contra ele; naturalmente, havia infrações, mas o juramento de fidelidade estava de fato longe de ser uma mera teoria ou um simulacro: quando o rei da França, Luís VII, veio em auxílio do conde Raimundo V, ameaçado em Toulouse por Henrique II da Inglaterra, este, ainda que dispusesse de forças muito superiores e que estivesse seguro da vitória, retirou-se, declarando que não podia cercar um lugar onde encontrava-se seu suserano; no acontecimento, a ligação feudal retirou a realeza francesa de um passo especialmente perigoso.

Por outro lado, o sistema feudal previa toda uma sucessão de arbitragens naturais: o vassalo podia sempre apelar de um senhor ao suserano deste; o rei, na medida que sua autoridade se estendia, exercia cada vez mais o papel de mediador; o Papa, por fim, permanecia o árbitro supremo. Geralmente, bastava a reputação de justiça ou de santidade de um grande personagem para que se recorresse a ele; a história da França oferece mais de um exemplo disso: Luís VII foi o protetor de Thomas Becket e seus intermediários quando de seus conflitos com Henrique II; São Luís impôs-se da mesma forma à cristandade quando fez o célebre Dito de Amiens que apaziguou as contendas entre Henrique III da Inglaterra e seus barões.

No fundo, não importava qual nobre podia, então, por vingança ou por ambição, invadir as terras de seu vizinho e que o poder central não fosse poderoso o bastante para substituir a sua justiça àquela do indivíduo — sem falar das guerras sempre possíveis entre os Estados. A Idade Média não abordou o problema da guerra em geral, mas por uma série de soluções práticas e de medidas aplicadas no conjunto da cristandade, conseguiu sucessivamente restringir o domínio da guerra, as crueldades da guerra, a duração da guerra. Foi assim, por meio de leis específicas, que edificou-se a cristandade pacífica.

A primeira dessas medidas foi a Paz de Deus, instaurada desde o fim do século X:[2] foi também a primeira distinção feita, na história do mundo, entre o fraco e o forte, entre os guerreiros e as populações civis. Desde a data de 1023, o bispo de Beauvais fez Roberto, o Piedoso, prestar o juramento da Paz. Era proibido maltratar as mulheres, as crianças, os camponeses e os clérigos; as casas dos agricultores eram, como as igrejas, declaradas invioláveis. Reservava-se a guerra àqueles que fossem equipados para o combate. Tal é a origem da distinção moderna entre objetivos

---

2   O Concílio de Charroux, em 989, lançou o anátema contra quem quer que entrasse forçosamente numa igreja e retirasse algo dela, contra quem quer que roubasse os bens dos camponeses ou dos pobres, suas ovelhas, seu boi, seu jumento.

militares e monumentos civis — noção completamente ignorada no mundo pagão. A proibição nem sempre era respeitada, mas aqueles que a transgredissem sabiam que estariam se expondo a sanções terríveis, temporais e espirituais.

Em seguida, houve a Paz e Trégua de Deus, também inaugurada no início do século XI, pelo imperador Henrique II, o rei da França, Roberto, o Piedoso, e o Papa Bento VIII. Os concílios de Perpignan e de Elne, ocorridos em 1041 e 1059, já a tinham renovado quando, em sua passagem por Clermont em 1095, o Papa Urbano II a definiu e a proclamou solenemente, durante esse mesmo concílio que esteve na origem das Cruzadas. Ela reduziu a guerra no tempo, como a Paz de Deus em seu objeto: por ordem da Igreja, todo ato de guerra era proibido do primeiro domingo do Advento até a oitava da Epifania, do primeiro dia da Quaresma à oitava da Ascensão e, no resto do tempo, da noite de quarta-feira à manhã da segunda-feira. O leitor consegue imaginar que essas eram guerras fragmentadas, cheias de atrito, que não podiam durar mais que três dias seguidos? Ainda assim havia infrações, mas essas eram por conta e risco dos contraventores e também para a sua vergonha. Quando, contra todas as expectativas, Otto de Brunswick foi levado à derrota em Bouvines por um exército muito inferior em número do de Filipe Augusto, não se pôde não ver nesse fato o castigo àquele que havia ousado romper a trégua e pôr-se em combate num domingo.

Os príncipes cristãos por vezes tomavam iniciativas que completavam e reforçavam as da Igreja. Filipe Augusto, por exemplo, instituiu a "quarentena-do-rei": um intervalo de quarenta dias que devia obrigatoriamente decorrer entre uma ofensa feita — e devidamente indicada pelo que a recebera — e a abertura das hostilidades; medida sábia, que concede tempo para reflexão e para acordos amigáveis. Esse mesmo intervalo de quarenta dias se encontra nas demoras concedidas aos cidadãos de uma cidade inimiga para que reconquistassem o seu país e guardassem seus pertences em segurança quando estourasse uma guerra. Desta forma, na Idade Média não teria podido haver sequestros ou campos de concentração.

Mas a grande glória da Idade Média foi a de ter empreendido na educação do soldado; de ter feito do guerreiro bestial um cavaleiro. Aquele que batalhava por amor aos grandes golpes, à violência e à pilhagem, tornou-se defensor dos mais fracos; transformou a sua brutalidade em força útil, seu gosto pelo risco em coragem consciente, sua turbulência em atividade fecunda; seu ardor era, de uma só vez, vivificado e disciplinado. A partir de então, o soldado tinha um papel a cumprir e os inimigos que lhe convidam à batalha são precisamente aqueles em que subsistem os desejos pagãos do massacre, da depravação, da pilhagem. A cavalaria é a instituição medieval que conservou de mais bom grado a lembrança, e é justo que assim o seja, pois sem dúvidas nunca se teve concepção mais nobre do título de guerreiro. Tal como se a encontra instituída desde o início do século XII, a cavalaria é, de fato, uma ordem, quase um sacramento. Contrariamente à ideia que geralmente se tem, ela não é título que fosse de mãos dadas com a nobreza. "Ninguém nasce cavaleiro", dizia um provérbio. Via-se conferi-lo a plebeus, e mesmo a servos, e nem todos os nobres o recebiam; mas ser cavaleiro armado era tornar-se nobre, e, entre as máximas da época, uma dizia que "o meio de enobrecer-se sem as letras é ser feito cavaleiro".

Exigia-se do futuro cavaleiro qualidades específicas, que traduziam o simbolismo das cerimônias no curso das quais se lhe conferia o título. O sujeito devia ser piedoso, devotado à Igreja, obediente às suas leis: sua iniciação começava com uma noite inteira em preces, diante do altar sobre o qual dispunha-se a espada que ele cingiria. Era a vigília das armas, após a qual, em sinal de pureza, ele tomava banho para então ouvir a missa e comungar. Depois, eram-lhe entregues solenemente a espada e as esporas, em lembrança dos deveres de seu cargo: auxiliar o pobre e o fraco, respeitar a sua esposa, mostrar-se valente e generoso; sua divisa devia ser "Bravura e Grandeza". Em seguida, vinham o título de cavaleiro e a rígida "colação", o golpe de espada plana dado sobre os ombros: em nome de São Miguel e de São Jorge, estava feito cavaleiro.

Para habituar-se aos seus deveres era preciso que, além de habilidoso, fosse bravo: a cerimônia prosseguia, então, com uma série de provas físicas, que eram diversos testes visando provar o seu valor. Ele entra em combate para "correr uma quinta" — isto é, a cavalo, derrubar um boneco — e para desorientar no torneio os adversários que viessem desafiá-lo. Os dias em que se faziam novos cavaleiros eram dias de festa, em que todos rivalizam em proezas diante dos olhos dos castelões, da corte dos senhores e da plebe maciça nas bordas do campo de torneios. Hábil e fisicamente vigoroso, benevolente e generoso, o cavaleiro representa um tipo de homem completo, cuja beleza corpórea é acompanhada das mais sedutoras qualidades:

> *Tant est prud'homme si comme semble*
> *Qui a ces deux choses ensemble:*
> *Valeur du corps et bonté d'âme.*[3]

O que se espera dele não é somente, como no ideal antigo, um equilíbrio, uma justa medida, *mens sana in corpore sano*, mas sim um máximo; ele é convidado a superar-se a si mesmo, a ser de uma só vez o mais belo e o melhor, colocando a sua pessoa em serviço dos outros. Os romances nos quais os heróis da Távola Redonda partem incansavelmente em busca das mais incríveis explorações apenas traduzem o estimulante ideal oferecido então àqueles que tivessem a vocação das armas. Nada de mais "dinâmico", para empregar uma expressão moderna, que o tipo do bom cavaleiro.

Poder-se-ia perder a cavalaria da mesma forma que se a conquistava: aquele que faltasse com seus deveres era publicamente

---

3   "Tão probo é como parece/Que as duas coisas reúne:/O valor do corpo e a bondade d'alma" — NT.

afetado; eram-lhe cortadas as esporas de ouro no nível do calcanhar, em sinal de infâmia:

Honni soit hardiment où il n'a gentillesse[4]

dizia-se — o que torna a expressar que o valor puro do guerreiro não era nada sem a nobreza de alma.

Bem como a cavalaria foi o grande entusiasmo da Idade Média, o sentido da palavra "cavalheiresco", que por ela nos foi legado, traduz muito fielmente o conjunto de qualidades que suscitam a nossa admiração. Basta percorrer a sua literatura, contemplar as obras de arte que permaneceram, para ver em tudo — nos romances, nos poemas, nos quadros, nas esculturas, nas iluminuras — surgir esse cavaleiro do qual a bela estátua da catedral de Bamberg representa um espécime perfeito. Basta ler os cronistas para constatar que esse tipo de homem só existiu nos romances, e que a encarnação do perfeito cavaleiro, realizada sobre o trono da França na pessoa de um São Luís, teve, à época, uma porção de imitadores.

Nessas condições, representa-se aqueles que podiam ser as figuras da guerra medieval; estritamente localizada, ela costuma restringir-se a um simples desfile militar, à tomada de uma cidade ou de um castelo. Os meios de defesa eram então muito superiores aos de ataque: as muralhas e os fossos das fortalezas garantiam a segurança dos sitiados; uma corrente estendida na entrada de um porto constituía uma proteção, ao menos provisória. Para o ataque, não se recorria a mais que as armas de mão: a espada, a lança. Se uma luta corpo a corpo arrancava gritos de admiração dos cronistas, estes, em contrapartida, nutriam desdém por essas armas de covardes que são o arco ou a balestra, que diminuem os riscos, mas também os grandes feitos. Para fazer o cerco de um lugar, utilizavam-se máquinas: catapultas, manganelas, bem como a sapa e a mina, mas contava-se sobretudo com a fome e a duração das operações para reduzir os sitiados. Consequentemente, também

---

4   "Desonrado seja fortemente quando não tiver gentileza" — NT.

os calabouços eram guarnecidos: enormes provisões de cereais eram empilhadas em vastas adegas, as quais a lenda romântica transformou em "masmorras"[5], e arranjavam-se de modo a ter sempre um poço ou uma cisterna no interior do forte. Se uma máquina de guerra fosse demasiado letal, o papado proibia o seu emprego; o uso da pólvora e do canhão, cujos efeitos e composição conhecemos desde o século XIII, só começou a ser disseminado a partir do momento em que a autoridade daquele já não era mais tão forte e em que os princípios da cristandade já começavam a desintegrar. Por fim, como o escreveu Orderico Vital, "por temor de Deus, pela cavalaria, buscava-se fazer mais prisioneiros do que matar. Guerreiros cristãos não tinham sede de derramar sangue". Era comum ver, no campo de batalha, o vencedor mostrar misericórdia àquele que derrotou e que lhe gritava agradecimentos. Cita-se como exemplo a batalha de Andelys, conduzida por Luís VI em 1119, na qual, de novecentos combatentes, assinalou-se um total de três mortos.

Os princípios da cristandade perjuram o patriotismo? Por muito tempo, acreditou-se que era preciso retomar a ideia de pátria ao modo de Joana d'Arc. Na verdade, tudo contradiz essa afirmação. A expressão "a doce França" se encontra na *Canção de Rolando* — e nunca se imaginou qualificação mais adorável para o país. Desde então, os poetas não deixaram de evocá-la sob esse epíteto:

Des pays est douce France la fleur[6]

— lê-se em *Andrieu contredit*; e, em *Roman de Fauvel*:

Le beau jardin de grâces plein
Où Dieu, par espéciauté,
Planta les lys de royauté...

---

5   O desprezo é ainda mais surpreendente visto que essas vastas adegas serviam de reserva, com apenas um buraco circular no meio da abóbada, pelo qual se passavam as cestas com as quais se retiravam os grãos, coisa que ainda existe em certos países, como, por exemplo, na Argélia.

6   "Dos países é a doce França a flor" — NT.

Et d'autres fleurs à grand plenté:
Fleur de paix et fleur de justice,
Fleur de foi et fleur de franchise,
Fleur d'amour et fleur épanie
De sens et de chevalerie...
C'est le jardin de douce France...[7]

É impossível ter mais ternura ao evocar a pátria. E se se passa ao exame dos fatos, encontra-se, desde o longínquo ano de 1124, a prova mais convincente da existência do sentimento nacional: trata-se desse ensaio da invasão da França por exércitos do imperador Henrique v, dirigidos contra o país seguindo as rotas seculares de invasões, ao nordeste da França, na direção de Reims; houve um levantamento geral das armas em todo o reino; os barões mais agitados, dentre os quais Thibaut de Chartres, então em plena revolta, esqueceram-se de suas querelas para reunirem-se sob o estandarte real, a célebre auriflama vermelha franjada de verde, que Luís vi havia tomado ao altar de Saint-Denis — de modo que, diante dessa massa de guerreiros erguida espontaneamente de todo o país, o imperador não ousou insistir e deu meia-volta. A noção de pátria era, portanto, desde aquela época, muito ancorada para provocar uma coalizão geral e, por causa da diversidade e da desintegração dos feudos, tinha-se a consciência de fazer parte de um todo. Essa noção ainda se afirmaria brilhantemente, um século mais tarde, em Bouvines, e a explosão de alegria que suscitou em Paris e em todo o reino o anúncio da vitória real seria prova o bastante disso. O patriotismo, naquela época, apoiava-se sobre a base mais segura, que é o amor pelo território, a ligação com o solo, mas, se necessário, sabe manifestar-se por toda a França, pelo "jardim da doce França".

---

7   "O bom jardim de graças plenas/ Onde Deus, por especialidade,/ Plantou os lírios da realeza.../ E outras flores em abundância plantou:/ A flor da paz e a flor da justiça,/ A flor da fé e a flor da franqueza,/ A flor do amor e a flor aberta/ Do bom senso e da cortesia.../ É o jardim da doce França..." — NT.

A Igreja

A história da Igreja é tão intimamente ligada à da Idade Média em geral que é difícil escrever-lhe um capítulo à parte; melhor seria, sem dúvida, estudar, no que diz respeito a cada personalidade da sociedade medieval, ou de cada etapa de sua evolução, a influência que ela exerceu ou a parte que assumiu.[1] Além disso, é impossível ter uma visão justa da época sem possuir certo conhecimento da Igreja, não somente de suas principais características, como também de detalhes tais como a liturgia ou a hagiografia, e é a primeira recomendação que se faz aos estudantes medievalistas alunos da Escola de Chartres, de familiarizarem-se com tais detalhes.

Apreenderemos de pronto a importância de seu papel se nos debruçarmos sobre o estado da sociedade durante esses séculos que se convencionou chamar de Alta Idade Média: período de desmoronamento de forças, durante o qual a Igreja representa a única hierarquia organizada. Face à desintegração de todo poder civil, um ponto permaneceu estável: o papado, que irradiava no mundo ocidental nas pessoas dos bispos; e mesmo durante os períodos de eclipse pelos quais passou a Santa Sé, o conjunto da organização permaneceu firme. Na França, o papel dos bispos e dos mosteiros era crucial na formação da hierarquia feudal. Esse movimento que impulsionava a plebe a buscar a proteção dos grandes

---

[1] Para dar um exemplo, trabalhos recentes realçaram a origem não somente religiosa, mas propriamente eucarística das associações medievais: a procissão do Santo Sacramento era a "causa direta" da fundação das confrarias operárias. Sobre esse assunto, ver a excelente obra de G. Espinas, *Les origines du droit d'association* (Lille, 1943), particularmente tomo I, p. 1034.

proprietários, a confiar neles por meio dos atos de *commendatio* que multiplicavam-se desde o fim do Baixo Império; agrupava-se em torno dos monastérios de mais bom grado ainda do que em torno das senhorias laicas. "É bom viver sob a cruz", dizia um ditado popular, traduzindo o provérbio latino *Jugum ecclesie, jugum dilecte*. Abadias como Saint-Germain-des-Prés, Vérins, Marmoutiers, Saint-Victor de Marselha viram, assim, ampliar-se suas posses. Da mesma forma, os bispos geralmente eram tornados os senhores temporais de toda ou de parte da cidade a qual haviam feito a sua metrópole, e a qual contribuíam ativamente para defender contra as invasões. A atividade do bispo Gozlin quando do ataque a Paris pelos normandos estava longe de constituir um fato isolado e, não raro, a própria arquitetura da igreja levar a marca dessa função militar, que então era, para todos os que possuíam algum poder, um dever e uma necessidade: tais são as Saintes-Maries-de-la-Mer ou as igrejas fortificadas da Thiérache.

A grande sabedoria de Carlos Magno foi compreender o interesse que essa hierarquia firmemente organizada apresentava e qual era o fator de unidade que a Igreja podia representar para o Império. Com efeito, a lei católica era a única que podia cristalizar as possibilidades da união que se revelavam graças ao advento da linhagem carolíngia; a única que podia cimentar consolidados esses dois grupos de homens dispersos retrancados em seus domínios. Da mesma forma que aceitou o feudalismo, crendo ser mais útil servir-se do poderio dos barões do que combatê-lo, ele poupou o advento da cristandade, favorecendo a Igreja. Sua coroação em Roma pelo Papa Estêvão II ficou como uma das grandes datas da Idade Média, associando por séculos o gládio espiritual e o gládio temporal. A doação de Pepino forneceu ao papado o domínio territorial que devia constituir a base de seu magistério doutrinal; recebendo a sua coroa das mãos do Papa, Carlos Magno afirmou de uma só vez o seu próprio poder e o caráter desse poder, apoiando-se nas bases espirituais para estabelecer a ordem europeia. O papado ganhou um corpo; o Império, uma alma.

A Igreja

Daí essa complexidade da sociedade medieval, tanto civil quanto religiosa. O domínio espiritual e o domínio temporal, que desde a Renascença passaram a ser vistos cada vez mais distintos e separados, cuja definição de limites específicos se tem esforçado para definir, e os quais tendem a ser mutualmente ignorados, são, portanto, continuamente misturados. Se distinguirmos o que é de Deus e o que é de César, os mesmos personagens podem, cada qual à sua vez, representar a um e a outro, e as duas potências se completam. Um bispo, um abade são também administradores de senhores e não é raro ver a autoridade laica e a autoridade religiosa partilharem da mesma castelania ou uma mesma cidade; um caso típico é fornecido por Marselha, onde coexistiam a cidade episcopal e a cidade de viscondes, até mesmo com um enclave reservado ao capítulo e a chamada cidade dos Tours. Tal potência imobiliária do clero resultou, ao mesmo tempo, em fatos econômicos e sociais e na mentalidade geral da época, na qual a necessidade de uma unidade moral compensava a descentralização.

Tal ordem não ocorria sem perigos; as lutas do Sacerdócios e do Império estão aí para provar que a separação tão delicada entre o reino de Deus e o de César nem sempre foi realizada à perfeição: houve intrusão de um e de outro lado; a querela das Investiduras, particularmente, trouxe à tona as pretensões de imperadores de imiscuírem-se em questões relevantes à hierarquia eclesiástica. Sem dúvida, a França é um dos territórios onde se sabe realizar com mais justeza essa síntese entre o poder espiritual e o poder temporal e os capetianos, até Filipe, o Belo, chegaram no todo a conciliar a defesa de seus interesses com o respeito da autoridade eclesiástica, não por meio de um equilíbrio precário, mas sim por essa visão exata das coisas e por esse desejo de justiça que que, desde o século XII, levava homens como Luís VII a serem escolhidos como os árbitros dos conflitos que opunham as duas grandes potências da cristandade: o imperador Frederico I e o Papa Alexandre III.

De sua parte, a Igreja nem sempre soube defender-se das cobiças materiais que lhe eram a mais temível das tentações.

A forte censura que se pode fazer ao clero medieval é a de não ter dominado as suas riquezas. Tal falha foi vivamente sentida à época. Abundam os adágios que manifestam que o povo dava a sua preferência aos clérigos praticantes da pobreza evangélica: "Monge rico não entoa bom canto"; e ainda: "Cruz de madeira, bispo de ouro; bispo de madeira, cruz de ouro". Admitia-se a renda do clero: "Quem serve ao altar, deve viver do altar"; mas criticava-se, com toda justiça, os abusos os quais em muitos casos em que o indivíduo não se continha, sobretudo na ganância:

> *Et si ils vont la messe ouïr*
> *Ce n'est pas pour Dieu conjouir*
> *Ains est pour les deniers avoi.*[2]

Assim exprime-se Rutebeuf, que repete mais uma vez suas críticas:

> *Toujours veulent, sans donner, prendre*
> *Toujours achètent sans rien vendre;*
> *Ils tollent [prennent], l'on ne leur tolt rien.*[3]

Esta avareza, segundo ele, corrompeu até o coração de Roma:

> *Qui argent porte à Rome assez tôt provende a:*
> *On ne les donne mie si corn Dieu commanda;*
> *On sait bien dire à Rome: si voil impetrar, da,*
> *Et si non vailles dar, anda la voie, anda!*[4]

Se os ataques se detivessem diante da personalidade do Papa, os cardeais eram frequentemente acusados do apego ao dinheiro que os faziam distribuir prebendas e benefícios aos mais ricos, e

---

2   "E se a missa vão ouvir,/ Não é para a Deus se unir/ É para os denários obter" — NT.

3   "Sempre querem, sem dar, tomar/ Sempre compram sem nada vender;/ Eles tolhem, nada se lhes tolhe" — NT.

4   "Quem leva dinheiro a Roma logo tem prebenda:/ Não se lhe dá se obedece a Deus/ Diz-se em Roma: se queres obter, dá/ E se não queres dar, para a rua, anda!" — NT.

não aos mais dignos deles. Sabe-se também que vigorosos protestos suscitaram o seu nepostismo, bem como o dos bispos:

> *A leurs neveux, qui rien ne valent*
> *Qui en leurs lits encore étalent*
> *Donnent provendes, et trigalent [s'amusent]*
> *Pour les deniers que ils emmallent [encaissent].*[5]

Etienne de Fougères, a que devemos esses versos, deu conselhos salutares sobre esta questão àqueles que tinham a missão de nomear os pastores dos fiéis:

> *Ordonner doit bon clerc et sage*
> *De bonne mœurs, de bon aage,*
> *Et né de loyal mariage;*
> *Peu ne me chaut de quel parage [origine]*
> *Ne doit nul prouvère ordonner,*
> *Se il moustier lui veut donner,*
> *Que il ne sache sermonner,*
> *Et la gent bien arraisonner.*[6]

Essa riqueza devia invariavelmente implicar numa decadência e um relaxamento nos costumes, contra os quais a Igreja lutou por meio de reformas sucessivas. É ainda Rutebeuf que se ergueu, entre outros, contra a apatia de certos clérigos, preocupados antes de mais nada com lucrar com seus bens materiais:

> *Ah! prélats de Sainte Église*
> *Qui, pour garder les corps de bise*
> *Ne voulez aller aux matines,*
> *Messire Geoffroy de Sargines*
> *Vous demande delà la mer.*
> *Mais je dis cil fait à blâmer*

---

5 "Aos sobrinhos, que de nada vale/Ainda em seus leitos instalados/Dão prebendas, e divertem-se/ Pelos últimos que foram embolsados" — NT.

6 "Deve-se ordenar um bom clérigo, e sábio/De bons modos, de boa idade/E nascido e casamento fiel;/Pouco importa de que origem/Nenhum prior deve ordenar/Se o mosteiro lhe quiser dar/ Que não saiba pregar o sermão/ E a gente convencer" — NT.

> *Qui rien nulle plus vous demande*
> *Fors bons vins et bonnes viandes*
> *Et que le poivre soit bien fort...*[7]

Essas fraquezas estão na origem das crises atravessadas pela Igreja em diversas ocasiões e dos grandes movimentos que a animaram. A evolução do clérigo regular representa com grande precisão a evolução geral da Igreja. Nos primeiros séculos, os monges beneditinos executavam um trabalho prático: eram os pioneiros, abrindo a via ao Evangelho com o seu arado; eles derrubaram florestas, drenaram pântanos, aclimataram vinhas e semearam o trigo; o seu papel era eminentemente social e civilizatório; foram eles que conservaram na Europa os manuscritos da Antiguidade e fundaram os primeiros centros de erudição. Respondendo às necessidades da sociedade que evangelizavam, eles foram pioneiros e educadores, auxiliando fortemente no progresso material e moral dessa sociedade. As ordens fundadas mais tarde tinham outro caráter: franciscanos e dominicanos tinham antes de mais nada um objetivo doutrinal; representavam uma reação precisamente contra esses abusos das riquezas que era censurado à Igreja de seu tempo, e contra as heresias que a ameaçavam. Ao mesmo tempo, eles acentuaram o movimento de reforma, já duas vezes esboçado pelos monges negros de Cluny e pelos monges brancos de Claraval e de Cister. Assim, a Igreja sentiu ela mesma os perigos aos quais expunha o seu lugar no mundo medieval e o remediou, continuando a enfrentar as novas necessidades que se apresentavam: os perigos incorridos pelos Lugares Santos, as dificuldades provadas pelos peregrinos que os visitavam, ela contrapôs o auxílio bélico dos Templários e o auxílio caridoso dos Hospitalários. Cada estado de fato suscitou novas iniciativas de sua parte, por meio das quais se pôde seguir a marcha de uma época.

---

7 "Ah! Prelados da Santa Igreja/ Que, para poupar o corpo da invernada/ Não quereis sair às manhãs/ Monsenhor Geoffrey de Sargines/ Chama-vos do além-mar./ Mas digo-vos se aquele vos culpar/ Que ninguém vos chama/ Bons vinhos e boas carnes/ E a pimenta bem picante..." — NT.

A Igreja

É mais difícil desembaraçar a influência moral exercida pela Igreja nas instituições privadas, pois a maioria das noções que lhe são devidas estavam, a esta altura, inseridas nos costumes que mal se percebia a novidade que elas apresentavam. A igualdade moral do homem e da mulher, por exemplo, é um conceito inteiramente estranho à Antiguidade; a questão não era nem sequer levantada. Da mesma forma, na legislação familiar, era de uma originalidade tão profunda quanto substituir o direito do mais forte à proteção devida aos fracos; o papel do pai de família e do proprietário de terras se encontrava totalmente modificado. Face ao seu poder, proclamava-se a dignidade da mulher e da criança e, da propriedade, fazia-se uma função social. A maneira de enxergar o matrimônio segundo as ideias cristãs era, também ela, radicalmente nova: até então não se havia visto além de sua utilidade social e admitido, consequentemente, tudo o que não implicava desordens desse ponto de vista; pela primeira vez na história do mundo, a Igreja via o casamento em relação ao indivíduo, e nele considerava não a instituição social, mas antes a união de dois seres para a sua realização pessoal, para a realização de seu fim terrestre e sobrenatural; isso implicava, entre outras consequências, a necessidade da livre adesão dos cônjuges — os quais ela tornava ministros de um sacramento, tendo o padre por testemunha — e a igualdade de deveres para os dois. Até o Concílio de Trento, as formalidades na Igreja eram bastante reduzidas, visto que bastava a troca dos votos diante de um padre — "tomo-te por esposo", "tomo-te por esposa" — para que o matrimônio fosse válido; era na casa que se passavam as cerimônias simbólicas: beber no mesmo cálice, comer do mesmo pão:

> *Boire, manger, coucher ensemble*
> *Font mariage, ce me semble.*[8]

— tal é o adágio do direito consuetudinário, ao qual acrescentou-se no século XVI: "Mas é preciso que se passe na Igreja".

---

8   "Juntos beberem, comerem, juntos no leito/ É o que faz o casamento perfeito" — NT.

É preciso assinalar ainda a influência exercida pela doutrina eclesiástica no regime de trabalho; nos contratos de aluguel ou de venda, o direito romano conhecia apenas a lei da oferta e da demanda, ao passo que o direito canônico — e depois dele o direito consuetudinário —, atribui a vontade dos contratantes às exigências da moral e à consideração da dignidade humana. Isso teve uma profunda influência nos regulamentos de negociações, que proibiam à mulher os trabalhos mais cansativos para ela — a tapeçaria de tear, por exemplo; o resultado foi também todas as precauções tomadas em relação aos contratos de aprendizagem e o direito de vistoria acordado aos jurados, com o fim de controlar as condições de trabalho do artesão e a aplicação dos estatutos. É preciso, sobretudo, ressaltar o quanto é revelador o fato de o repouso do domingo ter sido estendido à tarde de sábado, no momento em que a atividade econômica se ampliava com o renascimento do grande comércio e o desenvolvimento da indústria.

Uma revolução mais profunda seria introduzida pelas mesmas doutrinas no que dizia respeito à escravidão. Observemos que a Igreja não se ergueu contra a instituição propriamente dita da escravidão, uma necessidade econômica de civilizações antigas. No entanto, lutou para que o escravo, tratado até então como um objeto, fosse dali em diante considerado como ser humano e possuísse os direitos próprios à dignidade humana; uma vez obtido este resultado, a escravidão encontrava-se praticamente abolida; a evolução foi facilitada pelos costumes germânicos, que conheciam um modo de servidão bastante suavizado; o conjunto deu lugar à servidão medieval, que respeitava os direitos do ser humano e não introduzia, como restrição à sua liberdade, mais que a ligação à gleba. É curioso constatar que esse fato paradoxal do ressurgimento da escravidão no século XVI, em plena civilização cristã, coincidiu com o retorno geral ao direito romano nos costumes.

Muitas concepções próprias às leis canônicas passaram, desta forma, ao direito consuetudinário. A maneira com que a Idade Média via a justiça é, deste ponto de vista, bastante reveladora, pois a noção de igualdade espiritual dos seres humanos, estranha às leis antigas, era expressa nela de maneira geral. É nesse sentido que se foram introduzidas, ao longo do tempo, diversas reformas, como por exemplo no que diz respeito à legislação dos filhos ilegítimos, tratados de modo mais favorável pelo direito eclesiástico do que pelo direito civil, porque não se os considerava responsáveis pela falta à qual deviam a vida. No direito canônico, uma pena infligida tem como finalidade não a vingança da injúria, nem a reparação para com a sociedade, mas sim a emenda do culpado, e tal conceito, ele próprio também inteiramente novo, não surgiu sem modificar o direito consuetudinário. Foi assim que a sociedade medieval conheceu o direito de asilo, consagrado pela Igreja, e é um tanto desconcertante para a mentalidade moderna ver oficiais de justiça sofrerem condenações por terem ousado entrar nas terras de um monastério a fim de lá procurarem por um criminoso; no entanto, foi o que aconteceu com o jurista Beaumanoir, entre outros. A isso, acrescente-se que os tribunais eclesiásticos rejeitaram o duelo judiciário muito antes de sua proscrição por Luís ix e que foram os únicos, até a ordenação de 1324, a prever os prejuízos e interesses para a parte lesada. A Idade Média, sob a mesma influência, conheceu a gratuidade da justiça para os pobres, que recebiam, se necessário, os serviços de um advogado. O culpado não era declarado como tal até que se lhe fizesse prova, o que significa que a prisão preventiva era ignorada.

A Igreja, como toda a sociedade medieval, gozava de privilégios dentre os quais o principal consistia precisamente em possuir seus próprios tribunais. Era o *privilegium fori*, reconhecido a todos os clérigos e àqueles que, por profissão, estavam relacionados à vida clerical, como por exemplo os estudantes e os médicos. Na Idade Média, o papel das oficialidades, ou tribunais eclesiásticos, foi ainda mais abrangente, pois o número de pessoas diretamente ou indiretamente relacionadas ao clero era imenso, e como o título de clérigo era empregado de modo infinitamente menos restrito do que atualmente, eram frequentes as confusões e as contestações ente a justiça real ou senhorial e a justiça eclesiástica. Os clérigos eram aqueles que tinham um modo de vida clerical; essa definição bastante vaga tinha o defeito de convir bem tanto àqueles que, mestres ou alunos, frequentavam a Universidade, quanto aos monges e aos padres; fundamentava-se, por vezes, em sinais exteriores, como a tonsura, as vestimentas, mas esses atributos podiam ser usurpados por aqueles que preferiam a justiça do direito canônico à do direito consuetudinário; é daí que vem o provérbio: "O hábito não faz o monge". De maneira geral, considerava-se como clérigos aqueles que se submetiam às obrigações da vida clerical, particularmente no que diz respeito à proibição do casamento, que naquela época, ademais, não se estendia senão aos clérigos que recebessem as ordens maiores, isto é, aos diáconos e aos padres. No século XII, essa proibição passou a ser aplicada aos subdiáconos, mas não às ordens menores, que então não eram considerados como ordens que obrigatoriamente levavam ao sacerdócio. Os outros clérigos podiam casar-se legitimamente, desde que as núpcias fossem *cum unica et virgine*, isto é, uma só vez e com uma moça jovem. Desposar uma viúva ou casar-se novamente era, para um clérigo, expor-se a ser taxado de bígamo, termo que muitas vezes prestou-se à confusão.

Uma série de medidas impuseram regulamentações e restrições aos direitos dos clérigos da Idade Média no que dizia respeito ao regime de sucessão; tratava-se, com efeito, de impedir que, como consequência dos testamentos feitos em prol dos clérigos, a maior parte das terras acabasse retornando à Igreja. Também os clérigos deviam renunciar às suas sucessões, ao menos quanto aos bens imobiliários, e isso constituía uma contrapartida aos privilégios eclesiásticos. Igualmente para os impostos, suas obrigações não eram as mesmas que as dos leigos; os párocos geralmente recebiam o dízimo, contabilizado de modo diferente, segundo a província: era "dez feixes para um", ou o décimo primeiro feixe, ou ainda, como em Berry, o décimo segundo ou o décimo terceiro. Em contrapartida, o conjunto do clero era sujeito aos decimais do rei; o número de embaixadas na Santa Sé tinha por finalidade exigir

A Igreja

a autorização de cobrar do clérigo as "décimas extraordinárias", como por exemplo na ocasião de uma expedição; isso correspondia às talhas cobradas dos camponeses e que representavam a sua contribuição às guerras do reino.

Uma das funções da Igreja e de seus tribunais era a luta contra a heresia. Aqui, tocamos numa característica essencial da vida medieval, que posteriormente causou escândalo com frequência. Para compreendê-la, é preciso entender que a Igreja era então garantia de ordem social e que tudo que a ameaçava estava atacando, ao mesmo tempo, a sociedade civil. Além disso, as heresias suscitavam frequentemente as mais violentas repreensões tanto entre os leigos quanto entre os clérigos. Para dar um exemplo, hoje em dia é difícil conceber o mal profundo que a heresia albigense trouxe à sociedade, simplesmente pelo fato de que ela proscrevia o juramento; isto representava o rechaço da própria essência da vida medieval: as relações feudais. Toda a base do feudalismo encontrava-se abalada neste ponto.[9] Daí as reações vigorosas, por vezes excessivas, a que testemunhamos. Esses excessos deviam ser atribuídos à Igreja? Luchaire, pouco suspeito de complacência para com ela, via no papado um "poder essencialmente moderador" no combate à heresia. Com efeito, é o que se destaca na relação entre Inocêncio III e Raimundo de Toulouse e da correspondência do Papa com seus legados. Por outro lado, o exame de casos particulares revela claramente que as pilhagens e os massacres, quando aconteciam, era por uma minoria agitada, fortemente repreendida pela autoridade eclesiástica. Já citamos[10] a carta de São Bernardo aos burgueses de Colônia depois do massacre dos hereges, ocorrido em 1145: "A população de Colônia passou dos limites. Ainda que aprovemos o seu zelo, não aprovamos nada do que fez, pois a fé é obra de persuasão e não pode ser imposta". O caso foi que, como de costume, os leigos são muito menos moderados e mais impiedosos do que os clérigos em seus julgamentos, e, para

---

9   A observação foi feita por M. Belperon em sua obra *La Croisade des Albigeois*, p. 76.

10   Ibid, p. 115.

eles, as preocupações materiais também foram mais um motivo para agravar as preocupações doutrinais. O primeiro soberano a impor a pena de fogo aos hereges condenados serem entregues ao braço secular foi o imperador Frederico II; isso pode ser motivo de surpresa se conhecermos a figura tão pouco preocupada com a ortodoxia que ele era. Acaso não vimos nele, muitas vezes, um espírito dos mais "modernos", naturalmente cético, nada menos que obrigado a obedecer às objurgações do Papa, e que, quando das Cruzadas, demonstrou ao longo de toda a sua Cruzada o mais profundo desprezo por seus correligionários, com a mais viva simpatia pelos muçulmanos? É bem provável que, desde então, a preservação das heresias não devia o interessar mais do que de modo secundário; mas, instruído na política, ele sentira o perigo a que os hereges punham a sociedade temporal. Da mesma forma, os massacres de judeus quando da Primeira Cruzada não foram cometidos pelos exércitos de Pedro, o Eremita, ou de Gautério Sem-Haveres, mas sim ordenados na Alemanha, por um senhor leigo, o conde Henrique de Leiningen, após a partida dos cruzados. Os banimentos dos judeus até então tinham sido, ao menos na França, bem menos numerosos do que se conta, visto que não havia mais que três no âmbito geral: um sob São Luís, quando de sua cruzada; os dois outros sob Filipe, o Belo, ordenados por ele por motivos financeiros.

Foi sob uma ação similar de poderes leigos, deturpando as medidas de defesa tomadas pela Igreja para seu próprio lucro e para fazer delas um instrumento de dominação — ocasionalmente, é claro, com a cumplicidade de certos eclesiásticos isolados — que a Inquisição adquiriu a sua infeliz reputação. Entretanto, ela não teve um caráter verdadeiramente sanguinolento e feroz senão na Espanha imperial do início do século XVI. Durante toda a Idade Média, a Inquisição não passou de um tribunal eclesiástico destinado a "exterminar" a heresia, isto é, a extirpá-la ao mandá-la para fora dos limites (*ex terminis*) do reino; as penitências que ela impôs não foram além do quadro de penitências eclesiásticas, ordenados na confissão: eram esmolas, peregrinações, jejuns. Somente nos casos graves o culpado era entregue ao braço secular, o que quer dizer que ele incorria em penas civis, como a prisão ou a morte — pois, de qualquer forma, o tribunal eclesiástico não tem o direito de proclamá-lo ele próprio penas como essas. Além disso, de acordo com os autores que a estudaram pelos textos, não importando qual a tendência desses autores, a Inquisição fez "apenas umas poucas vítimas",[11] segundo o que diz Lea, escritor protestante traduzido para o francês por Salomon Reinach. Das novecentas e trinta condenações levadas a cabo pelo inquisidor Bernard Gui durante a sua carreira, um total de quarenta e duas acarretaram a pena capital. Quanto à tortura, em toda a história da Inquisição em Langedoc não houve mais que três casos em que é certo que ela foi aplicada — o que quer dizer que o seu uso estava longe de ser geral. Para que fosse aplicada, era preciso, antes de mais nada, que houvesse um começo de prova; a tortura só servia para completar as confissões já feitas. A isso, diga-se ainda que, como todos os tribunais eclesiásticos, o tribunal da Inquisição ignorava a prisão preventiva e deixava os réus em liberdade até que houvesse prova firme de sua culpabilidade.

~

Ao estudar a Igreja na Idade Média, não é sem interesse de devotar certa atenção aos personagens da fé medieval, sobre a qual muitos julgamentos errôneos foram feitos. Naturalmente, vê-se nela uma época de "fé ingênua", de "fé do carvoeiro",[12] na qual aceitava-se em bloco, e cegamente, preceitos e prescrições

---

11   Henry Charles Lea, *Histoirie de l'Inquisition*, tomo I, p. 489.

12   A "fé do carvoeiro" é proverbial em vários países da Europa, e vem de uma anedota em que um simples carvoeiro tromba, numa estrada, com o demônio. Com o fim de perdê-lo, este lhe pergunta em que crê, ao que ele responde: "Na Santa Igreja". Achando que ia pegá-lo, o diabo insiste: "E em que crê a Santa Igreja?". E o carvoeiro, em sua fé simples e resoluta, que mereceu virar provérbio, respondeu: "No mesmo que eu". Pronto — NE.

eclesiásticas; na qual o medo do inferno mantinha apavoradas as populações crentes, e por causa disso mais facilmente exploradas; na qual, enfim, o rigor das disciplinas e o temor do pecado excluíam todo o prazer temporal.

Na verdade, foi na Idade Média que foi elaborada uma das mais vastas e audaciosas sínteses que a história da filosofia já conheceu. Essa conciliação entre a sabedoria antiga e o dogma cristão, logrando as grandes obras dos teólogos do século XII, não representa ela mesma, à parte toda preocupação de ordem religiosa, um magnífico esforço do espírito? A disputa dos Universais, as discussões sobre o nominalismo ou sobre o iluminismo, que agitaram o mundo pensante de então, dão testemunho da intensa atividade intelectual da qual as Universidades — a de Paris, a de Oxford — eram o centro. Os debates entre teólogos aos quais se assistia, as resoluções de um Abelardo ou de um Siger de Brabant, ardentemente acompanhadas e discutidas pela juventude das escolas, não eram eles próprias a prova de que, nessas matérias, talvez mais que em quaisquer outras, o senso crítico se encontrava em exercício? Quando, depois da morte do legado Pierre de Castelnau, a Cruzada contra os cátaros foi decidida, decorreram mais de vinte anos de discussões entre os enviados de Roma e os defensores do catarismo: pode-se concluir que a fé não foi discutida? Pelo contrário, parece que a religião, tal como era então compreendida, era preocupação tanto da inteligência, quanto do coração, e que não se parava de se aprofundar os mais diversos aspectos dela. Nisso não há traço de "ingenuidade" — não mais que o que ela inspirou, quer se tratasse das catedrais, quer se tratassem das Cruzadas. Poder-se-ia objetar que tais coisas não aconteciam com o povo, mas foi do povo, contudo, que saíram monges e fervorosos estudantes da dialética e da teologia; foi o povo que lançou, nos romances versificados, seus ataques à riqueza do clero e que, além disso, partiu para a Cruzada e construiu as catedrais. Rendendo-se à voz dos pregadores, não cometiam ato irrefletido, de mera obediência. Os poemas e canções de Cruzada que circulavam pela época apelavam, como meio de convencimento, à persuasão — à persuasão própria à doutrina católica, que propunha ao homem, como fim último, o amor divino —, mas mesmo assim era a dialética, e não apelos sentimentais:

> *Vous qui aimez de vraie amour*
> *Éveillez vous, ne dormez point.*
> *L'alouette vous trait le jour*
> *Et si vous dit en son latin:*
> *Or est venu le jour de paix*
> *Que Dieu, par sa très grand douçour*
> *Promet à ceux qui pour s'amour*
> *Prendront la croix, et pour leur fait*
> *Souffriront peine nuit et jour.*
> *Or verra-t-il les amants vrais...*[13]

E o resultado das Cruzadas, o estabelecimento dos reinos latinos do Oriente, prova que não se tratava de travessias irracionais; todos os cavaleiros que construíam fortes e que redigiam códigos para o uso de seus novos principados não se colocavam como figuras tontas ou exaltadas e não se deixavam espantar pelos acontecimentos. Como o apontou o próprio Lavisse: "À glória de conquistar, nossos cavaleiros sabiam aliar, conforme o necessário, a de organizar as conquistas e fundar um governo. Porém, talvez não tivessem obtido tanto sucesso se a Igreja não tivesse contribuído com a sua obra".[14] Se a sua fé era ingênua, dir-se-ia então que não excluía um senso prático firme. E as realizações às quais ela conduziu também o obrigam a pensar que ela não consistia apenas, como se disse, no culto das relíquias. A Idade Média amava as relíquias, como amava tudo o que é sinal visível de uma realidade invisível. Não se trata de sentimentalismo, mas de realismo. A relíquia corresponde à

---

13   "Vós que amais o verdadeiro amor/Despertai, não dormis./A cotovia vos traz o dia/E se dizeis em seu latim:/Ora é vindo o dia da paz/Que Deus, por Sua imensa doçura/Promete aos que por seu amor/Tomarão a cruz, e por seu feito/Sofrerão penas noite e dia./Aí se verão os verdadeiros amores..." — NT.

14   Ernest Lavisse, *Histoire de France*, tomo II, 2, p. 105.

traditio, sendo que o desconto de um símbolo constituía os atos de venda ou a investidura de um condado — traço geral da época, e não somente da religião dessa mesma época.

Este não é lugar adequado para se discutir a crença no inferno, que pertence ao dogma católico e que, consequentemente, não é particular à Idade Média. Resta saber que as visões do inferno, magistralmente evocadas pelos pintores e pelos poetas, geravam esse terror paralisante que naturalmente se imagina, e se as mortificações inspiradas pela Igreja acabavam por privar nossos ancestrais das alegrias da existência. O que parece é que o recurso fundamental da fé medieval tinha sido não o temor, e sim o amor: "Sem amor, não poderá bem servir a Deus nenhum homem", dizia-se, e ainda:

> *Sans amour nul ne peut à honneur parvenir*
> *Si doit être amoureux qui veut grand devenir.*[15]

Não é de se admirar que se encontre, nos tratados de moral da época, oito pecados capitais enumerados, no lugar dos sete que conhecemos; ora, o oitavo é, inesperadamente, a tristeza, *tristitia*. Os teólogos a definem, para condená-la, e detalham os *remedia tristitie* nos quais convém buscar recurso quando sentirmo-nos presa da melancolia:

> *Car irié, morne et pensis*
> *Peut l'on bien perdre Paradis,*
> *Et plein de joie et envoisié —*
> *Mais qu'on se gard d'autre péché —*
> *Le peut-on bien conquerre aussi.*[16]

Na base da concepção do mundo na Idade Média, descobre-se, pelo contrário, um firme otimismo. Com ou sem razão, partia-se

---

15 "Sem amor, não se alcança a honra/ Deve ser amoroso quem grande quer ser" — NT.

16 "Pois encolerizado, sombrio e pensativo/ Pode-se bem perder o Paraíso,/ E pleno de alegria e amável —/ Contanto que se evite outro pecado —/ Pode-se também conquistá-lo" — NT.

então do princípio de que o mundo é bem feito, que se o pecado faz perder-se o homem, a Redenção o salva, e que nada, nem provações, nem alegrias, vem sem ser para o seu bem e sem que ele possa tirar da experiência ensinamentos e proveito.

> *Car maintes fois aller à l'aventure*
> *En ce qu'on craint, avoir peine et douleur*
> *Vient à effet de douce nourriture:*
> *Je tiens que Dieu fait tout pour le meilleur.*
>
> *Dieu n'a pas fait chacun d'une jointure,*
> *Terres ni fleurs toutes d'une couleur:*
> *Mais rien n'advient dont fleur n'ait ouverture.*
> *Je tiens que Dieu fait tout pour le meilleur,*[17]

— assim se exprime Eustache Deschamps, um dos poetas que deram o "panorama" mais completo e mais exato da vida de sua época. Diante de textos desse tipo, e sem sequer evocar as gigantescas pândegas às quais as festas religiosas davam ocasião, é-se obrigado a pensar que se houve, na história do mundo, uma época de alegria, essa época foi a Idade Média — e de concluir pela justíssima observação de Drieu la Rochelle: "Não é a despeito do Cristianos, mas por meio do cristianismo que se manifesta abertamente e plenamente essa alegria de viver, essa alegria de ter um corpo, de ter uma alma neste corpo [...] essa alegria de ser".[18]

---

17   "Pois muitas vezes ir à aventura/No que tememos, ter pesar e dor/Vem à guisa de doce alimento:/Creio que Deus faz tudo pelo melhor. — Deus não fez cada um de uma só forma,/Terras, nem flores todas de uma só cor:/Mas nada advém se a flor não tem abertura. Creio que Deus faz tudo pelo melhor" — NT.

18   Artigo sobre *La conceptiva du corps au Moyen Age. In: Revue Française*, n. 1, 1940, p. 16.

O ensino

A criança, na Idade Média como em qualquer outra época, vai à escola. Em geral, vai à escola de sua paróquia ou do mosteiro mais próximo. Todas as igrejas, com efeito, se juntavam numa escola; o Concílio de Latrão de 1179 lhes fez a obrigação estrita — e esta é uma disposição corrente, ainda perceptível na Inglaterra, país mais conservador que a França — de achar reunidos a igreja, o cemitério e a escola. Também frequentes eram as fundações senhoriais que asseguravam a instrução das crianças; tal pequena cidade nas fronteiras do Sena, Rosny, tinha, desde o início do século XIII, uma escola fundada por volta do ano 1200 por seu senhor, Guy v Mauvoisin. Ainda outras vezes, tratava-se de escolas puramente privadas: os moradores de um vilarejo associavam-se para contratar um mestre encarregado de ensinar as crianças; um pequeno texto curioso conservou-nos a petição de alguns pais para a requisição do envio de um professor, que, não tendo sabido fazer-se respeitar por seus alunos, é por eles atacado a ponto de *eum pungiunt grafionibus* — de eles o aguilhoarem com os seus *grafiones*, os estilos com que escreviam em suas tábuas revestidas de cera.

Os privilegiados, todavia, eram evidentemente aqueles que podiam se beneficiar do ensino das escolas episcopais ou monásticas, ou ainda das escolas capitulares, pois os capítulos das catedrais também eram submetidos à obrigação de ensinar o que lhes precisara o mesmo Concílio de Latrão.[1] Alguns adquiriram na Idade Média um brilho particular, como por exemplo a de Chartres, de Lyon, de Mans, onde os estudantes encenavam tragédias antigas; a de Lisieux, onde, no início do século XII, o bispo foi de bom grado ensinar pessoalmente; a de Cambraia, em que um texto citado pelo erudito Pithou nos fala que elas foram estabelecidas principalmente a fim de serem úteis ao povo na condução de seus assuntos temporais.

As escolas monásticas talvez tenham tido ainda mais renome, e os nomes das de Bem, de Fleury-sur-Loire, onde ascendeu o rei Roberto, o Piedoso, de Saint-Géraud d'Aurillac, onde Gerbert aprendeu os primeiros rudimentos das ciências que ele mesmo iria levar a um ponto tão alto de perfeição, vêm naturalmente à memória, como as de Marmoutier, perto de Tours, de Saint-Bénigne de Dijon etc. Em Paris, encontra-se desde o século XII três séries de estabelecimentos escolares: a escola Notre-Dame, ou grupo de escolas do bispado, nas quais o *chantre* assumia a direção das turmas fundamentais e o chanceler, das turmas do grau superior; as escolas dos abades, tais como Sainte-Geneviève, Saint-Victor ou Saint-Germain des Prés, e, por fim, as instituições particulares abertas pelos mestres que obtiveram a licença de ensino, como Abelardo, por exemplo.

A criança era admitida nessas escolas aos sete ou oito anos e o ensino que preparava aos estudos universitários estendia-se, como hoje, por uma dezena de anos; são as figuras dadas pelo abade Gilles le Muisit. Os rapazes eram separados das moças, que geralmente tinham seus estabelecimentos particulares, talvez menos numerosos, mas nos quais os estudos eram muito encorajados. O abade de Argenteuil, onde foi estudante Heloísa, ensinava às moças a Sagrada Escritura, as letras, a medicina e até a cirurgia, sem falar do grego e do hebreu lá ensinados por Abelardo. Em geral, as pequenas escolas

---

[1]   "'Em cada diocese', disse Luchaire, 'fora das escolas rurais ou paroquiais que já existem [...] os capítulos e os monastérios principais tinham as suas escolas, o seu corpo de mestres e de alunos". (*La Société française au temps de Philippe-Auguste*, p. 68.)

procuravam incutir em seus estudantes noções de gramática, de aritmética, de geometria, de música e de teologia, que lhes permitiram ter acesso às ciências estudadas nas Universidade; é possível que algumas delas tenham fornecido algum tipo de treinamento técnico. A *Histoire Littéraire* cita como exemplo a escola de Vassor na diocese de Metx, na qual, aprendendo as Escrituras Sagradas e as letras, trabalhava-se o ouro, a prata, o cobre.[2] Os mestres eram quase sempre acompanhados pelos mais velhos e mais bem formados dos estudantes, como atualmente na aprendizagem mútua.

> *C'étoit ce belle chose de plenté d'écoliers:*
> *Ils manoient ensemble par loges, par soliers,*
> *Enfants de riches hommes et enfants de toiliers [d'ouvriers],*[3]

— diz Gilles le Muisit, relembrando suas memórias de juventude; com efeito, à época, as crianças de todas as "classes" da sociedade eram instruídas juntas, como em testemunho da célebre anedota que mostra Carlos Magno repreendendo os filhos de barões que se mostraram preguiçosos, ao contrário dos filhos dos servos e dos pobres. A única distinção estabelecida era nas retribuições pedidas, sendo o ensino gratuito para os pobres e pago para os ricos. Essa gratuidade podia prolongar-se, conforme o veremos, por toda a duração dos estudos e até para o acesso ao mestrado, visto que o já citado Concílio de Latrão impedia as pessoas que tinham a missão de dirigir e de monitorar as escolas "de exigir dos candidatos ao professorado uma remuneração qualquer pela outorga da licença".

Havia, além disso, pouca diferença, na Idade Média, na educação dada às crianças de condições diversas; os filhos dos vassalos mais baixos eram educados na casa senhorial com os do suserano; os dos burgueses ricos eram submetidos ao mesmo ensino que o último

---

2   L. VII, cap. 29; retirado de J. Guiraud, *Histoire partiale, histoire vraie*, p. 348.

3   "Era coisa bela a quantidade de aprendizes:/ Habitavam juntos em desvãos, em quartos,/ Filhos de homens ricos e filhos de operários" — NT.

dos artesãos, se quisessem gerir o comércio paterno. Sem dúvida, esse é o motivo de termos tantos exemplos de grandes personagens resultantes de famílias de condições humildes: Suger, que governou a França durante a Cruzada de Luís VII, era filho de servos; Maurice de Sully, o bispo de Paris que mandou construir a Notre-Dame, era filho de um mendigo; São Pedro Damião, em sua infância, guardava porcos, e uma das mais reluzentes chamas da ciência medieval, Gerbert d'Aurillac também era pastor. O Papa Urbano VI era o filho de um pequeno sapateiro de Troyes, e Gregório VII, o grande Papa da Idade Média, de um pobre guardador de cabras. Inversamente, muitos grandes senhores eram letrados cuja educação não devia divergir muito da dos clérigos: Roberto, o Piedoso, compunha hinos e sequências latinas; Guilherme IX, príncipe de Aquitânia, foi o primeiro até então dos trovadores; Ricardo Coração de Leão deixou-nos poemas, como os senhores de Ussel, de Baux e de tantos outros — para não falar de casos mais excepcionais, como o do rei da Espanha Afonso X, o Astrônomo, que escreveu alternadamente poemas e obras de direito, conseguiu fazer progressos notáveis no conhecimento astronômico da época pela redação de suas *Tábuas Alfonsinas*, deixou uma vasta crônica sobre as origens da História da Espanha e uma compilação de direito canônico e de direito romano que foi o primeiro *Code* de seu país.

Os estudantes mais talentosos naturalmente tomaram o caminho da Universidade; eles faziam a sua escolha seguindo o ramo que lhes atraía, pois cada qual tinha maior especialidade em uma área. Em Montpellier, era a medicina; desde o ano de 1181, Guilherme VII, senhor da cidade, deu a todo indivíduo, qualquer que fosse e de onde viesse, a liberdade de ensinar esta arte, sob a condição de apresentar garantias suficientes de seu conhecimento. Orléans construiu-se na especialidade do direito canônico, como Bologna o fez com o direito romano. Porém, já "nada se pode comparar a Paris", onde o ensino das artes liberais e da teologia atraía os estudantes de todos os cantos: da Alemanha, da Itália, da Inglaterra e até da Dinamarca e da Noruega.

O ENSINO

Essas universidades são criações eclesiásticas — o prolongamento, por assim dizer, das escolas episcopais, das quais diferem no sentido de que estão diretamente sob a autoridade do Papa, e não do bispo do local. A bula *Parens scientiarum*, de Gregório IX, pode ser considerada como a carta de fundação da Universidade medieval, com os regulamentos promulgados em 1215 pelo cardeal-legado Robert de Courçon, tratado pelo nome de Inocêncio III, e que reconhecem explicitamente aos mestres e aos estudantes o direito de associação. Criada pelo papado, a Universidade tem um caráter inteiramente eclesiástico: os professores pertencem todos à Igreja e as duas grandes ordens que a ilustram no século XIII, a Franciscana e a Dominicana, serão nelas cobertas de glória com um São Boaventura e um Santo Tomás de Aquino; os estudantes, mesmo aqueles que não eram destinados ao sacerdócio, eram chamados de clérigos, e alguns levavam a tonsura — o que não quer dizer que não se lhes ensinassem nada além da teologia, visto que seu programa de estudos abrangia todas as grandes disciplinas científicas e filosóficas, da gramática à dialética, passando pela música e pela geometria.

Esta "universidade" de mestres e de estudantes formava um corpo livre. Desde o ano de 1200, Filipe Augusto havia subtraído seus membros da jurisdição civil — dito de outro modo, a seus próprios tribunais; mestres, estudantes e mesmo os trabalhadores domésticos desses não respondiam senão aos tribunais eclesiásticos, o que era considerado um privilégio e consagrava a autonomia dessa corporação de elite. Mestres e estudantes eram inteiramente dispensados de obrigações para com o poder central; administravam-se a si mesmos, tomavam em comum as decisões que lhes diziam respeito e geriam o seu tesouro sem qualquer interferência do Estado. Eis aí o caráter essencial da Universidade medieval, e provavelmente o que mais a distingue da universidade atual.

Esta liberdade favorecia uma emulação entre as diversas cidades, a qual temos dificuldade de conceber hoje em dia. Durante os anos, os mestres do direito canônico de Orléans e de Paris disputavam os alunos entre si. Os registros da Faculdade de Decreto, publicados na coleção de *Documentos inéditos*, estão repletos de recriminações sobre esses estudantes parisienses que vão às escondidas fazer o exame de licença em Orléans, onde as provas são mais fáceis. Ameaças, anulações, processos, nada funcionava, e as contestações prologavam interminavelmente. Emulação também quanto aos professores, mais ou menos estimados, e quanto às teses debatidas apaixonadamente, as quais os estudantes tomavam por fato e causa e por vezes chegavam ao ponto de entrarem em greve. A Universidade, ainda mais que nos nossos dias, era um mundo turbulento na Idade Média.

E era também um mundo cosmopolita; as quatro "nações" entre as quais foram divididos os clérigos parisienses bastam para indicá-lo: havia os *Picards*, os *Ingleses*, os *Alemães* e os *Franceses*. Os estudantes vindos de cada uma dessas partes eram, portanto, numerosos demais para formar um grupo que tivesse sua autonomia, seus representantes, sua atividade particular; fora desse âmbito, encontra-se hoje nos registros nomes italianos, dinamarqueses, húngaros entre outros. Os professores que lecionavam também vinham de todas as partes do mundo: Siger de Brabant, João de Salisbury tinham nomes significativos; Alberto Magno, vinha da Renânia; São Tomás de Aquino e São Boaventura, da Itália. Não havia então obstáculo aos intercâmbios de ideias e um mestre só era julgado pela extensão do seu conhecimento. Esse mundo matizado possuía uma língua comum: o latim, falado apenas na universidade; sem dúvida, era ele que evitava que houvesse uma nova Torre de Babel, a despeito dos grupos díspares dos quais a universidade era composta. O uso do latim facilitava as relações, permitia que os estudiosos se comunicassem de um lado a outro na Europa, dissipava de antemão a confusão da expressão e também conservava a unidade de pensamento. As questões que apaixonavam os filósofos eram as mesmas em Paris, em Edimburgo, em Oxford, em Colônia e em Pávia, ainda que cada centro, e que cada personalidade, neles imprimisse o seu próprio caráter. Tomás de

Aquino, vindo da Itália, conseguiu esclarecer e desenvolver em Paris uma doutrina cujas bases havia concebido ao escutar as lições de Alberto Magno em Colônia. Nada poderia estar mais longe da verdade, observa-se, que a Sorbonne do século XIII.

> *Clercs viennent à études de toutes nations*
> *Et en hiver s'assemblent par plusieurs légions.*
> *On leur lit et ils oient pour leur instruction;*
> *En été s'en retraient moult en leurs régions,*[4]

— foi como Gilles le Muisit, já mencionado, resumiu a vida dos estudantes.

O seu vaivém era perpétuo, de fato; eles partiam para ir à universidade de sua escolha, retornando para casa nas férias, colocando-se na estrada, de tempos em tempos, para tirar proveito de lições de um mestre renomado, ou para estudar uma matéria que era especialidade em tal cidade. Já mencionamos as "fugas" dos candidatos aos exames de direito canônico em Orléans; isso repetia-se constantemente e às vezes entre cidades muito mais distantes. Estudantes e professores eram habituados às estradas principais; a cavalo e, mais frequentemente, a pé, percorriam léguas e milhas por dia, dormindo nas granjas ou na hospedaria.

Junto com os peregrinos e os mercadores, foram eles os que mais contribuíram com a agitação extraordinária que reinou nas rotas francesas da Idade Média e que só foi recuperada no século do automóvel, ou melhor, desde o desenvolvimento de esportes a céu aberto. O mundo letrado era, na época, um mundo itinerante — a tal ponto que, em alguns lugares, movimento tornava-se uma necessidade, uma mania; hoje, encontram-se no Quartier Latin estudantes que envelheceram na boemia, que não puderam retomar o curso de uma vida normal, nem lançar mão de seus estudos de anos. Na Idade Média, esses tipos de indivíduos eram treinados na estrada:

---

4   "Clérigos vêm de todas as nações aos estudos/ E no inverno reúnem-se em muitos grupos./ Lê-se para eles e eles ouvem para a sua instrução;/ No verão, retornam às suas regiões" — NT.

era o *clérigo vagabundo* ou *goliardos*, uma figura bem medieval, inseparável do "clima" da época; "nas tavernas e nas mulheres", esse tipo passava de um a outro cabaré em busca de uma "boca livre" e, sobretudo, de uma taça de vinho, assombrava os lugares ruins, conservava algumas porções de conhecimento das quais se servia para surpreender as pessoas, às quais recitava versos de Horácio ou fragmentos de canções de gesta, iniciava, ao acaso, uma discussão sobre alguma questão teológica e acabava por perder-se na multidão de saltimbancos, de malandros e de maltrapilhos — isso se não fosse preso em função de algum truque; suas canções percorriam a Europa e o mundo estudantil conhecia os *cantos goliárdicos*:

> *Meum est propositum in iaberna mori,*
> *Vinum sit appositum morientis ori*
> *Ut dicant cum venerint angelorum chori:*
> *Deus sit propitius huic potatori!*

A Igreja teve de punir repetidas vezes esses *clerici vagi* que estimulavam o deboche e a preguiça no mundo dos estudantes.

Eles seguiam sendo a exceção: no geral, o estudante do século XIII não tinha uma vida muito diferente daquele do século XX. Conservou-se e publicou-se cartas remetidas a seus pais ou a seus companheiros[5] que revelam mais ou menos as mesmas preocupações de hoje: os estudos, os pedidos de dinheiro e de reabastecimento, as provas. O estudante rico morava na cidade, com o seu servo; aqueles de condições mais modestas viravam pensionistas nas casas dos burgueses do bairro Sainte-Geneviève e eram dispensados de todo ou de parte de seus direitos de matrícula na Faculdade: é frequente encontrarmos às margens dos registros menções indicando que tal ou qual não pagaram nada, ou não pagaram mais que a metade da retribuição, *propter inopiam*, por causa de sua pobreza. O estudante desprovido de recursos não

---

5   Cf. Charles H. Haskins, *The Life of Medieval Studies As Illustrated by Their Letters*, in: *American Historical Review*, III (1892), n. 2.

raro exercia pequenos ofícios para sobreviver: era copista, ou encadernador nas livrarias cujas lojas ficavam na Rue des Écoles ou na Rue Saint-Jacques. Porém, fora isso, podia receber quantia para manter-se e para cobrir suas despesas nos *collèges* estabelecidos. O primeiro deles foi criado no Hôtel-Dieu de Paris por um burguês de Londres que, ao retornar de uma peregrinação à Terra Santa, por volta do fim do século XII, teve a ideia de fazer obras de piedade em prol do conhecimento junto a pessoas de condições humildes: ele deixou uma fundação perpétua, encarregada de hospedar e de alimentar gratuitamente dezoito estudantes pobres, que eram obrigados, por sua vez, apenas a velar os mortos do hospital e a levar a cruz e água benta aos enterros. Pouco mais tarde, fundou-se da mesma forma o colégio Saint-Honoré, o de Saint-Thomas du Louvre, seguidos por vários outros. Pouco a pouco, tomou-se por hábito nesses colégios a organização de sessões de trabalho em comum, como nos *seminários* alemães, ou nos "grupos de estudo" que ocorriam já há alguns anos nas Faculdades francesas; os mestres iam dar-lhes ensaios; alguns concentravam-se neles e, por vezes, o colégio tornava-se mais frequentado que a própria universidade; foi o que aconteceu ao colégio da Sorbonne. No conjunto, havia um sistema de bolsas não oficialmente organizado, mas em uso corrente e que se assemelhava ao sistema da École Normale Superieure francesa, exceto pelo exame de admissão — ou ainda, ao que se pratica nas universidades inglesas, em que o estudante bolsista recebe gratuitamente não só a instrução, como também moradia e alimentação e, às vezes, vestuário.

Lecionava-se em latim; o ensino era dividido em dois ramos: o *trivium*, ou as artes liberais — a gramática, a retórica e a lógica —; e o *quadrivium*, isto é, as ciências — a aritmética, a geometria, a música e a astronomia; esses, junto às faculdades de teologia, direito e medicina, formavam o ciclo de conhecimentos. Como método, utilizava-se sobretudo o comentário: lia-se um texto — as *Etimologias*, de Isidoro de Sevilha; as *Sentenças* de Pedro Lombardo; um tratado de Aristóteles ou de Sêneca — seguindo a matéria ensinada e a ele se glosava, fazendo as observações a que se pudesse dar ensejo, do ponto de vista gramatical, jurídico, filosófico, linguístico etc. Este ensino era sobretudo oral e representava grande parte da discussão; as *Questiones disputate*, questões na ordem do dia, tratadas e discutidas pelos candidatos à licença diante de um auditório de mestres e de alunos, por vezes davam ensejo a tratados completos de filosofia ou de teologia, e algumas glosas célebres, por escrito, eram elas próprias comentadas e explicadas no decorrer dos cursos. As teses sustentadas pelos candidatos ao doutorado não eram, à época, meras exposições de uma obra inteiramente redigida, mas sim *teses*, expressas e sustentadas diante de um anfiteatro repleto de doutores e de mestres, e durante as apresentações qualquer espectador poderia tomar a palavras e apresentar as suas objeções.

Como se vê, este ensino se apresentava sob uma forma sintética, sendo cada ramo replicado no conjunto em que adquiria um valor próprio, correspondendo à sua importância para o pensamento humano. Para dar um exemplo, há em nosso tempo a equivalência entre uma licença de filosofia e uma licença de espanhol ou de inglês, ainda que a formação pressuposta para essas diferentes disciplinas decorra em planos bem diferentes; na Idade Média, era possível ser mestre em filosofia, ou em teologia, ou em direito — ou, ainda, mestre nas artes, o que implicava o estudo do conjunto ou dos conhecimentos fundamentais relativos ao homem, representando o *trivium* as ciências da mente, e o *quadrivium*, as dos corpos e dos números que os regiam. Toda a série de estudos se aplicava, portanto, a fornecer uma cultura geral, e ninguém se tornava especialista de fato senão depois de sair da Faculdade. Daí a explicação do caráter enciclopédico de estudiosos e eruditos da época; sujeitos como Roger Bacon, João de Salisbury, Alberto Magno realmente tinham percorrido o itinerário dos conhecimentos de sua época e, por sua vez, puderam dedicar-se aos mais diversos assuntos, sem temer a dispersão, pois a sua visão de base era uma visão do todo.

O ensino

Ao sair das sessões de trabalho da Faculdade e do Colégio, o estudante medieval era um esportista, capaz de percorrer distâncias de várias léguas e também — como relatam muito bem os anais da época — de manejar a espada. Às vezes, rebentavam rixas em meio a esta turbulenta população, no arredores de Sainte-Geneviève ou de Saint-Germain-des-Prés, e foi por ter sabido servir-se muito bem de sua arma que François Villon teve de deixar Paris. Os exercícios físicos lhes eram tão familiares quanto as bibliotecas e, ainda mais que nos outros corpos de ofício,[6] sua vida é animada por diversões e prazeres que alegram o Quartier Latin. Sem falar das festas dos Loucos e dos Tolos, que eram ocasiões excepcionais, não havia recepção de doutor que não fosse seguida por cerimônias paródicas, nas quais os sóbrios mestres da Sorbonne assumiam papéis; Ambrósio de Cambraia, que foi o chanceler da Faculdade de Decretos e conduzia o seu papel à risca, deixou-nos o relato nas contas detalhadas que preparava enquanto estava no cargo. Um ser assim formado estava pronto à ação como à reflexão, e sem dúvida é por isso que se encontra nessa época personalidades adaptando-se às mais diversas situações e sendo exitosos: prelados combatentes, como Guilherme de Barres ou Guérin de Senlis na batalha de Bouvines; juristas capazes de organizar a defesa de um castelo, como Jean d'Ibelin, senhor de Beyrouth, mercadores exploradores, ascetas construtores etc.

A Universidade de então era o grande orgulho da Idade Média; os Papas falavam com complacência deste "rio de ciência que, por suas múltiplas derivações, rega e fecunda o terreno da Igreja universal"; nota-se, não sem satisfação, que em Paris a quantidade de estudantes era tamanha que seu número chegou a ultrapassar o total da população.[7] Havia muita indulgência para com eles, apesar

---

6   Note-se que a Idade Média não conhecia os limites entre os ofícios manuais e as profissões liberais; os termos são significativos sob este aspecto: qualifica-se de *mestre* tanto o fabricante de tecidos que concluiu a sua instrução quanto o estudante de teologia que obteve uma licença para a docência.

7   A afirmação não pode ser tomada ao pé da letra, mas é interessante saber que a população parisiense à época compreendia pouco mais de quarenta mil habitantes.

de suas "gracinhas" e faceirices que frequentemente incomodavam os burgueses; os estudantes gozavam da simpatia geral. Algumas cenas de sua vida foram traçadas por um dos escultores do portal Saint-Étienne, na Notre-Dame de Paris: vemo-los lendo e estudando; uma mulher vem perturbá-los e arranca-lhes os livros e, para puni-la, é levada ao pelourinho segundo a ordem da autoridade. Os reis dão o exemplo desta maneira de tratar os "calouros" como caçulas: Filipe Augusto, após a batalha de Bouvines, enviou um mensageiro para dar notícia de sua vitória primeiramente aos estudantes parisienses.

Tudo o que toca o saber é, desta forma, honrado na Idade Média. "Quem não ama os livros com justiça morre sem honra", dizia um provérbio;[8] e basta debruçar-se sobre os textos para encontrar traços de medidas pelas quais o apetite pela ciência era encorajado e nutrido; citemos, entre outras, a criação, em 1215, de uma cadeira de teologia em Paris, especialmente para permitir aos sacerdotes da diocese que aperfeiçoassem e completassem os seus estudos, o que dá testemunho da preocupação de estimular um elevado grau de instrução, mesmo em meio ao pequeno clero. O "probo", este tipo de homem completo que foi o ideal do século XII, devia ser necessariamente um erudito:

> *Pour rimer, pour versifier,*
> *Pour une lettre bien dicter,*
> *Si métier fût, pour bien écrire*
> *Et en parchemin et en cire,*
> *Pour une chanson controuver.*[9-10]

Pode-se questionar se, na Idade Média, nessas condições, o povo era tão ignorante quanto em geral o cremos; ele tinha a seu alcance, incontestavelmente, os meios de se instruir, e a pobreza

---

8   Renart, *Prov. franç.*, II, 99.

9   Citado por *Histoire littéraire*, t. XX.

10   "Para rimar, para versificar,/ Para uma carta bem ditar,/ Se preciso for, para bem escrever,/ E em cera e em pergaminho,/ Para uma canção forjar" — NT.

não era um obstáculo, visto que os programas de estudos podiam ser inteiramente gratuitos, desde a escola do vilarejo, ou mesmo a da paróquia, até a Universidade. E ele se beneficiava disso, visto os exemplos abundantes de plebeus tornados grandes clérigos.

Isso quer dizer que a instrução era tão disseminada como hoje em dia? Parece que sobre essa questão houve um mal-entendido: associamos mais ou menos a cultura à erudição. Para nós, um iletrado é, fatalmente, um ignorante. Ora, o número de iletrados era sem dúvida alguma maior na Idade Média do que o é em nossa época.[II] Mas será justo este ponto de vista? Pode-se fazer do conhecimento do alfabeto o critério da cultura? De que a educação tenha se tornado sobretudo visual, pode-se concluir que o homem não se educa senão pela visão?

Num capítulo dos Estatutos municipais da cidade de Marselha, datado do século XIII, encontram-se enumeradas as qualidades exigidas de um bom advogado, ao que se acrescenta: *litteratus vel non litteratus, qu'il soit lettré ou non*. Isso parece ser bastante significativo: pode-se, então, ser um bom advogado e não saber nem ler, nem escrever — conhecer a moral, o direito romano, o manejo da linguagem, e ignorar o alfabeto. Noção que nos é de difícil admissão, mas que, contudo, é de importância crucial para a compreensão da Idade Média: instruía-se então mais pelo ouvido do que pela leitura. Tão honrados quanto o fossem, os livros e os escritos não tinham mais que um lugar secundário; o papel do primeiro plano era atribuído à palavra, ao verbo. E isso em todas as circunstâncias da vida: nos dias atuais, oficiais e funcionários redigem relatórios; na Idade Média, reuniam-se em conselho e deliberavam; uma tese não é uma obra impressa: é uma discussão; a conclusão de um ato não é uma assinatura anexada a um escrito; é a tradição manual ou a interação verbal; governar é informar-se, investigar, e então "clamar" as decisões tomadas.

II   Embora menos que o digamos, visto que a maioria dos testemunhos intervém nos atos notariados sabem assinar e que tem-se, entre outros, o exemplo de Joana d'Arc, pequena camponesa que, no entanto, sabia escrever.

Um elemento essencial da vida medieval foi a pregação. Pregar, àquela época, não era sustentar um monólogo em termos escolhidos diante de um auditório silencioso e convencido. Pregava-se por todo lado, não apenas nas igrejas, como ainda nos mercados, nos pavilhões de feiras, nos cruzamentos de estradas — e de maneira muito vivaz, repleta de ardor e de entusiasmo. O pregador dirigia-se ao auditório, respondia as suas perguntas, aceitava suas contradições, seus rumores, seus apóstrofos. Os sermões agiam sobre a multidão e podiam desencadear no momento uma Cruzada, propagar uma heresia, provocar revoltas. O papel didático dos clérigos era então imenso: eram eles que ensinavam aos fiéis a sua história e as suas lendas, sua ciência e sua fé; eles que faziam parte dos grandes eventos, que transmitiam de um a outro lado da Europa a novidade da tomada de Jerusalém, ou a da perda de Saint-Jean d'Acre; eles que aconselhavam uns e guiavam outros, mesmo em seus assuntos profanos. Nos dias de hoje, os que carecem de memória visual, não obstante mais raro, e de um exercício mais automático, menos racional que a memória auditiva, são prejudicados em seus estudos e na vida. Na Idade Média, isto não era nada; instruía-se ouvindo, e a palavra era de ouro.

Coisa curiosa é a nossa época ver renascer essa importância do Verbo e reviver esse elemento auditivo que estava perdido. Pode-se pensar que o rádio assumirá, para as gerações do porvir, o papel que anteriormente foi o da pregação; em todo caso, ele deseja que ela seja o equivalente, no que diz respeito à educação do povo.

Pois, se o termo de cultura latente não teve jamais um sentido, foi na Idade Média. Na época, todos tinham conhecimento prático do latim falado e eram capazes de modular o cantochão, o que pressupunha, senão a ciência, ao menos o uso da acentuação. Todos possuíam uma cultura mitológica e lendária; ora, as fábulas e os contos dizem mais sobre a história da humanidade e sobre a sua natureza que uma boa parte das ciências inscritas atualmente nas ementas oficiais. Nos romances de ofício publicados por Thomas Deloney, vê-se tecelões citarem em suas canções Ulisses e Penélope,

Ariane e Teseu. Para apontar os vitrais: "a Bíblia dos iletrados", não é porque os mais ignorantes a decifravam sem esforço as histórias que lhes eram familiares — alcançando na simplicidade deste trabalho de interpretação que, em nossos dias, fizeram tão mal aos arqueólogos!

Fora isso, há os conhecimentos técnicos, que se assimilavam ao longo dos anos de aprendizado; nem arte nem ofício eram improvisados: era preciso, para exercê-los de maneira fecunda, que fossem transformados em como uma segunda natureza; sem dúvida, era por isso que muitos artistas locais, cujos nomes jamais nos serão conhecidos, puderam adquirir esse domínio, o que funciona como o *Cristo devoto* de Perpignan ou a *Mise en Croix* de Venasque. Tem-se o direito de tomar por ignorante um homem que conhece a fundo o seu ofício, seja o quanto ele foi humilde? E é preciso considerar que às condições de ofício juntavam-se um lote inteiro de traduções: o *Compost des bergiers*, que uma curiosidade feliz fez redescobrir, há não muito tempo, ofereceu-nos uma amostra dessas pequenas *Sumas* do trabalho tradicional: astronomia, medicina, botânica, meteorologia — que se podia adquirir no seio dos ofícios, variando com um deles, e que constitui a base de uma cultura sem dúvida mais extensa e certamente melhor adaptada às necessidades locais, de modo que não se poderia acreditar.

As Letras

A pesar do grande número de trabalhos modernos dedicados à literatura medieval, ainda não chegamos a ter dela uma noção justa e a apreciá-la como ela mereceria. Permanece como uma curiosidade erudita ou, o que é mais perigoso, serve de pretexto a evocações demasiado artificiais. No entanto, um passo importante foi dado, no sentido de que ao menos chegamos a convencer o público da existência de uma literatura medieval. A grande dificuldade que se opõe aos mais amplos progressos é a questão linguística; não se pode lamentar que, entre a massa de conhecimentos díspares de que acusamos a adolescência, nenhum espaço, ou um espaço ridiculamente insignificante, é deixado para o mundo antigo francês, que no entanto constitui inegavelmente uma parte de nosso patrimônio nacional — estimado cada vez menos desprezível à medida que melhor o conhecemos.[1] Os julgamentos ao modo Gustave Lanson ou Thierry Maulnier, que não viram em toda a "literatura versificada da Idade Média" mais que "desordem, falatório e preciosidade", destinados a mergulhar em um "benévolo esquecimento", não resistem a uma análise, por mais superficial que seja, da poesia medieval.

---

[1] É preciso dizer que essa falta de afeição é direcionada mais à Idade Média em geral que particularmente à sua literatura: estuda-se durante muitos meses a questão do Oriente no século XIX, ou as mudanças de ministérios de MacMahon para Jules Grévy, mas quantos bacharéis terão noção, por vaga que seja, dos principais eventos das Cruzadas, ou da maneira pela qual se formou a unidade francesa nesses séculos que são o fundamento e o resumo de nossa história?

Há somente uma época durante a qual a França possuiu uma literatura nacional, inteiramente brotada de seu solo; e esta época é a Idade Média. Passado o século XV, um estranho entusiasmo pela imitação determinaria leis estritas, restringiria os gêneros, eliminaria a inspiração pessoal em prol de um protótipo imutável que será a Antiguidade. Sem dúvida, não se trata de denegrir a Antiguidade e suas incontestáveis obras-primas, nem sobretudo de equivocar quanto ao domínio inteiramente pessoal com o qual um Racine e um Molière souberam dominar a lei da imitação que seu tempo impunha; e é preciso contar também com os dissiden-tes que, sem ter as honras dos manuais de literatura, não deixam de compor uma parte importante das letras francesas. O fato é que, até o fim de século XIX, no conjunto, clássicos e românticos submeteram-se voluntariamente a uma disciplina inspirada — fosse pelos gregos e latinos, fosse pelo estrangeiro. Para encontrar um florescimento genuíno do espírito francês, uma literatura pessoal, pura, despojada de qualquer empréstimo, fora do século XX fran-cês, é preciso recorrer à Idade Média. Obstinar-se a não enxergar além da Renascença é mutilar-se da mais autêntica manifestação do gênio da raça; é, além disso, ignorar uma época durante a qual precisamente a civilização e as letras francesas foram imitadas por toda a Europa; é, sobretudo, privar-se de um tesouro incomparável de poesia, de verve, de grandiosidade — a mais rica, a mais colorida, a mais comovente que houve.

Boa parte da produção literária da Idade Média permanece ainda manuscrita, enterrada nas bibliotecas, enquanto as mesmas obras são reeditadas sem parar. Deveremos ver nisso uma falta de curiosidade? Em vez disso, o erro está em nossos métodos de história literária, que, aplicados à literatura da Idade Média, nos representam um grande obstáculo. Empenhamo-nos em pesquisar as origens das obras medievais, as origens do *Roman de Renart*, as origens das fábulas etc., como se se tratasse de tragédias clás-sicas, inspiradas no teatro de Sófocles ou em Sêneca. Um tempo precioso se perde nisso. Útil no que diz respeito à literatura francesa a partir do século XVI, a pesquisa das fontes constitui um entrave ao estudo da Idade Média e, na maioria dos casos, comprovou-se ociosa, senão pueril. Bédier prestou um imenso serviço à literatura francesa ao mostrar a importância desses temas humanos que pertencem tanto à Índia ou à China quanto à Europa ou à África: o tema do trapaceiro enganado, a fábula da raposa e das uvas e tantas outras, sobre as quais pensamos a perder de vista, até estabelecer vínculos complicados que se desfazem por si próprios quando nos damos conta que, diante dos mesmos fenômenos, o homem teve, em todas as latitudes, reflexos semelhantes, e que se o folclore medieval francês teve pontos comuns com este ou com aquele povo, é porque teve acesso a fontes eternas da humanidade. Notamos, nos cantos dos pastores tchecos, ritmos semelhantes aos de nossos pastores de antigamente: não é porque esses derivam daqueles, mas sim porque a mesma vida e os mesmos costumes inspiram cadências idênticas. Da mesma forma os marinheiros que, em todas as latitudes e em todos os povos, usaram, para transmitir as ordens e equilibrar seus esforços, os *tropos*, inflexões rítmicas e poéticas ditadas por seu ofício, adequadas ao balanço do mar e do navio. Para penetrar na literatura medieval, certos conhecimentos do homem teriam mais valor que a pesquisa da origens segundo as tradições veneráveis da Sorbonne.

Isso não quer dizer que a Idade Média ignorou a Antiguidade; Horácio, Sêneca, Aristóteles, Cícero e muitos outros são estudados e citados com frequência, e os principais heróis das literaturas antigas — Alexandre, Heitor, Píramo e Tisbe, Fedra e Hipólito — inspiraram, por sua vez, os autores medievais; as *Metamorfoses* e as *Heroides* de Ovídio foram traduzidas repetidas vezes; acima de tudo, a Idade Média amou profundamente Virgílio, nisto dando testemunho de um gosto indiscutível, visto que Virgílio foi sem dúvida o único poeta da língua latina digno deste título. Mas se virmos na Antiguidade um reservatório de imagens, de histórias e de sentenças morais, não chegaremos a preconizá-la como modelos, como o critério das obras de arte; admite-se que é possível fazer tão bem e até melhor que ela; admiramo-la, mas evitamos imitá-la.

Por outro lado, brotada inteiramente em solo francês, a literatura medieval a reproduz fielmente nos menores contornos, nas menores nuanças. Todas as classes sociais, todos os eventos históricos, todos os traços da alma francesa são revividos nela, num afresco deslumbrante. É que a poesia foi o grande assunto e uma das paixões mais vivas da Idade Média. Reinava por tudo: na igreja, no castelo, nas festas e nos lugares públicos; não havia festividade sem ela, nenhum júbilo em que ela não atuava em seu papel, nenhuma sociedade, universidade, associação ou confraria a que ela não tivesse acesso; aliava-se às funções mais graves: certos poetas governaram condados, como Gillaume d'Aquitaine ou Thibaut de Champagne; outros governaram reinos, como o rei René d'Anjou, ou Ricardo Coração de Leão; outros, como Beaumanoir, foram juristas e diplomatas; pôde-se ver até um Philippe de Novare, sitiado na Torre do Hospital com trinta companheiros, escrever apressado como forma de pedir socorro não um apelo, mas sim um poema, e a lenda do trovador Blondel, que encontra o seu mestre aprisionado graças a um canto que haviam composto juntos, só exprimem uma verdade de aplicação corrente na Idade Média. Dizer versos, ou escutá-los, surgia como uma necessidade inerente ao homem. Dificilmente se verá, em nossos dias, um poeta instalar-se em cavaletes, diante de uma barraca de feira, para ali declamar suas obras; espetáculo que então era comum. Um camponês recolhido em seu trabalho, um artesão, em sua loja, um senhor, em seus falcões, para ir ouvir um trovador ou um jogral. Exceto pelos mais belos dias da Grécia antiga, talvez jamais se tenha manifestado tamanho gosto pelo ritmo, pela cadência e pela bela língua.

Atualmente, a poesia é mais ou menos o apanágio de uma elite. A Idade Média não conheceu elites, não mais no âmbito intelectual que além dele, pois todos podiam tornar-se um ser de elite, cada qual em sua esfera. As alegrias do espírito não eram reservadas aos privilegiados ou aos letrados e se podia, sem saber nem grego, nem latim, e mesmo sem saber nem A, nem B, ter acesso aos maiores deleites da poesia. Entre os cerca de quinhentos trovadores e trovadorescos cujos nomes chegaram até nós, encontra-se tanto grandes senhores, como o castelão de Coucy, os senhores de Baux ou os príncipes já citados, quanto plebeus ou clérigos, como Rutebeuf, Peire Vidal ou Bernard de Ventadour. Ao contrário do que se passou, por exemplo, no século XVII, quando uma obra literária não era destinada senão à Corte ou aos salões, havia entre as classes sociais trocas fecundas; a seiva poética circulava livremente e era enriquecida por tudo o que o povo podia lhe fornecer de vigor, e a alta sociedade, de refinamento. Ainda no século XV, um mesmo tema poético foi tratado ao mesmo tempo por Carlos de Orléans, Alain Chartier, Jean Régnier, François Villon e ainda outros — todos diferentes em instrução, em classe e em profissão, sem que suas obras fossem demasiadamente dessemelhantes —, quanto a poesia era um terreno comum aos príncipes e aos bandidos. Desta forma, conhecemos *La Fôret de Longue Attente*, ou ainda o refrão das baladas da famosa competição de Blois:

Je meurs de soif exprès de la fontaine.[2]

Alguns gêneros foram preferencialmente cultivados pela nobreza: daí os romances de cavalaria; mas os plebeus tinham o *Roman de Renart*, cujos tipos principais ainda viviam e permanecem familiares, após terem percorrido a Europa e seduzido até a pena de um Goethe, que tornou-se seu adaptador. Aos leigos e às fábulas que faziam o deleite da corte de Champagne ou da Inglaterra correspondem os fabulistas cuja verve grossa e truculenta inspirou nomes como La Fontaine e Molière.

Alguns terrenos permaneciam comuns a toda a sociedade medieval: a epopeia, por exemplo, e o teatro. As canções de gesta suscitavam tanta admiração nas hospedarias onde peregrinos e viajantes encontravam pouso a caminho de Roma ou de Santiago,

---

2   Morro de sede próximo à fonte — NT.

quanto nos paços senhoriais. Quanto ao teatro, ao mesmo tempo religioso e popular, mobilizava todo um povo e entusiasmava tanto os clérigos como os nobres e os campesinos. Se se pôde falar na Idade Média de uma literatura do povo, de uma literatura clerical e de uma literatura na nobreza, essa divisão deve ser entendida como uma nota dominante, pois, em seus criadores como em seu público, as obras em geral participavam tão bem de umas quanto de outras "classes", com apenas um gosto mais marcado nesta ou naquela.

E esse domínio literário é tão móvel quanto é vasto. Deparamos com extremas dificuldades quando queremos presentear alguém com uma edição crítica de uma canção de gesta ou de um poema medieval. Ainda aí, parece que tivemos erroneamente de proporcionar aos textos da Idade Média um método que não é válido senão para as obras antigas ou modernas. Na realidade, sempre há não apenas uma, mas múltiplas formas de uma mesma obra. Bédier, ao reunir os diversos episódios do *Romance de Tristão e Isolda*, disperso em inúmeros poemas, realizou uma obra ao mesmo tempo das mais autênticas e das mais acessíveis — infinitamente mais próximo da Idade Média que jamais estaria a edição impecável de cada um desses poemas.

Para nós, uma obra literária é algo pessoal e imutável, fixada na forma que seu autor lhe deu; daí o nosso pasmo com o plágio. Na Idade Média, era corrente o anonimato. Acima de tudo, uma vez emitida, uma ideia pertencia imediatamente ao domínio público; passava de mão em mão, era decorada com mil fantasias, submetida a todas as adaptações imagináveis e só caía no esquecimento quando se lhe esgotavam os múltiplos aspectos. O poema leva uma vida independente da de seu criador; é coisa móvel e de incessante renascença; todo achado é retomado, redesenhado, amplificado, renovado, com o movimento e a animação que caracterizam a vida. O erro dos críticos alemães, vendo na *Canção de Rolando* uma obra coletiva e impessoal, explica-se considerarmos esse caráter fluido, por assim dizer, das grandes gestas francesas e em geral das produções literárias da Idade Média. Em sua origem, certamente houve uma atividade precisa, mas elas evoluíram continuamente, ao gosto dos poetas que as enriqueciam com uma nova seiva, ou simplesmente com saltimbancos que as recitavam à sua maneira e as enxertavam com seus próprios episódios. Foi assim que os romances bretões transformaram-se de maneira inesgotável e se encontravam, no século xv, muito longe de sua forma primitiva, no ciclo de Amadis.

Ainda outras vezes, a obra literária representava o termo de uma evolução. Tais são os impressionantes "romances de ofício", aos quais já se fez alusão, e dos quais Abel Chevalley revelou-nos o sabor. Sua matéria, as canções de oficina, as "boas histórias" transmitidas de companheiro a aprendiz, as declamações das aventuras ocorridas com tal mestre, com sua esposa, com seu servo, as lendas de santos protetores da corporação; tudo isso acabou por formar uma mina encontrada por um escritor de algum talento; Thomas Deloney[3] a utilizou com alegria pela Inglaterra, no início do século xvi; os ofícios da França não tiveram a mesma sorte, mas não é impossível encontrá-los, em manuscritos. Em outro gênero, Bédier mostrou brilhantemente o nascimento das epopeias francesas ao longo das rotas de peregrinação e o papel dos clérigos, que instruíam e dos saltimbancos, que distraíam, na formação das grandes gestas francesas. Foi ainda uma das formas tomadas pela fecundidade da vida medieval, esta criação perpétua, que participava da vida do povo, ou ainda da vida de todo um país, em suas missas populares como em suas classes "privilegiadas". Os temas poéticos e os heróis de romances circulavam e se multiplicavam à imagem da humanidade. Rolando, Carlos Magno, Guilherme do "Nariz Curto" fizeram parte do patrimônio europeu, da mesma forma que o estilo gótico. Apenas as distinções locais, o gênio de cada província, de cada dialeto, de cada país davam um aspecto particular e um novo sabor a cada uma de suas reencarnações. Ali como acolá, a influência francesa — ou, mais exatamente, franco-inglesa — dominou o mundo conhecido.

---

3   Cf. *Le Noble Métier* e *Jack de Newbury et Thomas de Reading*, romances de sapateiros e de tecelões da cidade de Londres, traduzidos por Abel Chevalley. Paris: Gallimard, 1927.

Seus trovadores tiveram uma fortuna internacional, Wolfram d'Eschenbach, Hartmann d'Aue, Walter de La Vogelweide e os outros *minnesinger* imitaram-nos, e os romances bretões foram traduzidos na Itália, na Grécia e até na Noruega.

Comovente e animada como é, essa literatura medieval carrega em si outra característica que é própria de toda a Idade Média: o amor pela vida. Dotados de uma faculdade extraordinária de assimilação, os autores dessa época trataram seus heróis como seres vivos, presentes, cuja existência não havia sido deslocada na sociedade em que eles mesmos se encontravam. Eles não tiveram necessidade de lhes construir uma atmosfera artificial para justificá-los. Exprimiam-se tal qual sentiam-se. Noutras palavras, a Idade Média literária prescinde da cor local e da documentação histórica. Pensa-se assinalar exemplos da famosa "ingenuidade" medieval quando vemos Oberon dizer-se filho de Julio César, ou quando Alexandre comporta-se como um cavaleiro cristão. Porém, longe de ser uma deficiência, essa facilidade de transpor os heróis dos romances de seu passado morto a uma atualidade vivaz não seria testemunho de um poder prodigioso de evocação? A Idade Média não tinha nenhum problema em imaginar Aristóteles, Eneias ou Heitor na sociedade medieval; a sua vitalidade triunfava sobre as noções de tempo e de espaço. E foi por isso que os escultores, sem colocar nelas a menor "ingenuidade", representaram nos tímpanos das catedrais Castor e Pólux como dois cavaleiros de seu tempo. Além disso, esse desprezo pela cor local em prol da verdade inata só poderia ser melhor compreendido em nosso tempo, quando o aparato histórico-documental é cada vez mais deixado de lado em prol da intensidade da evocação. É infinitamente mais agradável ver a jovem Violaine evoluir numa "Idade Média de convenção", sem relação com a realidade histórica — mas muito próxima, em espírito, da Idade Média real — que assistir a uma reconstituição, por mais hábil que fosse, do *Vray mistère de la Passion*; melhor representar Édipo usando suéter e calças de flanela do que suportar uma reedição de *Burgraves* ou de *Salammbô*.

A literatura medieval é fortemente associada à sua época, inseparável das realidades que fizeram a vida cotidiana do tempo. Todas as preocupações contemporâneas — expedições militares, prestígio de um rei, divergências de um vassalo, lutas religiosas — eram rimadas, ritmadas, amplificadas, interligadas, por fim, ao grande domínio poético da humanidade por esses incansáveis contadores de histórias e seu público sedento por poesia. As explorações de Carlos Magno inspiraram as grandes epopeias francesas; as Cruzadas foram cantadas pelos trovadores; Peire Cardinal exalou em seus versos o amargor do Midi albigense, e Guilherme, o Bretão, cantou a glória de Filipe Augusto; a instituição da cavalaria deu à luz a vastíssima literatura romanesca e galante, e os infortúnios da guerra deixaram a sua marca nas obras de um Jean Régnier ou de um Charles d'Orléans. Relações entre senhores e seus vassalos, respeito da ligação feudal, trabalhos de servos e de plebeus, leituras dos clérigos, preces dos monges — tudo isso encontra-se na poesia medieval, e aqueles que se contentassem em conhecer a literatura da época estariam informados demais para poderem prescindir do estudo de sua história. Ela leva a marca do país que a viu nascer e reflete fielmente suas alegrias e suas angústias. Se, durante os séculos que se seguiram, ela por vezes não passou do exercício de um bom discípulo de Horário ou de Teócrito, ou mesmo um jogo erudito; se esqueceu-se de suas associações populares e tornou-se uma espécie de bom tom, durante a Idade Média foi fiel a si mesma e manteve-se uma criação nacional tanto quanto humana, popular tanto quanto pessoal, coletiva tanto quanto individual, extraindo a sua matéria-prima do solo da França, das aventuras de seus barões, das astúcias de suas mulheres, de suas campanhas fecundas e de suas cidades ruidosas, entre as quais Paris já se destaca — a Paris de Rutebeuf, de Eustache Deschamps e de François Villon.

Mas não é apenas porque canta o país e a sua fortuna que a poesia medieval francesa representa o patrimônio nacional mais precioso daquele povo. Ela, que inspirou a Europa e percorreu o mundo conhecido, é francesa até as suas fibras mais recônditas.

Não poderíamos a renegar sem renegarmos a natureza e a personalidade francesas. Ela é impregnada por nosso espírito, é a sua criação mais autêntica. Essa verve, esse jorro perpétuo de ironia, de palavras mordazes, de sarcasmos que não têm respeito por nada, nem mesmo pelas crenças mais sinceras, essa risada sonora, enfim, risada das fábulas, das farsas, dos sermões alegres, da festa dos loucos e outras diversões, essa risada que não encontraria outros ecos na literatura senão no teatro de Molière: não é este o traço distintivo do povo da França com o seu senso da distribuição, seu senso do ridículo, seu gosto pelas boas histórias e pelas graças um tanto indiscretas? É provável que, se pudesse fazer representar pelo povo de hoje, e diante de um auditório popular, a maioria de nossas fábulas e certas cenas de *Jeu de Saint Nicolas* ou de *Maître Pathelin* com grande êxito; lê-se ainda com prazer as *Quinze joies de mariage* e os gracejos medievais sobre a tagarelice das mulheres e sobre os maridos enganados são ainda os mesmos de que escutamos falar cotidianamente.

A grande censura que se fez a esse humor, cujas alegria e exuberância não se pode negar, é a de ser grosseiro. Os autores dos manuais têm o costume de esconder o rosto diante desses "personagens prosaicos", dessas "farsas indecentes" e desse vocabulário em que o bom tom é um tanto maltratado. Suas constatações são justas: grande parte da literatura medieval, e da melhor, é permeada de gracejos bastante grosseiros; e mesmo isso é muito francês — muito gaulês, para empregar o termo consagrado. Na Idade Média, chamava-se as coisas pelo seu nome, e os gracejos, mesmo triviais, contanto que fossem engraçados, provocavam enorme diversão. Pode-se ofuscá-los, ou reeditar a postura de um Francisque Sarcey, deixando o seu trono na primeira réplica de *Ubu Rei*; ainda assim, sob a pena dos contadores de histórias da Idade Média, como sob a pena de Rabelais ou de Alfred Jarry, como da boca do homem do povo, as grosserias são quase sempre tão bem vistas, tão expressivas e tão deliciosas que irresistivelmente provocam o riso. Além disso, é preciso notar que elas não são acompanhadas de vulgaridade, que permanecem espontâneas e jamais são os efeitos de uma postura ou de um partido tomado, como o é em nossos dias, no caso de alguns intelectuais. Quanto aos contos "imorais" e aos seres "prosaicos", de que formiga a literatura medieval, baseiam-se em geral numa observação muito justa da existência e não contêm mais imoralidade que, por exemplo, as fábulas de La Fontaine. Longe de ser chocante, a sua acidez não pode senão rejubilar um espírito bem formado, ainda mais quando é acompanhada desse requinte, desse senso de partilha, que é próprio do povo francês.

~

Por um curioso acaso — mas será mesmo um acaso? —, as duas primeiras obras importantes da literatura francesa ilustram perfeitamente o seu caráter duplo: há a *Canção de Rolando* e há a *Peregrinação de Carlos Magno*. No primeiro poema, reinam os sentimentos mais puros da cavalaria francesa: a fidelidade ao Imperador, o amor à doce França, a amizade de dois heróis, a grandeza da morte, a bravura e sabedoria; o segundo é uma gigantesca bufonaria, em que Carlos Magno não passa de um companheiro jovial — esperando tornar-se um velhote como em *Huon de Bordeaux* — e se abandona com seus pares às fantasias mais desconcertantes: piadas monstruosas, gabolices dos Gascões, propostas extravagantes feitas depois da bebida: Rolando faz a aposta de soar a sua corneta com tanta força que seu sopro desfará todos os portões da cidade; Oliveiros se oferece para seduzir em tempo recorde a filha do Rei Hugon. A verve desmedida de nossos ancestrais dá-se livre curso nesse primeiro espécime da epopeia francesa, que já é uma paródia da epopeia e prova que os franceses estavam longe de se levarem a sério, de se contentarem com belas palavras e belos sentimentos. O senso de humor surgia sempre a tempo de corrigir a eloquência e evitar a ênfase, como nesta resposta ao mesmo tempo orgulhosa e cômica, extraída de *Jeu de Saint-Nicolas*:

> *Seigneur, si je suis jeune, ne m'ayez en dépit*
> *On a veü savant grande coeur en corps petit*
> *Je ferrai cel forcer, je l'ai pinça élit:*
> *Sachez je l'occirrai, s'il avant ne m'occit.*[4]

Agradavam-lhes esses contrastes de grandiosidade e de fantasia; uma obra intitulada *Dialogue de Salomon et de Marcoul* opõe assim constantemente provérbios, alguns relacionados à alta sabedoria, outros ao bom senso popular:

> *Qui sage homme sera*
> *Ja trop ne parlera*
> *(Ce dit Salomon)*
> *Qui ja mot ne dira*
> *Grand noise [bruit] ne fera*
> *(Marcoul lui répond).*[5]

A *Peregrinação de Carlos Magno*, ancestral direto de *Ubu Rei*, teve sua origem na região da Abadia e da feira de Saint-Denis. Essas histórias profanas ou edificantes que os clérigos, por meio dos jograis, transmitiam ao povo, precisavam antes de mais nada que esse povo, na agitação dos mercados, em meio às risadas e às bebedeiras bonacheironas, as transformasse em contos engraçados, ao mesmo tempo que se elaborava acerca dessas mesmas lendas a mais nobre das epopeias francesas.

Pois, país do riso e da verve animada, a França é também a pátria de origem da cavalaria; e é preciso entender essa palavra em seu sentido medieval: ao mesmo tempo o cultivo da honra e o respeito à mulher.

O francês, como nos revelam as suas obras literárias — da *Canção de Rolando* ao *Romance da Rosa* —, tem horror a todo delito: romper

---

4   "Senhor, se sou jovem, não me desprezeis/Já se viu muita vez grande coração em corpo miúdo/ Usarei de força, já o escolhi:/ Sabei que eu o matarei, se ele não me matar antes" — NT.

5   "Quem sábio for/ Não falará muito/ (Assim disse Salomão)/ Quem palavra não disse/ Grande ruído não fará (Respondeu-lhe Marcoul)" — NT.

o elo feudal e trair os compromissos que o unem a seu senhor são, para ele, as piores espécies de pecados. "Cada qual deve portar-se de modo leal", conforme Eustache Deschamps resume a regra de *"prud'homie"* (probidade). Lancelot, amante da rainha Guinevere, e Tristão, de Isolda, a Loura, não deixam de carregar no coração o remorso de trair o rei; é o drama de seu amor e de sua vida. Um senso inabalável da fidelidade à palavra dada vem à tona em toda a poesia francesa, quer seja o elo senhoril, como no caso dos romances de cavalaria, ou, como nas canções dos trovadores, a fé jurada à dama: Ivain incorre nas mais terríveis provações por ter faltado com a sua promessa de regressar no prazo acordado.

O amante verdadeiro deve, além disso, estar pronto a enfrentar tudo por amor: proezas físicas, tormentos morais, angústias de separações — nada lhe será difícil quando se trata de conquistar aquela que ele ama:

> *Pour travail ni pour peine*
> *Ni pour douleur que j'aie*
> *Ni pour ire grevaine*
> *Ni pour mal que je traie*
> *Ne quiers que me retrace*
> *De ma dame un seul jour.*[6]

Não se dirige a ela senão com infinito respeito:

> *Dame, de toutes la nonpair*
> *Belle e bonne, à droit louée*[7]

ou ainda:

> *Belle plaisant, que je n'ose nommer.*[8]

---

6 "Nem por trabalho, nem por pena/Nem por dor que eu tenha/Nem por ira dolorosa/Nem por mal que eu aguente/Não me afastarei/De minha dama um só dia" — NT.

7 "Senhora, de todas a única/Bela e boa, louvada com justiça" — NT.

8 "Bela formosa, que não ouso nomear" — NT.

A mulher aparece como uma criatura semidivina: "corpo bem-feito", feição clara, "tão resplandecente quanto ouro ao sol", modos repletos de beleza, ela representa para o cavaleiro o ideal da perfeição:

> *Dame, don't n'os(e) dire le nome*
> *En qui tous biens sont amassés*
> *De courtoisie avez renom*
> *Et de valeur toutes passé [surpassé]*

> *Oeuvre de Dieu, digne, louée*
> *Autant que nulle créature*
> *De tous biens et vertus douée*
> *Tant d'esperit que de nature.*[9]

É fácil, segundo a literatura francesa, conhecer o tipo de beleza feminina da Idade Média:

> *Elle a un chef blonde*
> *Yeux verts, bouche cadette,*
> *Un corps pour embrasser,*
> *Une gorge blanchette...*
> *Je ne vis oncques fleur en branche*
> *Par ma foi, qui fût aussi blanche*
> *Comme est votre sade gorgette;*
> *Les bras longuets, les doigts tretis [déliés]...*
> *Les pieds petits, orteils menus*
> *Doivent être pour beaux tenus...*
> *Voz yeux riants, à point fendus*
> *Qui frémissent comme l'estelle*
> *Par nuit emmi la fontenele...*[10]

---

9 "Senhora, cujo nome não ouso dizer/Na qual todas as virtudes se confundem/De cortesia tens renome/e de valor, os tens aos montes" — NT.
Obra de Deus, digna, louvada/Tanto mais que qualquer criatura/De todos os bens e virtudes dotada/Tanto de espírito quanto de natureza" — NT.

10 "Ela tem os cabelos louros/Olhos verdes, boca preciosa/Um corpo para abraçar/Um colo alvíssimo...
Nunca vi flor em ramo/Pelo Senhor, que fosse tão alva/Como o vosso gracioso colo;/Os braços compridos, os dedos finos.../Os pequenos pés, os dedinhos longos/devem ser tidos por belos.../Vossos olhos sorridentes, abertos/Que tremem como a estrela/Na noite a jorrar..." — NT.

Os artifícios encantadores que o contador de histórias nos pinta por toques delicados — Chrétien de Troyes distingue-se nisto — conseguem fazer dela um ser adorável, plena em requinte, em distinção, em elegância de espírito: artifícios de pastora para descartar aquele que busca o reencontro, artifícios de damas fingindo cólera ou orgulho para seduzir o cavaleiro que as corteja.

E, para realçar a delicadeza de quadro semelhantes, a Idade Média soube, melhor que qualquer outra época, fazer sobressair o duplo aspecto do eterno feminino: ao lado da Virgem, da mulher respeitada, honrada, aquela por quem morre-se de amor, e da qual não é possível aproximar-se sem estremecer, há Eva, a tentadora — Eva que o mundo fez perder-se. Contadores de histórias, poetas e fabulistas não lhe poupavam sarcasmos.

> *Femme ne pense mal, ni nonne, ni béguine*
> *Ne que [pas plus que] fait le renard que happe la géline*[II]

Ela só emprega seus encantos para causar maior traição na sequência:

> *La douce rien qui fausse amie a nom,*[12]

Atraente, perversa, ela não sorri senão para poder "manejar" os corações ingênuos que se deixam tomar por ela:

> *Trop est fou qui tant s'y fie*
> *Qu'il ne son peut départir*[13]

Ele não terá senão dor e decepção, pois

> *Femme est tôt changée*
> *...Ci rit, ci va pleurant*
> *...Pour décevoir fut née*[14]

II   "A mulher que não pensa em ser freira, nem beata/ não faz mais que a raposa ao abocanhar a galinha" — NT.

12   "O doce nada que de falsa amiga tem nome" — NT.

13   "É demasiado louco quem nela tanto se fia/ Que não pode partir" — NT.

14   "A mulher logo muda/...ora ri, ora vai chorando/ ...Nasceu para iludir" — NT.

Dura e impiedosa, ela não é movida por súplica alguma, por sofrimento algum e, como a Bela Dama Impiedosa[15], não contrapõe nada além de uma calma frieza aos versos mais apaixonados. Ela é ávida e interessada:

> *Femme convoite avoir plus que miel ne fait ourse;*
> *Tant vous aimera femme comme avez rien en bourse;*[16]

No lar, ela torna impossível a vida do pobre marido, e engana-o sem pudor. Se ela o deixa, ainda assim o sujeito sente-se feliz em tomar o partido dela, como o fez o poeta Vaillant:

> *Bonnes gens, j'ai perdu ma dame*
> *Qui la trouvera, par mon âme*
> *De très bon coeur je la lui donne*
> *...Car, par Dieu, la gente mignonne*
> *Est à chacun douce personne*[17]

Pura ou perversa, ridicularizada ou adulada, na Idade Média, a mulher domina as letras francesas, como também domina a sociedade:

> *Pour femme donne l'on maint don*
> *Et controuvé mainte chanson;*
> *Maints fols en sont devenus sages,*
> *Homme bas monté en parage,*
> *Hardi en deviendrait couard,*
> *Et large qui sut être avare*[18]

É ela que inspira as canções, que anima os heróis dos romances, que faz suspirarem os trovadores ou que os faz moverem-se.

---

15 "La Belle Dame sans Merci" no original — NT.

16 "A mulher cobiça ter mais que a ursa, mel;/ Tanto vos amará a mulher quanto dinheiro tiverdes" — NT.

17 "Boa gente, perdi minha senhora/ Quem a encontrar, por minh'alma/ De muito bom grado eu lhe darei/ ...Pois, por Deus, a amável pequena/ É para todos doce pessoa" — NT.

18 "À mulher se atribuem muitos dons/ E faz-se muitas canções;/ Muitos loucos por elas se tornam sábios/ Homens baixos subiram em linhagem/ O audaz tornou-se covarde,/ E dadivoso quem sabia ser avaro — NT.

São-lhe dedicados versos; para ela, compõem-se belos manuscritos ricamente iluminados. Ela é o sol, o tom e o som de toda poesia.

A mulher é, além disso, ela mesma poetisa. Fábulas e lais[19] de Maria de França foram o deleite dos senhoras de Champagne e de além da Mancha; para ela, a literatura às vezes é um ganha-pão, como foi o caso para Christine de Pisan. Elas não precisaram vencer o desdém que incorrera sobre os "meias azuis" havia pouco, talvez porque elas evitavam os defeitos e sabiam conservar um charme próprio feminino. A Idade Média representa a grande época da mulher e, se há um âmbito em que seu reino é afirmado, esse âmbito é o literário.

Ainda isto era bastante francês. Nosso povo era, então, reputado como o mais galante, e os modos franceses já serviam de modelo à Europa. Nenhuma civilização colocou tão alto o ideal feminino, nem foi tão ávido a honrá-lo. Nos países germânicos, o homem tinha sempre o papel principal, se Siegfried a Werther; uma Kriemhild, sem dúvida, não tinha o necessário para seduzir um cavaleiro e provocar nele esse sentimento misto de nobreza e de amor, que veio à luz na França e a que se chamou de "cortesia".

Francesa nos grandes traços que a distinguem, nossa literatura é ainda melhor: um espelho de nosso país em suas múltiplas províncias. Picardos na veia galharda, champanheses de finos sorrisos, normandos matreiros, provençais, languedócios, de linguagem tão calorosa e sonora quanto a sua poesia, todas as sutis variedades de nosso território são nela expressas. Nesta literatura que os livros didáticos nos apresentam em bloco, como uma massa amorfa, há infinitas nuanças. Todo provinciano pode nela encontrar a sua alma, as paisagens familiares, a tônica de seu país — às vezes literalmente, como nesta pequena peça de Conon de Béthune em que ele queixa-se de que escarnecem de suas entonações picardas:

---

19 Pequenos poemas narrativos ou líricos entoados pelos jograis medievais, geralmente acompanhados de instrumentos como a harpa ou a viola — NT.

> *Encor ne soit ma parole françoise*
> *Si la peut-on bien entendre en françois,*
> *Et cil ne sont bien appris ni courtois*
> *Qui m'ont repris, si j'ai dit mot d'Artois,*
> *Car je ne fus pas nourri à Pontoise...*[20]

Após o século XVI, aproximadamente, nossas obras literárias tinham uma uniformidade que, por mais excelente que fosse, não era capaz de apagar a mescla de coloridas cintilações da poesia medieval. Língua *d'oc* e língua *d'oïl*, falantes de Poitou e falantes da Provença, dialetos normandos e borgonheses foram todos transformados em poesia; todos encontraram o seu mistral, capaz de transmitir o gosto da riqueza e de exprimir para eles o espírito de seu território. Será urgente compreender a literatura medieval à luz desses mil aspectos das províncias francesas para compreender os mil aspectos que ela apresenta e tudo o que pode revelar sobre nós mesmos: Joinville ou Face Brulé sobre a Champagne; Jean Bodel ou Adam de la Halle sobre Artois; Beaumanoir sobre a Île-de-France; os trovadores sobre nosso Sul occitano e provençal.

~

Na inesgotável multiplicidade de suas formas, em sua individualidade tão distinta, a poesia medieval é, antes de mais nada, humana; ela reúne os temas eternos de toda poesia.

Tinha o olhar maravilhado pelo mundo e pelas coisas: pelo canto dos pássaros, pelo murmúrio das árvores na floresta, pelo jorro das fontes, pelo encanto das noites de luar:

> *En avril au temps pascour*
> *Que sur l'herbe nait la flour*
> *L'alouette au point du jour*

---

20 "Ainda que minha fala não seja francesa/ Se pode bem compreendê-la em francês,/ E não são educados nem corteses/ Aqueles que me censuram se falo palavra de Artois,/ Pois não fui criado em Pontoise..." — NT.

Chante par moult grand baudour
Pour la douceur du temps nouvel.
Si me levai par un matin
J'ouïs chanter sur l'arbrissel
Un oiselet en son latin.[21]

Esse senso da natureza e de seu milagre perpétuo, esses ímpetos de amor ao ressurgimento da primavera nos galhos, ao frescor dos orvalhos matinais, ao esplendor do ocaso, infundem às letras medievais francesas o grande sopro da vida:

Le nouveau temps et mais et violette
Et rossignol me seront de chanter[22]

Natureza amável e sempre surpreendente, flores selvagens que trançam Nicolette, ramos de "madressilva" dos quais Tristão traduz o seu amor, bosques de vegetação a que retira-se o agente desesperado da Bela Dama Impiedosa — esses campos, esses jardins, esses rios que os iluminadores pintam primorosamente não foram menos estimados pelos contadores de histórias e pelos poetas. Uma palavra lhes bastava para evocar as campanhas, as estações, a sombra da oliveira, a erva tenra "que fica verde quando o clima umedece".

Et la mauvis que commence à tentir
Et le doux son du ruissel sur gravelle.[23]

Sua visão é direta, de um simples toque, mas sempre evocativa; mesmo La Fontaine não parece ter tido achados mais felizes que nossos ancestrais da Idade Média, apaixonados pela vegetação e pelo ar puro.

---

21 "Em abril, no tempo pascal/ Quando sobre a relva nasce a flor/ A cotovia ao despontar do dia/ Canta com grande beleza/ Pela doçura no novo tempo./ Levantando-me pela manhã/ Ouço cantar num arbusto/ Um passarinho em sua língua" — NT.

22 "O novo tempo, e maio, e a violeta/ E o rouxinol me levam a cantar" — NT.

23 "E o sabiá que começa a soar/ E o doce som do riacho sobre as pedras" — NT.

Esse estremecimento da vida universal desapareceu de nossa literatura depois deles; Ronsard apieda-se das florestas de Gastines somente por causa das ninfas que na Antiguidade as poupavam, e conclui em reflexões filosóficas; se a fonte Bellerie inspira um poema, não é porque Horácio havia dirigido uma ode à fonte Bandusie. Com raras exceções, é preciso aguardar os românticos para encontrar, com um sentimentalismo um tanto incômodo, as fugas na vasta natureza. Nossa época reconquista, com nomes como Apollinaire e Francis Jammes, esse senso agudo da vida que nos cerca; é um contato que tínhamos perdido, mas em nossas letras circula novamente esse fôlego carregado do aroma da planície e da floresta, das montanhas e do mar, que devemos em grande parte aos romancistas estrangeiros — Knut Hamsun, entre outros — e esse senso da paisagem e da atmosfera que nos restituiu *Le Grand Meaulnes*. Pois não são as elevações filosóficas ao modo de Jean-Jacques, ou as efusões lamartinianas, que constituem o amor da natureza, mas antes as observações diretas da vida familiar, apontamentos sem ênfase de um dia de chuva fina ou de uma madrugada esplêndida passada à margem de um riacho, evocações simples de um detalhe, de um muro coberto de heras, de uma rosa num buquê, do voo de um corvo por sobre um campo de trigo, de um bosque de lilases num jardim de Touraine — que permanecem ligados na lembrança às horas de alegria ou de angústia, que dão sua nota particular aos eventos da vida humana, que finalizam a harmonia de um instante de beleza.

Mas o tema por excelência da poesia medieval é o amor. Todos os aspectos, todas as tonalidades do amor humano foram evocados um a um, desde a paixão mais brutal até os refinamentos da retórica amorosa tão cara aos trovadores. Pode-se ousar dizer que nenhuma literatura viu tamanha riqueza, nem ergueu tantos véus no coração do homem. Do nobilíssimo amor de Guibourc, que não pode permitir que o ser amado seja inferior a ele por um instante sequer, até as "ordens de amor" da Belle Heaulmière, não há um suspiro, um beijo, nem um desejo de amor que os poetas e romancistas não tenham arrancado de passagem e que não tenham fielmente traduzidos em seus versos.

Há simples e frescos amores pastorais, tais como o Robin e Marion, que logo perderiam a sua autenticidade e se tornariam tema literário:

> *Chevalier, par Saint Simon,*
> *N'ai cure de compagnon.*
> *Par ci passent Guérinet et Robeçon*
> *Qui oncques ne me requirent si bien non*[24]

Porém, como na Idade Média a malícia jamais se ausenta, muitas pastorinhas, depois de ameaçarem o cavaleiro com o seu cajado, deixam-se seduzir por ele:

> *Ma belle, pour Dieu merci!*
> *Elle rit, si répondit:*
> *Ne faites, pour la gent!*[25]

Há a grandeza do amor conjugal, tal como o canta Villon nesta esplêndida balada a Robert d'Estouteville, em que tudo o que representa a nobreza e a beleza do casamento encontra-se dito com uma simplicidade, uma facilidade, um domínio das palavras e do pensamento que alcançam a perfeição:

> *Princesse, oyez ce que ci vous résume:*
> *Que le mien coeur du vôtre désassemble*
> *Jà ne sera; tant de vous en présume,*
> *Et c'est la fin pour quoi sommes ensemble.*[26]

Ao lado dessas páginas serenas ou gentis estão as tônicas de paixão carnal, como este poema de Guiot de Dijon, em que se

---

24 "Por São Simão, Cavaleiro,/Não procuro companheiro./Por aqui se foram Guérinet e Robeçon/ Que nunca me requereram" — NT.

25 "Minha bela, por Deus!/Ela riu-se, e respondeu:/Não aborreças, pela gente!" — NT.

26 "Princesa, escutai o que vos falo:/Se meu coração do vosso se aparta/Já não será; de vós, tenho tanta estima/É o fim por que estamos juntos" — NT.

exprime com uma sensualidade ardente toda a tribulação dc um desejo insatisfeito:

> *Sa chemise qu'on vêtue*
> *M'envoya pour embrasser.*
> *La nuit, quand s'amour m'arguë,*
> *La mets avec moi coucher*
> *Moult étroit à ma chair nue.*[27]

E às vezes também a separação, não menos lamentável, faz-se mais pura; o amargor pungente de um amor longínquo nunca foi melhor evocado que nestas páginas de Jaufre Rudel, nas quais buscou-se por muito tempo o enigma e que, todavia, são tão claros: sopros de ímpetos reprimidos e de anseios impossíveis, sentimento agudo do irremediável, que subitamente macula toda a alegria de um dia de verão:

> *Si que chants et fleurs d'aubespis*
> *N'om platz plus que l'hiver gelatz.*[28]

É palavra por palavra que se deve saborear cada um desses poemas, para compreender que riquezas foram extraídas de uma matéria-prima também tão rica. Em geral, quando se evoca a Idade Média, sonha-se com o amor cortês e vemo-lo sob a forma de uma "dama gentil", de um cavaleiro no torneio e de acessórios afins. Nada mais distante da época que tamanha frivolidade. Sem dúvida, os gracejos eram conhecidos e apreciados à época: gracejos à francesa, o prazer de dizer e de escutar coisas belas, galanteios e contos de amor, temas deliciosas das ligeiras paixões e das meias recusas:

> *Surpris suis d'une amourette*
> *Dont tout le coeur me volette...*
> *Hélas, ma Dame et si fière*

---

27 "A camisa que vestiu/ Enviou-me para o abraço./ À noite, quando seu amor m'argúi/ Ponho-a comigo a dormir/ Bem rente à minha carne nua" — NT.

28 "Cantos e flores de espinheiros/ Não me aprazem mais que o gelado inverno" — NT.

Et de si dure manière,
Ne veut ouïr ma prière
Ni chose que je lui quiète.
Ayez merci douce amie
De moi qui de coter vous prie.[29]

Jean le Seneschal, em suas baladas, que são como um panorama da vida amorosa, não deixa de fazer alusão a esses jogos de cortesia:

Jà votre coeur ne s'ébahisse
Si priez damoiselle ou dame
Qui raidement vous escondisse:
Tôt se rabaissera, par m'âme,
Donnez en à Amour le blâme
En lui priant que vous pardonne...
Puis l'embrassez secrètement...[30]

Um Thibault de Champagne, um Guy d'Ussel e muitos outros têm destas páginas encantadoras, em que nada mais conta a não ser a beleza do sentimento e a delicadeza do verso; deleitamo-nos com os jogos de caprichos, com a astúcia feminina, com o despertar de um coração à galantaria; Chrétien de Troyes demonstrou um discurso incomparável ao desvendar as mil pequenas intrigas, libertinagens e ciúmes daquelas que queriam seduzir os outros e dissimular consigo mesmas; para alguns, isto torna-se tema literário, de pura invenção verbal, o que não deixa de ser interessante:

Qui n'auroit d'autre déport
En aimer
Fors Doux Penser
Et Souvenir

---

29 "Surpreendido fui pelo amor/ Que me tomou o coração.../ Ai de mim, minha Senhora e tão orgulhosa/ E de modos tão duros,/ Não quer ouvir a minha prece/ Nem o que lhe quero./ Tende piedade, doce amiga/ De mim, que do coração vos rogo" — NT.

30 "Já vosso coração não se espanta/ Se roga moça ou dama/ Qual rígido vos esconde:/ Logo se apaziguará, por minh'alma,/ Lançai ao Amor a sua culpa/ Rogando-lhe que vos perdoe.../ E então abraçai-o em segredo..." — NT.

Avec l'espoir de jouir,
S'auroit-il tort
Si le port
D'autre confort
Vouloit trouver.
Car pour un cœur saouler
Et soutenir,
Plus quérir
Ne doit mérir Qui aime fort.
Encor y a maint ressort:Remembrer,
Imaginer
En doux plaisir,
Sa dame veoir, ouïr,
Son gentil port,
Le recort
Du bien qui sort
De son parler
Et de son doux regarder
Dont l'entr'ouvrir
Peut guérir
Et garantir
Amant de mort.[31]

Sem dúvida, uma das belezas da Idade Média é esta cortesia em que tudo era nobreza de coração, delicadeza de espírito e respeito místico pela mulher. Mas seria absurdo crer que em uma época de vida intensa como aquela não havia tônicas mais profundas e mais apaixonadas. Por vezes, no próprio coração da retórica amorosa, exprime-se com uma veracidade comovente a angústia de um coração desesperado. A *Bela Dama Impiedosa* de Alain Chartier é um exemplo notável disso. Esse poema, em que o tema principal surge e ressurge o tempo todo, em que as réplicas se sucedem e

---

31 "Quem desejar outro deporto/ No amor/ Além do doce pensar/ E Recordar/ Com a esperança de gozar,/ Se terá em mau caminho/ Se o porto/ D'outro conforto/ Quiser achar./ Pois para um coração saciar/ E sustentar,/ Mais que buscar/ Deve merecer/ Quem muito ama./ O que mais importa:/ Relembrar/ Imaginar/ Em doce prazer,/ Sua senhora ver, ouvir,/ Seu porte gentil,/ O recorte / Do bem que sai/ de seu falar/ E de seu doce olhar/ Cujo entreabrir/ Pode curar/ E conservar/ da morte o amante" — NT.

se reúnem com uma incansável crueldade e que contém tanto as queixas, quanto a discussão, é uma das obras-primas da poesia de todos os tempos, pela paixão contida, pela lucidez na dor, pela lógica implacável de um amor sem esperança.

A. *Vos yeux ont si empreint leur merche*
En mon cœur, que, quoiqu'il advienne,
Si j'ai l'honneur où je le cherche
Il convient que de vous me vienne.
Fortune a voulu que je tienne
Ma vie en votre merci close:
Si est bien droit qu'il me souvienne
De votre honneur sur toute chose.

D. *A votre honneur seul entendez,*
Pour votre temps mieux employer;
Du mien à moi vous attendez
Sans prendre peine à foloyer;
Bon fait craindre et supployer Un cœur follement déceü
Car rompre vaut mieux que ployer,
Et ébranlé mieux que cheü.

A. *Pensez, ma dame, que depuis*
Qu'Amour mon cœur vous délivra
Il ne pourroit, ni je ne puis
Etre autrement tant qu'il vivra:
Tout quitte et franc le vous livra;
Ce don ne se peut abolir.
J'attends ce qu'il s'en ensuivra.
Je n'y puis mettre ni tollir.

D. *Je ne tiens mie pour donné*
Ce qu'on offre à qui ne le prend;
Car le don est abandonné
Si le donneur ne le reprend.
Trop a de cœur qui entreprend
D'en donner à qui le refuse,
Mais il est sage, qui apprend
A s'en retraire, qu'il n'y muse.

Régine Pernoud | LUZ da Idade Média

A. *Ah! cœur plus dur que le noir marbre,*
    En qui merci ne peut entrer,
    Plus fort à ployer qu'un gros arbre,
    Que vous vaut tel rigueur montrer?
    Vous plaît-il mieux me voir outrer
    Mort devant vous par votre ébat
    Que pour un confort démontrer
    Respirer la mort qui m'abat?

D. *Mon cœur ni moi ne vous feïmes*
    Oncq rien dont plaire vous doyez
    Rien ne vous nuit fors que vous-mêmes:
    De vous-mêmes juge soyez.
    Une fois pour toutes croyez
    Que vous demeurez escondit.
    De tant redire m'ennuyez
    Car je vous en ai assez dit...[32]

E que literatura oferece um exemplo de amantes trágicos mais completo e mais patético que Tristão e Isolda? Terá havido criação mais forte e mais perfeita que esses dois seres loucamente devotados um ao outro, sem viver senão em função de seu amor mútuo? "Nem

---

[32] "Vossos olhos imprimiram tal marca/Em meu coração que, haja o que houver,/Se encontro a honra onde a procuro/Convém que seja de vós que ma venha./A fortuna quis que eu tivesse/Minha vida à vida mercê atada:/Se é direito que me sustente/Por vossa honra sobre tudo o mais.

"À vossa honra apenas dais ouvidos/Para vosso tempo melhor empregar;/Do meu, a mim vós aguardais/Sem pesar na insensatez;/Melhor seria temer e suplicar/Um coração insanamente enganado/Pois mais vale romper que ceder,/Estremecer é melhor que isso.

"Pensai, senhora minha, que desde/Que o Amor entregou-vos meu coração/Não pôde ele, nem pude eu/Ser de outra forma enquanto ele viver:/Inteiramente livre e franco se vos entregará;/Este favor não pode ser negado./Aguardo o que se seguirá./Não posso nisso interferir, nem impedir.

"Não tenho por dado/O que se oferece a quem não o toma;/Pois o favor é abandonado/Se quem o faz não o retoma./Generosíssimo é quem empreende/Fazê-lo a quem o recusa,/Mas sábio é quem compreende/Recuar, pois não agrada.

"Ah! Coração mais duro que o negro mármore,/Em cuja mercê não se pode entrar,/Mais resistente que uma grande árvore,/De que vos vale mostrar tal rigor?/Agrada-vos mais ver-me fora de mim/Morto perante vós, para vosso deleite/Que por conforto demonstrar/Respirar a morte de que padeço?

"Nem meu coração nem eu vos iludimos/Jamais nada deveis para agradar/Nada vos machuca que vós mesma:/De vós mesma sois o juiz./De uma vez por todas, crede/Que vós permaneceis contrária./De tanto repetir, me importunais/Pois muito já vo-lo disse..." — NT

tu sem mim, nem eu sem tu" — ardor lancinante e sem ênfase, violência de contrastes: Tristão reduzido ao papel de bufão, Isolda certa de seu amante e torturada pelo ciúme, amores selvagens e pudicos, mordidas de remorsos e de distanciamento:

> *Je suis Tantris qui tant l'aimai*
> *Et aimerai tant corn vivrai*
> *— Anuit fûtes ivre au coucher*
> *Et l'ivresse vous fit rêver!*
> *— Voir est: d'itel boivre suis ivre!*
> *Dont je ne cuide être délivre...*
> *Le roi l'entend et si s'en rit,*
> *et dit au fol: Si Dieu tait,*
> *si je te donnais la reïne*
> *en hoir, et la mette en saisine,*
> *or me dis que tu en ferois*
> *ou en quel part tu la menrois ?*
> *— Roi, fait le fol, là sus en l'air*
> *ai une salle où je repair(e);*
> *de verre est faite, belle et grand; le soleil va parmi rayant,*
> *en l'air est, et par nuées pend,*
> *ne berce et ne croule pour vent.*
> *Delez la salle a une chambre*
> *faite de cristal et de lambre ;*
> *le soleil, quand main lèvera,*
> *céans moult grand clarté rendra...* [33]

Nunca uma gama mais rica inspirou um poeta, nunca o amor humano encontrou tônicas mais verdadeiras e mais intensas.

Tantos outros com eles, tais como Lancelot e Guinevere, conservam entre as remessas da voluptuosidade o sentido da honra,

---

[33] "Sou Tãotris que tanto a amou/ E amará enquanto viver/— À noite estavas bêbado ao deitar-te/ E a embriaguez fêz-te sonhar!/— É verdade: de tanta bebida estou embriagado/ Que não penso estar livre./ O rei o ouve e ri-se,/ E diz ao tolo: Se Deus tem-te,/ Se eu der-te a rainha/ Em herança, e se a colocasse em sesmaria,/ Ora, diz-me que farias/ A que parte a conduzirias?/— Rei, respondeu o tolo, lá em cima no céu/ há uma sala onde eu habito;/ de vidro é feita, bela e ampla;/ toda banhada pelo sol,/ no céu está, e por nuvens pende,/ não balança nem estremece com o vento./ Ao lado da sala, há um quarto/ feito de cristal e de âmbar;/ o sol, quando se eleva de manhã,/ ali enorme claridade faz...." — NT

da retidão, do respeito devido ao senhor que se traiu apesar de si. Quão humanos também tais momentos de súbita selvageria, como na história estranha de nome *A filha do Conde Ponthieu*, em que se vê uma moça, violada diante dos olhos do marido, voltar-se contra ele quando seus tormentos cessam e tentar matá-lo antes que ele se livre de suas amarras — incapaz de suportar a sua visão depois da grande vergonha a que fora submetida diante dele. Os gritos de dor e de paixão, a violência do ser sensível: eis aí a Idade Média, e eis aí a sua poesia, ardente, direta, inesquecível, e que o prende uma vez que você a tenha experimentado, como a poção do amor que bebem por engano seus dois heróis mais comoventes.

Outros temas de inspiração dão o tom viril: sobretudo, a guerra. Os que pretenderam que os francesas não tivessem "a cabeça épica" ignoravam a Idade Média. Nenhuma literatura é mais épica do que a francesa. Não apenas ela se abre com a *Canção de Rolando* — um dos auges da epopeia, do qual, ao que tudo indica, ainda não se extraiu plenamente a beleza —, como também abrange mais de cem outras obras de valor, e que permanecem, também elas, um tesouro inexplorado. Todas, ou quase todas, dão testemunho dessa simplicidade na grandiosidade, desse senso de imagens, que fazem do autor da *Canção de Rolando* um dos maiores poetas de todos os tempos. O caráter de epopeia francesa reside precisamente neste tom simples e despojado que é aquele de toda a Idade Média francesa: os heróis não são semideuses — são homens, cujo valor guerreiro não exclui suas fraquezas humanas. Apesar de toda a arte virgiliana, a *Eneida* parece um tanto pálida, e sua psicologia bastante sumária, ao lado de Rolando ou de Guillaume d'Orange, desses seres em contrastes, cuja valentia acarreta alternadamente a desmedida e a humildade, o excesso e o desânimo. Essa precisão de observação impede nossas epopeias de se tornarem o que poderiam ser: um monótono desfile de indivíduos heroicos e façanhas prodigiosas. Nelas, a valentia é estimada acima de tudo, mesmo nos inimigos, mesmo nos traidores, e com ela o sentimento de honra, a fidelidade aos vínculos feudais; mas tamanha nobreza de alma poderia tornar-se cansativa sem essas nuanças que enriquecem os personagens e lhes dão a vida. É por isso que, do pouco que se conhece a *Canção de Rolando* — a única de nossas epopeias que recebeu as honras dos livros didáticos —, seus heróis permanecem tão vívidos em nossa imaginação: Rolando, bravo, mas temerário; Turpino, o arcebispo piedoso e guerreiro; Oliveiros, o Sábio, e Carlos, alto e poderoso imperador, mas cheio de piedade para com seus barões massacrados e por vezes oprimido sob os pés de sua existência "penosa". Tantos personagens que o contador evocou por imagens, por gestos, por assim dizer, e não por descrições. Sóbrio quando se trata do cenário da ação, ele vai direto ao ponto; todos os detalhes que dá são "vistos" e fazem ver; o gonfalão alvo de franjas douradas pendendo até os joelhos dão a Rolando uma melhor posição na beleza resplandecente de sua guarnição do que o faria uma descrição minuciosa ao modo moderno. E os feitos e gestos dos heróis, seus pensamentos, suas preocupações, são assim tratados por notações visuais, em toques claros e rápidos, com uma arte infinita na escolha destes detalhes que impressionam, como impressionam na realidade não a ordem e a composição geral de um cortejo, mas sim tal silhueta, tal cor dominante, o reflexo do cobre ou o som de um tambor. São estas as centelhas que se destacam dos "claros elmos" durante a agitação do combate, os carbúnculos que reluzem nos mastros da frota sarracena, ou ainda a luva que Rolando estende a Deus em seu arrependimento, a qual é segurada pelo Arcanjo Gabriel.

O que desconcertou os literatos nas epopeias medievais foi a completa ausência de métodos analíticos aos quais a literatura clássica nos acostumou: não há relato, a ação é direta; não há desenvolvimento dos personagens, mas o contato inicial; não há dissertações, mas gestos, cores, "instantâneos"; no que era poder de evocação, não se viu nada além de pobreza de invenção. Certas técnicas de nosso tempo, como por exemplo a do cinema, criaram familiaridade com essa tradução do pensamento pela imagem, e nos poderíamos novamente apreciar essas obras-primas que retornaram no espírito de nossa época. Até aqui, decididamente deixou-se de lado a sua beleza intrínseca para ocupar-se apenas de problemas que, a bem da verdade, não se apresentam, e teriam parecido fúteis às inteligências medievais: em particular, a questão da linhagem das epopeias e de seu valor histórico. Havia originalmente um ou muitos poemas em *A Coroação de Luís*? Que personagem terá sido Guilherme d'Orange na realidade? Etc., etc. Será hora de, enfim, tomar essas obras-primas pelo que são: contos narrativos, nos quais o ponto de partida histórico não é mais que um pretexto e cujo único objetivo fora o de comover ou de encantar, seguindo a imaginação do autor e o gosto do público. O importante era que fossem belos, e eles o são. Belos e prodigiosamente variados: já indicamos como nossas duas epopeias mais antigas eram uma sublime e a outra, engraçada. Além disso, em *Charroi de Nîmes* ("Carreto de Nîmes"), por exemplo, essas duas características se sobrepõem; e em parte alguma o humor perde os seus direitos, sempre aumentando a grandiosidade de certas cenas pela fantasia burlesca ou vigorosa das outras. É Shakespeare antes de seu tempo.

Ao lado da poesia épica, a guerra inspirou inúmeras obras literárias, canções de trovadores, relatos de cronistas, poemas narrativos, sem contar os inumeráveis duelos e torneios da literatura romanesca. Em toda parte, ela é evocada com a mesma simplicidade; em toda parte, exerce uma mesma admiração pela valentia e pela destreza, o senso do que chamamos de *fair play*, e que de fato um belo jogo, do qual estão excluídos os "golpes baixos" — ou ao menos sempre enfraquecidos —; em que a coragem, mesmo infeliz, é sempre respeitada; em que, por fim, as leis da honra dominam todo o resto. Vencedor, Lancelot descobre-se diante de seu suserano, que ele havia feito cair do cavalo, e ajuda-o a retomar a sua sela; Joinville faz de seu corpo um escudo ao rei São Luís. Aos excessos da guerra, às cenas de carnificina e de crueldade, que não se fazem ausentes, opõe-se sempre algum ato de clemência, algum eco de piedade.

Foi com os mesmos olhos que os homens da Idade Média viram a morte. Em nenhuma literatura, sem dúvida, a morte fora vista com tamanha coragem sem ênfase, e com tanta lucidez sem amargor. Os versos de Villon voltam à memória quando se os evoca:

> *La mort le fait frémir, pâlir,*
> *Le nez courber, les veines tendre*
> *Le col enfler, la chair mollir*
> *Joinctes et nerfs croître et étendre*
>
> *Et meure Pâris ou Hélène*
> *Quiconque meurt, meurt à douleur;*
> *Celui qui perd vent et haleine*
> *Son fiel se crève sur son cœur*
> *Puis sue: Dieu sait quelle sueur [...]*[34]

Inúmeros outros poetas falaram dela com esse realismo agudo, esse poder de evocação e essa calma impressionante:

> *Mort qui saisis les terres franches*
> *Qui fait ta queuz des gorges blanches Pour ton raseoir affiler,*
> *Qui l'arbre plein de fruits ébranches*
> *Que le riche n'ait que filer,*
> *Qui par long malle sais piler,*
> *Qui lui ôtes au pont les planches,*
> *Dis moi à ceux d'Angivillers*
> *Que tu fais t'aiguille enfiler*
> *Dont tu leur veux coudre les manches...*[35]

Morte dos bravos na luta, perdendo as vísceras por feridas gigantescas, morte dolorosa de Tristão, morte piedosa do menino Vivien — uma grande serenidade sempre subsiste no sofrimento, descrita, contudo, com uma energia própria a fazer estremecer.

---

34 "A morte fá-lo estremecer, empalidecer,/ o nariz curvar, as veias esticar/ o pescoço inflar, a carne amolecer/Juntas e nervos crescer e distender. — "E morre Páris ou Helena/Quem quer que morra, morre dolorosamente;/Aquele que perde o ar e o fôlego/ O fel crava-lhe o coração/ E sua: Deus sabe que suor [...]" — NT.

35 "Morte que tomas as terras francas/ Que fazes amolador de alvos colos/ Para afiares a tua lâmina/ Que podas a árvore plena de frutos,/ Que o rico não fazes senão fiar,/ Que por longos males o sabes moer/ Que lhe tiras da ponte as tábuas/ Conta-me do povo de Angivillers/ Que enfias na agulha/ Aos cujas malhas queres coser..." — NT.

Ao lado desses temas universais, alguns temas são especiais à literatura da Idade Média. Entre outros, o encantamento; assiste-se a um transbordamento da imaginação; o mundo real e seus tesouros não eram suficientes à verve dos contadores: era-lhes preciso retirar-se à fantasmagoria e polvilhar de maravilhas a vida de seus heróis. Frequentemente, esses detalhes imaginários não são mais que figuras que resgatam grandes verdades. A alegoria está entre elas: pode-se achar artificiais tais evocações de qualidades abstratas, tal maneira de fazer dialogar o Doce Pensamento e o Falso Semblante, de invocar a Esperança e de maldizer a Dúvida ou a Traição. É, em todo caso, um indício a mais da vida prodigiosa que anima as letras medievais e que empresta alma, corpo e linguagem a todas as coisas, mesmo às mais imateriais. Sabe-se qual foi o gosto da época por tudo o que é concreto, pessoal, visível. O método alegórico, que se alia curiosamente ao culto da imagem, manifesta novamente esse gosto. É preciso desdenhá-lo *a priori*? A alegoria não parece ser senão a transposição de um mundo invisível ao qual retribuímos um lugar de escolha. Pois não tão longe, em suma, os "debates" aos quais a Idade Média literária se comprouve, aos jogos do inconsciente aos quais a nossa época confere os nomes mais precisos, mas menos poéticos: atos falhos, censura, reflexos e reações mais ou menos conscientes de ser humano.

Não menos profundos em seu significado surgem esses fatos prodigiosos: fontes encantadas jorrando sob os passos dos cavaleiros; palavras de ordem pronunciadas para subjugar as forças naturais; poderes misteriosos que conduzem os homens rumo a seus destinos, e aos quais eles obedecem sem mensurar a abrangência dos seus gestos. A literatura romanesca fervilha de exemplos deste tipo, aos quais alguém como Chrétien de Troyes deu a sua mais alta expressão: a grandiosidade de Ivain e Percival reside no sentido do deslumbramento que acha-se ser ao mesmo tempo tão encantado e tão humano.

Todavia, há também, e sobretudo, a fantasia gratuita, o prazer de reunir os prodígios e de criar um mundo impossível, o gosto pelo absurdo e pelo cômico: cavalo mágico de Cléomadès, zombarias e explorações bufônicas dos pares em *Peregrinação de Carlos*, aventuras de Merlim e de Viviane, ou de Oberon. Neles, obstáculo algum se contrapõe ao fantástico, e as criações, parte engraçadas, parte fascinantes, se sucedem de acordo com os caprichos de uma imaginação desenfreada. Não parece que qualquer outra época tenha suscitado tantas invenções bizarras e tantos contos da carochinha; nisto, a Idade Média doou-se de coração alegre, desta faculdade própria ao homem de tirar de seu intelecto um mundo bizarro, tão distante quanto possível da realidade material; é um jogo mental em que alcançou a excelência.

O gosto pelo absurdo alia-se às preocupações mais nobres, e às vezes mais angustiantes; por exemplo, a este tema de pesquisa, da "busca", que é, com efeito, um dos mais atrativos já conhecidos no âmbito literário, e um dos mais significativos para a compreensão de uma época que por isso aproxima-se de maneira singular da nossa. A obsessão pela partida rumo a um tesouro oculto, a necessidade da descoberta, o desejo pungente da reconquista de um amor perdido é, de uma só vez, muito medieval e muito moderno. Percival é o antecessor de *Grande Meaulnes*; e se, pois, muito de "pequeno Meaulnes" nos deixou um tanto desagradados das canções de infância, resta que o tema de um paraíso perdido, de um "gesto-chave" a cumprir, de uma sede a satisfazer, esse ímpeto incerto rumo a um destino misterioso encontra incansáveis ecos nas letras e no pensamento modernos. O *Graal*, a separação de uma matéria desconhecida aos mortais, a que todos procuram, mas que somente um coração puro poderá recuperar, permanece um dos achados mais sedutores da Idade Média. Naturalmente, a sua interpretação deu lugar a tolices incríveis: análise de origem, de linhagem etc. — ao passo que se trata de dados humanos, e não de um enigma histórico. Certos críticos chegaram a surpreender--se com a postura de Percival, vendo, proibido, passar a separação misteriosa sem ousar perguntar ao seu tema a mínima explicação; e nesta espécie de terror, embora tão natural, tão verdadeiro —

aquele que arrebata quando se lhe toca no objetivo, quando se chega ao inesperado, quando a realidade ultrapassa ambições e desejos —, não se viu mais que um método do poeta para fazer saltar uma ação que se poderia ter completado ali! Pode-se crer, todavia, que semelhante incompreensão não seria mais possível atualmente, pois as reações ocultas da alma humana nos são mais familiares e suas fontes desconhecidas nos foram melhor reveladas do que nas épocas racionais ou sentimentais que nos precederam. Nisto, o ocultismo e, em certa medida, a psicanálise prestaram-nos um grande serviço, apesar dos excessos e os erros dos ocultistas e dos psicanalistas. Ver em Percival ou em Galaad simples heróis de folhetim cujo autor demora-se arquitetando as aventuras mais complicadas é ignorar uma das mais altas criações da mente humana, que encarna a profunda sabedoria e a audácia desconcertante que representa, no mundo, a simplicidade do coração.

E a busca dos cavaleiros errantes também traduz, ao seu modo, esse movimento que caracteriza a Idade Média. Era normal que a febre itinerante de nossos ancestrais deixasse vestígios na literatura. Fora das obras de Chaucer, que são a sua expressão mais direta, ela se encontra nos romances de aventura e na literatura cavalheiresca. Aquele que, na juventude, contenta-se de paisagens familiares e não prova a necessidade de descobrir outros horizontes, "dever-se-ia vazar-lhe os olhos", declara sem rodeios Philippe de Beaumanoir. Assim como a angústia das separações, a Idade Média cantou a alegria das partidas:

> *N'en puis ma grand joie celer*
> *En Egypte vais aller,*[36]

dizia um motete anônimo do século XII. A peregrinação, sob todas as formas, é familiar tanto à literatura, quanto à cidade, fornecendo

---

36 "Não posso minha grande alegria esconder/ Para o Egito eu vou" — NT.

além disso, como todo o resto, matéria para os gracejos: o abuso que por vezes se fazia dela inspirou um capítulo de grande deleite ao autor de *Quinze joies de mariage*.

E, por fim, um tema universal que tornou-se um tema medieval: Deus. Opondo-se diametralmente à teoria que mais tarde devia sustentar a *Arte poética* e os clássicos, a Idade Média buscava em sua fé como na fonte mais pura de toda poesia. Como um fiel, imbuído de sua religião, poderia com efeito abstrair de sua própria substância em sua atividade poética que exige, mais que qualquer outra, a participação de todas as faculdades do ser? Negligenciar o sentimento religioso em poesia, naquela época de fé sincera, não faria mais que mutilar o homem, que introduzir nele uma dissociação e uma negação neste âmbito essencialmente afirmativo que é a poesia, posteriormente condenado a tornar-se artificial e pouco sincero. Também o pensamento de Deus é inseparável da poesia medieval. Desde os companheiros de Rolando, que desabam nos combates invocando Deus, até os cavaleiros do *Jeu de Saint-Nicolas*, cujos anjos acolhem com grande alegria após o massacre sofrido pelas tropas sarracenas, da *Ave Maria* de Beaumanoir à Balada composta por François Villon, ao pedido de sua mãe, para rogar a Nossa Senhora — pode-se dizer que todas as formas de piedade medieval passaram uma a uma pelas suas letras.[37] Como a Idade Média tinha predileção pelo culto da Virgem, sua imagem graciosa — "mais doce flor que a rosa" — anima o todo da poesia, tanto profana quanto sagrada.

---

37 Não é sem surpresa que salientamos a opinião singular do Sr. Thierry Maulnder, em sua *Introdução à poesia francesa* (*Introduction à la poesia française*), na qual, sobretudo, o âmbito medieval é totalmente negligenciado e desconhecido: segundo esta obra, a poesia francesa de todos os tempos, por instinto, o conselho de Boileau e não teve outras divindades senão as da mitologia. Entretanto, há exceções: "Villon, d'Aubigné, Corneille, Racine, escreve-se, diz-se, poemas cristãos, mas existiam para comprar ou pagar o direito de ter escrito poemas que não o fossem". Observamos superficialmente que é difícil crer que Villon só teria escrito a *Ballade des Pendus* para que *Belle Heaulmière* fosse aceito — ou que Corneille só compôs *Polyeucte* para obter perdão por *Horácio*. Também parece difícil eliminar todos aqueles que falaram de um Deus cristão, ainda que para blasfemar o Seu nome, e excluir assim, de uma só vez, todos os românticos, Baudelaire, Rimbaud, Verlaine, Péguy, Claudel, Francis Jammes e tantos jovens poetas contemporâneos. De qualquer forma, o conjunto da poesia medieval contradiz formalmente essa tese.

Alguém como Thibault de Champagne pode procurá-la para que ela cure a sua dor de amor:

Quand dame perds, Dame me soit aidant.[38]

Tanto é verdade que o poeta medieval sente e pensa naturalmente como cristão, mesmo em suas disparidades e prazeres.

Além do mais, a Igreja foi, nessa época, uma inspiradora prodigiosa. Foi ela que fez surgir o teatro; ela que fez vibrarem as multidões nos detalhes da Paixão de Cristo e dos Milagres de Nossa Senhora, e que deu aos jograis as lendas sobre as quais foram construídos os seus relatos. Sem contar as inúmeras prosas, sequências e hinos litúrgicos que emanam diretamente dos clérigos que, pela variedade de suas cadências e pela riqueza de seus ritmos, figuram com honras em nosso patrimônio poético. Pode-se citar, por exemplo, a sequência de Pentecostes atribuída por alguns ao Papa Inocêncio III, por outros, ao rei Roberto, o Piedoso:

Veni sancte Spiritus
Et emit colitis
Lucius tua radium...
In labore requies
In estu temperies
In fletu solarium [...]

Ou ainda esta admirável Oração de Itinerário, de uma prosa simples e, no entanto, habilmente cadenciada:

[...] esto nobis, Domine,
In procinctu suffragium
In via solacium
In estu umbraculum
In pluvia et rigore tegumentum
In lassitudine vehiculum
In adversitate presidium

---

38 "Quando perde-se a senhora/ Que Nossa Senhora me valha!" — NT.

In lubrico baculus
In naufragio portus
Ut, te duce, quo tendimus / prospere perveniamus
Ac demur incolumes / ad propria redeamus [...]

Esta profundíssima arte da poesia litúrgica (as estrofes compostas por Santo Tomás de Aquino para a festividade do Santíssimo Sacramento são genuínas obras-primas) completa-se com o canto gregoriano que alcançou o seu pleno desenvolvimento nas sílabas e nas frases latinas, e realça as suas sonoridades. Os monges de Solesmes, dando a conhecer ao público por intermédio do disco tais tesouros da música sacra, permitiram-lhe também ter contato com uma fonte puríssima de poesia.

Um mero esboço do que foi o âmbito literário medieval permite retificar certas opiniões preconcebidas sobre a literatura francesa. A pretensa indigência de nosso lirismo não é mais real que a pretensa indigência de nossa epopeia. Se a veia poética encontra-se por vezes esgotada pelos entraves impostos à inspiração, não é menos verdadeiro que os primeiros séculos de nossas letras apresentam o florescimento de poetas líricos, que são comparáveis a quaisquer poetas estrangeiros e que talvez não perdessem senão para a Inglaterra, reino de predileção do lirismo até a época moderna. Porém, nossos melhores poetas líricos permanecem desconhecidos ao público francês e lhe serão inacessíveis enquanto não houver esforços de compreensão, da parte deste, e de adaptação, da parte dos editores e dos educadores[39].

Somente esse esforço nos permitiria tomar, enfim, consciência de nosso passado e de seus esplendores: esplendores do pensamento e esplendores da expressão. Pois a literatura medieval é tão rica em gêneros quanto em temas literários. Tudo o que se pode sonhar em termos de formas poéticas encontra nela representação: há o teatro e há o romance; há a história e há a epopeia; sobretudo, a

---

39 Uma *Antologia da poesia lírica da Idade Média*, em preparação, buscará tornar acessíveis alguns desses poetas, atenuando as dificuldades linguísticas.

poesia lírica apresenta-se nela com uma diversidade incrível de aspectos: contos narrativos e romanescos, tais como os *lais* em que se ilustra Maria de França, relatos misturando prosa e verso, como o delicioso *Aucassin et Nicolette*, pastorelas e rondós e *tençons* e *virelais*, *chansons de la toile* e canções de dança, motejes e baladas; a variedade das formas só tem igual na variação dos ritmos e do verso. Aquele adapta-se ao gênero cultivado; geralmente, para a epopeia, é o decassílabo, mas na poesia lírica versos de doze, dez, oito, sete sílabas são empregados alternadamente, com refrões de quatro ou seis pés. Pode-se dizer que a única regra está na cadência exigida pela aparência geral do poema e pelos sentimentos a serem expressos; a armação do verso, a sua finalização, a sua acentuação têm, além disso, mais importância que o seu final, a rima ou a assonância.

Esta aparente liberdade remonta, na verdade, uma técnica extremamente sábia e, quase sempre, extremamente hábil. Ainda não há como medir toda a arte de nossos poetas antigos e a facilidade com que se moviam em meio às dificuldades. A sua cadência tão desembaraçada é, com efeito, uma obra-prima de composição. Alguns poemas dos trovadores franceses, com as estrofes uniformemente compostas pelos mesmos finais, dão testemunho de uma virtuosidade surpreendente, a qual encontra-se em Villon, em Alain Chartier e, em geral, nos poetas do século XV, que elevaram tal técnica à perfeição. Tais são as baladas rimadas das quais Christine de Pisan deixou mais de um exemplo:

> *Fleur de beauté en valeur souverain*
> *Raim de bonté, plante de toute grâce,*
> *Grâce d'avoir sur tous le prix à plein*
> *Plein de savoir et qui tous maux efface,*
> *Face plaisant, corps digne de louange,*
> *Ange au semblant où il n'a que redire* [...]
>
> *Et j'ai espoir qu'il soit en votre main*
> *Maints jours et nuits, en gracieux espace,*
> *Passe le temps, car jà a bien hautain*

Atteint par vous, et Amour qui m'enlace
Lasse mon cœur qui du votre est échange [...][40]

Estão aí os jogos de rimas, que o entanto revelam uma surpreendente destreza. Da mesma forma, o lamento retorna de uma estrofe à outra:

[...] *Si te supplie sur toute chose*
Prie le qu'il ait de moi merci.
Merci requiers à jointes mains
A toi, trésorière de grâces [...][41]

Há também, noutro gênero, os inumeráveis acrósticos, anagramas e passatempo diversos; tudo isso não faz parte do patrimônio poético propriamente dito, mas revela, todavia, o gosto pela perfeição verbal, pela bela linguagem, comum a toda a Idade Média. Nesta arte, Charles d'Oléans mostrou-se o príncipe dos poetas, pelo impecável domínio do verso e da rima, sob uma aparente displicência; não há uma só de suas pequenas peças primorosas, sejam melancólicas, alegrias ou joviais, que não seja prova de uma arte refinada.

É preciso dizer que, nessas questões técnicas, nossos ancestrais eram auxiliados pela flexibilidade excepcional da língua. Muito mais amplo do que o é hoje, o vocabulário, que ainda não havia sido submetido a infelizes depurações das quais desde então foi vitimado, prestava-se maravilhosamente às invenções e às pesquisas poéticas. Como atualmente, não existia qualquer distinção entre estilo nobre e estilo vulgar; a língua era enriquecida particularmente com toda a gama de termos de ofício, inesgotável reservatório de

---

40 "Flor de beleza de valor supremo/ Ramo de bondade, planta de toda graça/ Graça de ter sobre todos o prêmio pleno/ Pleno de saber e quem todos os males apaga,/ Face agradável, corpo digno de louvor,/ Semblante de anjo, em que não há mais que repetir... — "E tenho esperança que em vossa mão/ Muitos dias e noites, em gracioso espaço,/ Passe o tempo, pois já vai alto/ Tocado por vós, e o Amor que me enlaça/ Laça meu coração que pelo vosso é trocado..." — NT.

41 "[...] Se vos suplico por algo/ Rogo que tenhais piedade de mim./ E de mãos postas agradeço/ A ti, depositária das graças [...]"— NT.

imagens das quais os séculos posteriores foram privados. Havia também facilidade para formar composições, para transpor em substantivo o infinitivo de um verbo, de utilizar palavras dialetais e termos territoriais. Tudo isso formava uma língua cheia de viço e de exuberância, capaz de sobrar-se às sutilezas da arte poética, com alegria e audácia. Se houve uma época em que se usou plenamente a magia verbal, e que se saboreou todo o valor de uma palavra bem incorporada e de um achado vocabular, essa época foi a Idade Média. Chegou-se ao ponto de empregar pura e simplesmente malabarismos de palavras encadeadas umas às outras nos *Fatras* extraordinários que não são nem mais, nem menos que a utilização do "automatismo" ao qual os surrealismos modernos recorreram; cada palavra sugere outra, e o poeta deixa-se conduzir pelo apelo de imagens sucessivas e de sonoridades, sem que intervenha a ordem do pensamento e da lógica:

> *Le chant d'une raine*
> *Saine une baleine*
> *Au fond de la mer*
> *Et une sirène*
> *Si emportait Seine*
> *Dessus Saint-Omer.*
> *Un muet y vint chanter*
> *Sans mot dire à haute haleine* [...][42]

É puro jogo verbal, e não se nos apresenta certo encanto pelos eventos correntes.

Este senso do sabor da palavra, da cadência da frase, foi além do âmbito literário na Idade Média. Toda a linguagem da época — a de *Crieries de Paris*, como a dos chamados dos marujos — dão testemunho de uma preocupação com o ritmo que retorna atualmente em forma de *slogan* publicitário. As regras do direito, as fórmulas

---

42 Em tradução livre: "O canto de uma rã / Uma baleia sã / Ao fundo do mar / E uma sereia / Se toma o Sena / Acima de Saint-Omer. / Um mudo ali veio cantar / Sem dizer palavra em alta voz [...]". — NT.

jurídicas, os ditados — aqueles, por exemplo, reunidos por Antoine Loisel — carregam consigo a marca desse impressionante zelo pela expressão, com um olhar espontâneo e direto que mostra bem que se tratava de uma capacidade natural de exprimir-se com alegria, talvez porque o intelecto ainda não havia absorvido em seu benefício as outras faculdades e codificado como o resto o poder da afirmação. Todas as expressões que nos restam e que empregamos sem nos darmos conta da nobreza de sua origem — "neves de antanho", "estar como o pássaro no ramo", ou "como cão e lobo", "comer o trigo em germe", "nem carne, nem peixe" etc. — dão testemunho, em sua voltagem poética ou familiar, porém sempre expressiva, de uma intuição muito viva da eficiência verbal.[43]

---

43   Dado o contexto linguístico, as expressões mencionadas pela autora foram aqui traduzidas em seu sentido literal, não adaptadas a expressões idiomáticas equivalentes em português — NT.

As artes

A nossa época, que se livrou dos últimos resquícios dos preconceitos clássicos, e sobre a qual os dogmas da antiguidade não têm mais poder, tem constituição melhor do que qualquer outra para penetrar na arte da Idade Média: ninguém hoje em dia sonharia em indignar-se com os camelos verdes do *Psaultier de Saint-Louis* e os artistas modernos fizeram-nos compreender que, para dar a impressão de harmonia, a obra de arte deve levar em conta a geometria, e a decoração se submete à arquitetura.

Redescobrimos a arte medieval com mais facilidade do que a literatura do mesmo período, porque podemos apreciá-la diretamente; compreendemo-la ao percorrer, pedra por pedra, em nossas catedrais, em nossos museus, os vestígios dispersos na Europa. Os progressos da técnica fotográfica permitem que se conheça as maravilhas que encerram nossos manuscritos à miniatura e os quais até então apenas alguns iniciados podiam apreciar; chegamos ao ponto de restituir-lhes as cores, alcançando rara fidelidade — coisa de que dão testemunho as admiráveis publicações da revista *Verve*, das Editions du Chêne ou de Cluny etc. À medida que o nosso conhecimento da Idade Média é aprofundado, nosso gosto despoja-se da atração pela falsa Idade Média: o gótico do século XVIII, como a catedral de Orléans, tão lamentavelmente defendida pelos românticos como um modelo do gênero, o excesso de ardor das restaurações, quimeras e gárgulas das quais a ornamentação do último século fez tão deplorável abuso, comoventes teorias sobre a origem de nossas catedrais, derivadas do *Gênio do cristianismo*. Nossa visão atual é, ao mesmo tempo, mas autêntica e mais bela.

O que se destaca com mais evidência é o caráter sintético da arte medieval; as criações, cenas, personagens, monumentos, parecem ter surgido de um só jorro, dada a sua vivacidade e a força com que exprimem o sentimento ou a ação que lhes é dado traduzir. Naquela época, toda obra é, à sua maneira, uma Soma, unidade poderosa, mas na qual, sob a fantasia aparente, entra em jogo uma profusão de elementos, sabiamente subordinados uns aos outros; sua força provém antes de tudo da ordem que presidiu à sua criação. A arte, mais que o engenho, é então o prêmio de uma longa paciência.

Contrariamente ao que poderia fazer crer a fantasia que parece presidir aos seus achados, o artista estava longe de ser livre; obedecia a obrigações de ordem exterior e de ordem técnica que regravam ponto por ponto as etapas de sua obra. A Idade Média ignorava a arte pela arte e, naquela época, a utilidade determinava todas as criações. É além desta utilidade que as obras tiram o seu princípio de beleza, residindo numa harmonia perfeita entre o objeto e o fim para o qual ele fora concebido. Neste sentido, os objetos mais comuns à época nos parecem agora revestidos de uma genuína beleza: um jarro, um caldeirão, um cálice, ao qual os museus atualmente fazem honras, nem sempre tinham outros méritos além dessa perfeita adaptação às necessidades às quais são uma resposta. Num outro plano, o artista medieval preocupava-se antes de mais nada com a razão de ser de suas criações. Uma igreja é local de oração e, se a arquitetura de nossas catedrais variou segundo os tempos e as províncias, é porque relacionava-se estritamente às necessidades do culto local. Nenhuma capela, nenhum vitral foram realizados gratuitamente ou acrescidos por pura fantasia; da mesma forma, na arquitetura civil ou militar, onde todos os detalhes de um calabouço, de uma torre ameada, obedecem às comodidades da defesa e se modificam à medida que as armas ofensivas evoluem. Pode-se dizer que o primeiro elemento da arte é, portanto, a oportunidade.

AS ARTES

Em seguida, vêm as exigências técnicas. Em primeiro lugar a matéria-prima, que é objeto de uma pesquisa muito complexa: a madeira, o pergaminho, o alabastro e a pedra que deverá servir ao artista são submetidos à preparação apropriada. É por isso que um carpinteiro da Idade Média jamais emprega outra coisa que não o cerne da madeira, sua parte mais firme; as carpintarias medievais são, assim, extremamente leves e, todavia, resistentes a toda prova; hoje em dia, nossas florestas não poderiam mais nos fornecer madeiras tão belas e causa uma estranha impressão passar, em Notre-Dame por exemplo, da parte antiga ao telhado, onde finos feixes alegremente dão suporte à cobertura do edifício, e à parte recente, coberta com vigas enormes, e no entanto mais vulneráveis que as outras à corrosão pelo tempo e pelos insetos. Observamos que não se encontram aranhas nas carpintarias antigas, porque nelas não se podiam alojar nem larvas, nem moscas. De acordo com a parte que desejasse extrair da pedra, o escultor talhava-a diretamente na pedreira, ou, pelo contrário, deixava-a "verter sua água" antes de abordá-la; o tapeceiro escolhia cuidadosamente as suas lãs e as suas sedas; o pintor, as suas cores. A obra é, assim, precedida de um trabalho minucioso, de uma verdadeira gênese, em cujo curso a criação repete-se e adapta-se perfeitamente ao gênero escolhido. A localização da obra será, ela própria, objeto de semelhante pesquisa. Um escultor preocupa-se sempre com o ângulo sob o qual a sua estátua deve ser vista; as estátuas colocadas nas cumeeiras da catedral de Reims que, retiradas de suas bases, são de uma estranha feiura, adquirem toda a sua beleza quando as vimos em perspectiva desde baixo do edifício.

Por outro lado, são exigências tradicionais que o artista não pode se permitir desprezar e que formavam um quadro bastante estrito à sua inspiração. Para ater-se a ele na arte sacra, por exemplo, todas as cenas, todos os personagens são acompanhados de determinados atributos: o Anjo e a Virgem da Anunciação, a Sagrada Família e os animais da Natividade, o apóstolo, os dois discípulos e as santas mulheres da Deposição da Cruz; o Cristo do julgamento final é sempre enquadrado em glória e envolto pelos símbolos dos quatro evangelistas; São Paulo tem em uma mão a espada, e São Pedro, as chaves. Nenhum desses temas deixa ao artista grande liberdade e, todavia, através de um curioso feito extraordinário, não há, na inumerável teoria das Virgens medievais, duas visões da Virgem que se pareçam. Nos limites estritos do que lhes eram incumbidos, os artistas conseguiram evitar a banalidade, as atitudes convencionais, clássicas. A sua feitura, no mais dos casos anônima, é sempre fortemente caracterizada. Para obter essa originalidade na expressão das cenas mais comuns, para criar seres onde seria fácil contentar-se com modelos, era necessário um vigor singular de temperamento e de imaginação. O academismo se introduziu na arte precisamente no momento em que a inspiração parecia não ser mais limitada, em que a arte sacra tornava-se cada vez menos tradicional e litúrgica, enquanto que a arte profana tomava cada vez mais amplitude.

Além das exigências técnicas propriamente ditas, havia a visão particular de cada forma de arte e, na Idade Média, tal visão era muito encorajada; a cada atividade correspondia uma ordem, uma harmonia caracterizada: a tapeçaria é diversa dos quadros; o vitral não é uma pintura; as leis da perspectiva são diferentes para uns e outros. No dia em que tapeceiros e mestres vidraceiros passaram a copiar o pintor, a querer, através de artifícios de cores ou construindo "fundos" arquitetônicos, obter um relevo e poupar-se de muito planejamento, a sua arte terá entrado em decadência. Paralelamente, o ourives não deve imitar o marmorista, nem o esmaltador o miniaturista. Cada qual deve, na obra que projeta, levar em conta a beleza própria à matéria com que trabalha, ter a *sua* perspectiva, a *sua* composição, a *sua* concepção individual, em vez de inclinar-se à uniformidade e à imitação. Posteriormente, o âmbito artístico viu certa desordem ser introduzida nas diferentes disciplinas, e a decadência das artes menores é facilmente explicada por essa confusão. Ainda outras vezes, foi um excesso na técnica que precipitou a decadência; temos disso um exemplo na evolução do vitral: nos vitrais dos séculos XII e XIII, as cores são singelas, os vidros, espessos e desiguais, cheios de bolhas de ar e de impurezas através das quais atua a luz, e segurados por chumbos mais espessos que largos, que delineiam o desenho sem torná-los pesados; quando, porém, o mosaico de vidro colorido é substituído pela pintura sobre o vidro; quando, em vez de ser talhado em ferro em brasa, o vidro passou a ser cortado a diamante — o que lhe dá um corte mais nítido, mais regular, exigindo suportes de chumbo com aletas muito mais largas — o vitral deixou de ser uma composição viva; o vidro mais fino, melhor acabado, deixa transparecer uma claridade uniforme, e logo o vitral não passava de um vidro colorido, baço e sem resplendor. Isso correspondeu, além disso, ao gosto das diferentes épocas: o século XVIII, em seu ódio à cor, chegaria ao ponto de substituir as belas vidrarias medievais, quase todas ainda intactas, por vidros brancos.

O artista medieval adquiria a visão própria à sua arte através de um longo aprendizado. Raoul Dufy indica que, então, não havia tensão entre a inspiração e a realização; e acrescenta: "será que nossos problemas não vieram da ruptura deste equilíbrio entre matéria e espírito e, em vez de buscar soluções estéticas, não devemos buscar as soluções do ofício?".[1] Com efeito, é pelo ofício que o artista da Idade Média conquistava de uma só vez tal domínio da matéria e tal originalidade de expressão que ainda nos deixam impressionados. A precisão de sua técnica é extremamente instigada, pois ele não deixa de ser um artesão ao lado de quem, apesar da especialização moderna, nossos artistas atuais com frequência pareceriam improvisadores ou semiamadores. O pintor, o mestre vidraceiro, em nada ignoraram os segredos que regem a dosagem dos pigmentos e a cozedura do vidro; preparam eles mesmos as suas cores ou mandam-nas preparar em suas oficinas segundo os segredos do ofício cuidadosamente transmitidos e aperfeiçoados do mestre ao aprendiz; o arquiteto

---

[1] Em artigo publicado em *Beaux-Arts*, edição datada de 27 de dezembro de 1937.

permanece um mestre de obras a trabalhar no canteiro, junto aos operários, tomando parte direta em sua empreitada da qual não lhe escapa detalhe algum, pois ele mesmo percorreu uma a uma todas as etapas do ofício.

Todos esses elementos compõem a personalidade do artista, e é o seu gênio pessoal que os torna unidade. Mas, qualquer que seja o seu talento, é incrível ver o cuidado que ele emprega na composição de sua obra. Quando estudamos um quadro primitivo, surpreendemo-nos ao descobrir uma ordem rigorosa sob a aparência fantasista ou desordenada do conjunto. Na admirável *Pieta*, de Villeneuve-les-Avignon, por exemplo, não há uma linha, não há um detalhe de personagens ao redor do corpo de Cristo que seja de graça: tudo é subordinado ao cadáver exangue e retesado que está no centro da cena; os outros atores não fazem mais que uma espécie de quadro, sujeito aos contornos do corpo que suas vestes drapeadas seguem à perfeição, como as curvas de um manto d'água prolongam a silhueta de um navio. Outros quadros são construídos em círculos, sem que a sua regularidade geométrica, que um olho treinado é capaz de identificar, fosse traída pela menor rigidez; certos afrescos do Fra Angelico são muito notáveis deste ponto de vista. O agrupamento dos personagens da *Crucifixão* de Venasque também é muito sábio: aos inimigos de Cristo, fariseus, soldados, ladrão mau à direita do quadro; o bom ladrão e as santas mulheres, à esquerda, são-lhes uma réplica perfeita. Em *Wilton Diptych*, a atitude dos santos protetores e o movimento de seus braços, no painel esquerdo, acompanham o jovem rei, ao passo que, à direita, os anjos movem as suas asas numa espécie de corola que enquadra a Virgem. E no entanto, em todas essas obras de perfeição tão comovente, será possível reprovar o mínimo espírito de sistema, a mínima parte tomada?

Se analisarmos mais particularmente a noção que se teve na Idade Média da beleza plástica, perceberemos que, ao contrário do que se poderia crer, a sua visão artística ultrapassa infinitamente neste quesito a da Antiguidade. Na representação do corpo humano, como o é geralmente em todas as artes, a Antiguidade adotou um ponto de vista estatístico: pintores, escultores e arquitetos obedeciam aos cânones — e não, como os artistas medievais, a dados empíricos ou a necessidades de ordem prática. Guiavam-se segundo exigências geométricas: proporções entre as diferentes partes do rosto, leis de equilíbrio dos corpos etc. — e, no conjunto, chegavam a um tipo idealizado, a uma espécie de perfeição monótona, que repete indefinidamente o mesmo modelo ou os mesmos estilos. A Idade Média também tinha conhecimento dos dados geométricos de equilíbrio entre as diferentes partes do corpo; nenhuma das leis fundamentais da beleza plástica lhes escapava; no caderno de Villard de Honnecourt, os corpos esboçados são decompostos em figuras que os cubistas não teriam renegado: triângulos, cones, paralelepípedos; os grupos de lutadores nele são, antes de mais nada, representados em linhas fragmentadas, em curvas desenhadas ao compasso etc. Contudo, uma vez concluído esse trabalho de estudo, em posse de seu método e de sua técnica, o artista capta o homem em seu conjunto e anima com o sopro da vida o corpo por ele criado: deformados pela paixão, retorcidos pela dor, magnificados pelo êxtase. Ele surpreende o ser em suas atitudes mais humanas, mais naturais, mais intensas. Foi então, segundo a ótima colocação de Claudel, "o movimento que criou o corpo"; basta ter visto esses seres contorcendo-se de alegria, desfigurados pela cólera, torturados pela angústia, que percorrem os antigos capitéis de Saint-Sernin de Toulouse, no Musée des Augustins — o rei Herodes inclinando-se na direção de Salomé, o Cristo revelando-se perfurado ao apóstolo Tomé, num gesto de eloquente veracidade e força — para compreender o segredo da arte medieval: ela encontrou a beleza humana no dinamismo da vida humana, não somente na expressão total do indivíduo, como ainda em sua realidade inata. Para convencermo-nos disso, basta contemplar os tumultuosos e estremecidos personagens que animam o tímpano de Vézelay ou de Moissac, ou as figuras delicadas e sempre diversas que são, em cada página do Saltério de São Luís ou de Branca de Castela, uma surpresa e uma emoção renovadas. A sinceridade lhes foi a regra mais segura para alcançar a beleza; sinceridade na visão interior e a observação exterior, com a fidelidade na expressão, e essa faculdade de fundir num todo harmonioso a inspiração e o método, o gênio e o ofício.

~

A expressão mais completa da arte medieval na França encontra-se em sua arquitetura, em suas catedrais, onde quase todas as técnicas foram empregadas. Não que a arte profana tenha sido inexistente: são numerosas as cenas alegóricas, ou retiradas da Antiguidade, e ainda mais numerosos os retratos, os quadros guerreiros, campestres ou idílicos, de onde a natureza jamais se ausenta. Mas foi nas catedrais que ela depositou toda a sua alma.

Crê-se — e não por acaso — que a arquitetura medieval cumpriu-se ainda mais na França que em qualquer outra parte. Poucas de nossas vilas guardam qualquer vestígio, sob a forma às vezes muito humilde de um simples pórtico imerso na alvenaria moderna, ou às vezes sob a forma de uma magnífica catedral, desproporcional com a aglomeração que a cerca atualmente. A serenidade um tanto maciça dos edifícios romanos é realçada com uma decoração agitada e turbulenta, com cenas de uma grandiosidade vertiginosa, tiradas do Apocalipse, e banhadas ainda de influências orientais. Uma evolução dessa arte deu origem ao cruzamento da ogiva com a arquitetura gótica, da qual nosso país, o próprio coração de nosso país, a Île-de-France, talvez tenha sido o berço. O arco em ogiva daria aos nossos arquitetos a autorização necessária a todas as ousadias e permitiria a realização perfeita da arte francesa da Idade Média, em sua melhor época, nos séculos XII e XIII.

Conforme observamos mais de uma vez, os templos antigos eram aterrados; suas colunas maciças, a regularidade absoluta de seu plano, os cânones que nela determinam a disposição e a decoração, suas linhas horizontais — tudo nelas opõe-se às nossas catedrais, onde a linha é vertical, onde a flecha aponta para o céu, onde a simetria é desprezada sem que a harmonia seja comprometida, onde, por fim, as exigências da técnica aliam-se à fantasia de mestres de obra com uma facilidade desconcertante. Examinando de perto uma catedral gótica, somos tentados a ver nela uma espécie de milagre: milagre de colunas que nunca se encontram em fileira rigorosa e, no entanto, suportam o peso do edifício; milagre das abóbadas que torcem, entrecruzam-se, viravoltam e se sobrepõem; milagre de paredes perfuradas, nas quais frequentemente há mais vidro que pedra; milagre, enfim, de todo o edifício, maravilhosa síntese de fé, de inspiração e de piedade.

Nos monumentos antigos, um simples capitel redescoberto permite-nos reconstruir um templo inteiro; encontrássemos três quartos de uma catedral gótica, seria impossível reconstituir a quarta parte. Entretanto, apesar desta desordem aparente, nenhuma obra impõe à arquitetura mais regras e obrigações que a construção de uma igreja: orientação, iluminação, necessidades cerimoniais, necessidades materiais provenientes da natureza do solo ou de sua localização — são tantas dificuldades que quase sempre o mestre de obras parece ter resolvido brincando; certas igrejas, como a de Strasbourg, são construídas sobre brejos e águas subterrâneas; outras, como por exemplo a Saintes-Maries-de-la-Mer, ou algumas igrejas da região do Languedoc, são fortalezas nas quais a própria obra deve representar uma defesa. O conhecimento geral da liturgia facilita, além disso, a tarefa do artista que se dobra quase por instinto às suas exigências; desta forma, atualmente, na maioria das vezes o altar é elevado para permitir que os fiéis acompanhem visualmente as celebrações; anteriormente, associava-se a elas através do canto e das orações vocais, donde o cuidado extremo dedicado à acústica: a alternância de pilares, o desenho das abóbadas etc. Sobretudo, há o problema da luz. Certas épocas preferiam as igrejas sombrias, nas quais a escuridão, pensava-se, favorecia o recolhimento. A Idade Média, porém, amava a luz: sua grande preocupação era ter santuários sempre mais claros, e pode-se dizer que todas as descobertas da técnica arquitetônica tendiam ao manejo de espaços maiores livres na construção, para que as vidraçarias imensas pudessem sempre deixar transpassar mais os raios de sol e iluminar sempre mais o esplendor dos ofícios religiosos; em Beauvais, por exemplo, a pedra serve apenas para definir as paredes do vitral, com uma leveza assombrosa e até excessiva, visto que o edifício jamais poderia ser continuado para além do transepto.

E no entanto, ainda mais que a beleza, visava-se a solidez; não teremos compreendido nada de uma catedral gótica se não souber-mos que o volume de pedras fincado no solo para a sua fundação ultrapassa o volume de pedras que erguem-se rumo ao céu. Sob essa casca de fragilidade, sustentam as colunetas graciosas e as flechas vazadas, esconde-se uma poderosa armadura de pedra, obra paciente e robusta. Toda obra da Idade Média tinha essa base sólida, que a primeira vista não revela, tão bem ela sabia velar-se de encantos e de leveza.

Também para a decoração a beleza não vinha senão da utili-dade. Não havia um detalhe de ornamentação que não estivesse subordinado a um detalhe da arquitetura; nada era deixado ao acaso naquilo que nos parece a pura exuberância da imaginação. Em certas igrejas, os painéis esculpidos seguem rigorosamente a disposição do aparelho: é bastante visível em Reims, no famoso baixo relevo da *Comunhão do Cavaleiro*. Por vezes, divertimo-nos com a rigidez, com a "ingenuidade" (sempre!) de certas estátuas, como com as que ornam o portal de Chartres; mas, na realidade, é a rigidez desejada e nada ingênua, sendo a estátua, em desenho, nada mais que a animação do ser, e suas linhas devendo inclinar-se às linhas retas e estreitas de uma fileira de colunas.

Ao contemplarmos essas pedras cinzas de nossas catedrais e de suas esculturas, nos veremos tentados a ver nelas o triunfo do desenho; na realidade, a cor irrompia por todo lado: não somente nas pinturas ou no vitral, mas também sobre a pedra. Não é exato falar do tempo em que as catedrais eram "brancas": nelas, a resplandecência da cor, tanto no exterior como no interior, prolongava a da luz; era um mundo cintilante em que tudo se animava. Certamente, as tintas eram sabiamente administradas: às vezes vivas e exuberantes, elas cobriram em vastos afrescos espaços monótonos; um conjunto tal como o de Saint-Savin, ou os restos de pintura de Saint-Hilaire de Poitiers, bastam para dar ideia do efeito produzido. Além disso, elas ressaltavam com um simples traço a curva de uma ogiva, faziam destacar-se uma aresta ou projetar uma viga. Também as esculturas eram reavivadas com elas: não aquelas nuances desvanecidas que construíram justamente a infeliz reputação de modernos "objetos de piedade", mas tintas fortes, unindo-se à pedra, e cujos vestígios, infelizmente muito raros, manifestam a maestria com a qual a Idade Média soube manejar a cor, e a ousadia que ela pôs em funcionamento: também em suas catedrais, o mundo medieval é um mundo colorido. Infelizmente, é raro encontrar além dos museus — isto é, fora de seu quadro e instalados em condições diversas daquelas para as quais foram criados — os quadros e as estátuas pintadas que serviam de ornamentos antigamente. Apenas os vitrais, como por exemplo os de Chartres ou de Saint-Denis, permitem-nos imaginar a intensidade e a perfeição das cores medievais, com os manuscritos em miniatura que nossas bibliotecas conservam zelosamente — com demasiado zelo, talvez.

Fora dos temas de decoração propriamente religiosa: cenas bíblicas mostrando as correspondências entre o Antigo e o Novo Testamento, detalhes da Virgem e dos Santos, quadros grandiosos do Juízo Final ou da Paixão de Cristo — pintores e escultores extraíam boa parte do que a natureza lhes colocava diante dos olhos; toda a flora e a fauna de nosso país renascia sob seus pincéis ou seu cinzel, com uma precisão, uma vista de naturalista, misturando-se àquelas que sua fantasia lhes sugerisse. Pôde-se estudar, no portal das catedrais, as diferentes espécies reproduzidas e ali encontrar flores e folhagens de Île-de-France, aqui em botão, ali em pleno florescimento, acolá — particularmente na época esplendorosa — sob o aspecto despedaçado da folhagem outonal. Com a mesma facilidade, eles utilizavam os motivos da decoração geométrica, folhagens, entrelaçamentos, animais estilizados para os quais o Oriente lhes fornecera o modelo, e que os monges irlandeses faziam reviver, com singular exuberância, em suas iluminuras.

O que ainda escapa à ciência moderna — ainda que se tenha dado um grande passo nesse sentido nos últimos anos, graças, sobretudo, aos trabalhos admiráveis do Sr. Émile Mâle — é o simbolismo das catedrais. Ainda não compreendemos a fundo o "porquê" dos detalhes da arquitetura ou da ornamentação que os compõem; sabemos apenas que todos esses detalhes têm um sentido. Nenhuma das figuras que oram, que se encolhem ou que gesticulam foram colocadas lá gratuitamente: todas têm o seu significado e constituem um símbolo, um signo. Descobriu-se recentemente o simbolismo das pirâmides do Egito, nas quais — sem nem sequer levar em conta os exageros de certos ocultistas — deve-se ver o testemunho de uma ciência profundíssima, de verdadeiros monumentos da geometria, da matemática e da astronomia; resta-nos descobrir o simbolismo das catedrais, dessas igrejas familiares que são um chamado à oração, ao recolhimento, à talvez mais maravilhosa das sensações humanas, que é o espanto. Não acessamos completamente o seu segredo, longe disso. Esses vitrais, nos quais simples camponeses leem como num livro, nossos estudiosos ainda não foram capazes de encontrar a interpretação completa; essas paisagens, que antigamente uma criança seria capaz de nomear, nem sempre nos é possível identificar. Sabemos que as catedrais eram orientadas, que seu transepto reproduzia os dois braços da Cruz, mas ainda nos falta uma porção de noções para que possamos penetrar em seu mistério. A sua construção participa da ciência dos números: números esses que são a harmonia do mundo e que a liturgia católica consagrou. O 3 é a cifra da Trindade, cifra divina por excelência, que restitui a unidade, e o número das virtudes teologais. O 4 é a cifra da matéria, dos quatro elementos, dos quatro temperamentos humanos, dos quatro evangelistas, tradutores da Palavra de Deus, e das quatro virtudes cardeais, aqueles que o homem deve praticar na conduta de sua vida terrestre. O 7, que reúne o divino e o humano, é a cifra do Cristo e, depois dele, a cifra do homem redimido: os quatro temperamentos físicos unidos às três faculdades mentais: o intelecto, a sensibilidade e o instinto; ao passo que outra combinação de 3 e de 4 dá 12, a cifra do universo, os doze meses do ano, os doze signos do zodíaco, símbolo do ciclo universal. Nosso sistema métrico não levou em conta esses "números-chave", mas se deve notar que a sua numeração, um tanto abstrata e rudimentar, não poderia ser adaptada, por exemplo, às fases solares e lunares, e permanece substituída, em quase todos os nossos campos, por medidas ao mesmo tempo mais simples e mais perspicazes. Tudo isso sugere uma ciência oculta mais profunda do que desconfiamos até então, e a iconografia — que, sob a sua forma científica, encontra-se em estágios iniciais — poderá abrir daqui em diante certas perspectivas ainda ignoradas.

Por ora, devemos nos contentar com a admiração da maneira com que os artistas da Idade Média foram capazes de fazer suas casas de oração como a síntese e o apogeu de sua vida e de suas preocupações. Tais locais eram não somente o testemunho visível de sua fé, da ciência sagrada e profana, da liturgia, como ainda eram o reflexo de suas ocupações cotidianas: ao lado de um "Juízo Final" magistral, um resumo vívido da majestade divina e dos fins últimos do homem, vê-se camponeses fazendo coroas de flores, aquecendo-se perto do fogo, matando um porco. E, nisto, encontra-se também o testemunho desse robusto senso da beleza que nossos ancestrais possuíam, de seu amor pela vida, de sua imaginação errante, sempre inventando novas formas (será que se sabe que não se verá jamais lado a lado duas folhagens idênticas, na ornamentação medieval?) — de sua verve alegre, que não podiam conter, mesmo na igreja —, certos rostos de vitrais são puras caricaturas e certas estátuas, gracejos divertidos.

Como não se surpreender, além disso, com este frenesi de construções ao qual assistem os séculos XII e XIII, e que só desacelera nos dois séculos seguintes: as enormes massas de pedra transportadas de sua pedreira ao lugar do edifício, esse mundo de escultores, talhadores de pedra, carpinteiros, pintores, operários e trabalhadores e, cada vez mais, a assombrosa atividade das oficinas em que se tratava o vidro. Uma catedral como a de Chartres não comporta menos que 144 janelas altas: toda a emoção artísticas à parte, imagine-se o trabalho gigantesco envolvido nesta imensa superfície de vidro, ou antes de porções reunidas de vidro; trabalho dos desenhistas, dos que fundiam o chumbo, dos que talhavam o vidro, da multidão de artistas anônimos cujos esforços conjuntos fizeram uma imensidão de cores irradiar no interior do edifício, e que conseguiram ainda os jogos de sombra e de luz nas bordas das ogivas facetadas, as gárgulas dos capitéis profundamente cavadas, os toros cilíndricos ou diamantados, as colunas onde perspicazes alternâncias administram uma variedade ininterrupta de claros e de escuros. Contrariamente ao que se crê, obras-primas semelhantes eram construídas rapidamente, e não há hesitação quanto a demoli-las para melhor construí-las. Maurice de Sully, para reconstruir Notre-Dame, destruiu a igreja construída apenas setenta anos antes; em Laon, o bispo Gautier de Mortagne ergueu, por volta de 1140, uma igreja gótica, no lugar da igreja romana que, contudo, não datava de antes de 1114.

E não menos admirável é a continuidade, a unidade, poder-se-ia dizer, desse esforço imenso dos construtores. As gerações que se sucedem formam um todo; tradições e segredos de ofícios são transmitidos sem conflitos, e não se teme, à medida que se avança na construção ou em reconstruções parciais, o uso de todos os aperfeiçoamentos da técnica: os arcobotantes do século XIV serviram de apoio a uma nave do século XIII, e o conjunto permanece harmonioso — ao passo que seria impossível, por exemplo, conceber uma janela ao modo de Corbusier num edifício do estilo dos anos 1900; e, no entanto, menos de trinta anos os separam um do outro;

AS ARTES

enquanto que, no castelo de Vincennes, pode-se ver lado a lado duas janelas abertas com cem anos de distância, e que parecem feitas para se avizinhar, ainda que totalmente diferentes em termos de arte e de arquitetura. Eis aí o motivo de certas restaurações muito conscienciosas não alcançarem mais que a desfiguração dos monumentos que lhes caem vítimas, porque se está aplicado em refazer tudo numa mesma ordem, constrangendo-se com regras e cânones que jamais existiram na mentalidade dos construtores e, onde eles atingiram sem esforço a harmonia, não conseguimos produzir mais que a uniformidade. As evoluções da arte medieval explicam-se quase sempre por um aperfeiçoamento na técnica, como os detalhes de ornamentação pelas necessidades da arquitetura: não se teria esculpido gárgulas se estas não servissem de calhas para expelir a água; da mesma forma, se a rosácea de estilo gótico, de quebras marcadas, viu suas curvas suavizarem-se e tomarem a forma característica do estilo esplendoroso, foi para facilitar o escoamento das águas da chuva, que, congelando no ângulo em que se detinham, com frequência faziam com que a pedra se despedaçasse. Há, assim, atravessando arte medieval, um elemento de harmonia que um exemplo ilustra com uma justiça impressionante: no início da arte gótica, o botão de flor é um motivo corrente de ornamentação; era então o período das ogivas marcadas, de rosáceas pequeninas; mais adiante, o botão parece abrir-se, germinar; era a época dos arcos lanceolados, das grandes rosas florescidas; enfim, no século XV, o botão tornou-se flor, e embora a escultura se exaspere em formas mais que humanas, retorcidas e dolorosas, os suportes se abrem, as curvas se suavizam, o arco exuberante conclui a evolução.

Poderíamos escrever longas páginas sobre a música medieval, que iniciativas recentes dão honras, tanto com ciência, quanto com gosto. Não há testemunho mais eloquente a invocar senão o de Mozart, que disse: "Eu daria toda a minha obra para ter escrito o *Prefácio* da missa gregoriana".

As ciências

A ciência medieval se apresenta para nós sob fachadas desconcertantes — desconcertantes a tal ponto que se reserva a levá-la a sério. É que, ao contrário de nossas ciências exatas, ela não é o apanágio apenas do intelecto; seu âmbito permanece relacionado ao da imaginação e da poesia. Além disso, ela tem sido assim desde a Antiguidade. A forma primeira de História é a lenda e, até a época moderna, foram poucas as descobertas científicas que passaram, de alguma maneira, na tradição popular, sob forma de poema, de rito religioso, de segredo de ofício. Ainda temos exemplos deste quadro poético ao recuperarmos noções científicas reais: era assim que certos povos da África descobriram, dizem-nos, a imunização contra a varíola, e a praticaram no decorrer de uma cerimônia que reveste o aspecto de uma iniciação; o que chamamos de "vacinar" eles chamavam de "expulsar o espírito maligno" — ou coisa do tipo —, mas a operação permanece a mesma.

A ciência medieval conserva esse caráter folclórico e isso explica muitas de suas contradições. Quando da Exposição dos mais Belos Manuscritos Franceses, ocorrida em 1937 na Bibliothèque Nacional, um bestiário do século XII mostrava, lado a lado, em duas folhas de frente uma para a outra, duas miniaturas, uma representando um elefante perfeitamente reproduzido, correto em desenho e proporções; e a outra um dragão de asas abertas: imagem admirável da ciência e da natureza na Idade Média. Não é ignorância, é que, de modo simples, a imaginação e a observação são colocadas no mesmo plano. Há muito escandalizamo-nos com a trama de "absurdidades" que nos é fornecida por uma obra tal como *Imago mundi*, de Honório d'Autun: os *Scinopodes* de uma perna só, os *Blemyes* cuja boca se abre no meio do ventre. Resta saber se o autor acreditava nisso mais do que nós o cremos, ou se, considerando a natureza como um vasto reservatório de maravilhas, ele não terá deixado a imaginação rolar solta, convencido de permanecer abaixo da verdade? Quando se imagina a superabundância de estranhezas que o universo encerra, um título como o de *Imagem do Mundo* não lhe concederá a autorização para toda fantasia? Sabemos agora que existem pigmeus, negros em planaltos, mulheres-girafa, cujos pescoços possuem uma vértebra adicional. Tudo isso não é mais extraordinário do que "homens de orelhas grandes" esculpidos no tímpano do portal de Vézelay? Sabemos que há beija-flores, borboletas fosforescentes, flores carnívoras, sem falar desses seres inverossímeis, aranhas gigantes, polvos fantásticos, encerrados na flora e na fauna submarinas. Que inconveniente haveria em inventar o unicórnio ou o dragão?

É preciso ainda contar com a aptidão bastante medieval de buscar o sentido oculto das coisas, de ver "florestas de símbolos" na natureza. Para nossos ancestrais, a história natural propriamente dita não representava senão um interesse muito secundário: toda manifestação de uma verdade espiritual os cativava, pelo contrário, no mais alto nível; além disso, sua visão do mundo exterior não raro não passava de um simples apoio para corroborar lições morais: tais são os *bestiários*, nos quais, ao descrever os animais — os mais familiares e os mais fantásticos —, os autores enxergavam o seu coração real ou supunham a imagem de uma realidade superior. O unicórnio que apenas uma virgem poderia prender representa, para eles, o Filho de Deus encarnando-se no ventre da Virgem Maria; o galo canta para anunciar as horas; o onocentauro metade homem e metade burro, é o homem que deixa-se levar pelos seus maus instintos; o *Nycticorax*, que alimenta-se de detritos e de trevas, e que só voa ao contrário, é o povo judeu na qualidade de quem se desvia da Igreja e permanece tocado pela maldição; a fênix, pássaro único e de cor púrpura, que morre numa fogueira e, no terceiro dia, ressuscita de suas cinzas, é o Cristo que vence a morte. O conjunto, de uma poesia sombria, dá uma medida muito precisa do que aprazia ao homem da Idade Média encontrar na natureza: não um sistema de leis e de princípios cuja classificação provavelmente o aborreceu, supondo que ela a tenha conhecido, mas um mundo fervilhando de beleza, de superabundância e de vida secreta — não totalmente diferente, no todo, daquele que nossos instrumentos de laboratório detectam hoje em dia. A torto e a direito, ele colocava no mesmo plano a verdade histórica e a verdade moral — preferindo segundo a necessidade esta ou aquela. Tome-se, por exemplo, a lenda, tão popular na Idade Média, de São Jorge derrotando o dragão: a questão de o que poderia ter sido esse dragão monstruoso e de que nível de autenticidade se deveria conceder-lhe nem sequer lhes passava pela cabeça; o que importa é a lição de coragem que essa luta lendária deve inspirar no cavaleiro cristão. Por um processo análogo, os sermonários da época atribuem muitos detalhes miraculosos aos santos sobre os quais pregam e emprestam indiferentemente de um ou de outro tal ou qual milagre: São Dionísio decapitado levando a cabeça nos braços teria tido, acreditando-se neles, uma porção de "imitadores". Porém, nem o público, nem o pregador eram iludidos, e seria uma grande ingenuidade tomar-lhes literalmente: para eles, o essencial não era a exatidão dos detalhes, mas sim a verdade do conjunto e da lição que dele se extraía.

Dizer isto é dizer que a Idade Média não tinha curiosidade científica? Um simples catálogo de manuscritos mantidos em nossas grandes bibliotecas basta para responder à pergunta: o inventário completo de tratados de medicina, de matemática, de astronomia, de alquimia, de arquitetura, de geometria, e outros, ainda não foi preparado e seus textos permanecem em sua maioria inéditos. Os esforços feitos neste sentido foram, até então, fragmentários e não nos dão uma visão do todo da ciência medieval. No entanto, o que se sabe de preciso permite a constatação de que foi muito mais extensa do que se supunha e, em muitos pontos, assemelhava-se muito com a nossa. Alguém como Roger Bacon, em pleno século XIII, conhecia a pólvora e o uso das lentes convexas e côncavas. Alberto, *o Grande*, fez pesquisas sobre a acústica e as tubulações sonoras que o levaram a construir um autômato falante — oitocentos anos antes de Edison. Arnaud de Villeneuve, que lecionava em Montpellier, descobriu o álcool, o ácido sulfúrico, o ácido clorídrico, o ácido azótico. Raimundo Lúlio intuiu a química orgânica e a função dos sais minerais nos seres organizados. Pelo intermédio dos árabes, a Idade Média beneficiou a ciência dos persas, dos gregos, dos judeus, e com isto pôde realizar a síntese, assimilando a si os conhecimentos astronômicos dos sírio-caldaicos e a medicina hebraica. Oxford, onde lecionava Roberto Grosseteste, o mestre de Roger Bacon, era, para os estudantes da matemática, o que Montpellier o era para os estudantes de medicina, e grandes figuras, tais como Afonso X, rei da Espanha, ou o imperador Frederico II, ou Rogério I, o rei normando da Sicília, conservavam corações de sábios: geógrafos, físicos, alquimistas — bem como tinham seus filósofos e seus poetas.

Coisa curiosa é que as pesquisas que apaixonaram a Idade Média, e que não suscitaram nada mais que sorrisos desdenhosos até que as ciências modernas tivessem ultrapassado o limite traçado pelos enciclopedistas e seus continuadores do século XIX, são aquelas que as descobertas mais recentes trazem novamente à baila. O que era mesmo a pedra filosofal, que Nicolas Flamel afirmou ter criado? Tem-se a sua definição: uma matéria sutil "que se encontra por toda parte", um "sol incandescente", um "corpo que subsiste por si, diferente de todos os elementos e corpo simples". Segundo Raimundo Lúlio, trata-se de um "óleo oculto, penetrável, benéfico e miscível a todos os corpos, cujos efeitos ele aumentará além da medida, de maneira mais secreta que qualquer outra no mundo". Transponha-se esses dados à linguagem científica moderna e ter-se-á definido a radioatividade. Os estudiosos da Idade Média entreviam, graças à sua intuição, o que os nossos estudiosos realizam graças ao método. Quanto à transmutação dos corpos, que foi o maior sonho dos alquimistas, não será ela uma realidade, a esta altura? Avicena fala de um "elixir que, projetado sobre um corpo, transforma a matéria de sua natureza própria em outra matéria"; nos laboratórios, chega-se a fazer, por "bombardeamentos" de elétrons, por exemplo, fósforo com alumínio, e nada impede que se possa, por operações atômicas, transformar mero chumbo em ouro puro. As máquinas expostas ao Palácio da Descoberta, quando da Exposição de 1937, fazem justiça ao gênio dos pesquisadores do século XIII. De modo obscuro, sem dúvida, e manchados por erros que podem ter tornado impossível a aplicação prática de seus achados, eles todavia atingiram um grau científico muito superior ao das épocas que se seguiriam. O estudioso do século XIX, imbuído de ciências físicas e naturais e de descobertas da química, deu de ombros diante a crença medieval na unidade da matéria; o do século XX, graças às descobertas da biologia e da eletroquímica, restabeleceu a mesma crença, reconhecendo que todo átomo se compõe uniformemente de um próton, em torno do qual gravitam os elétrons.

Da mesma forma, interessamo-nos de novo pelo ocultismo e pela astrologia. Se não se trata de ciências exatas propriamente ditas, parece cada vez mais que se deve atribuir-lhes certo valor — valor humano, senão científico. Ninguém contesta a influência da lua sobre o movimento das marés, e os camponeses sabiam que não se deve colocar a cidra em garrafas ou podar a videira senão em épocas determinadas pelas fases lunares. Será de todo impossível que outras influências, mais sutis, sejam exercidas pelos astros? Porque certo charlatanismo pode facilmente explorar essas questões, todas elas devem necessariamente ser assunto de charlatães? O nosso século XX, século de pesquisas ocultas, talvez dê razão, neste como em outros pontos, aos estudiosos da Idade Média.

Em outro âmbito, o da exploração dos conhecimentos geográficos, não foi menor a atividade. Remontar a época das grandes navegações ao Renascimento é mais que uma injustiça: é um erro. A descoberta da América fez esquecer que a curiosidade dos geógrafos e exploradores da Idade Média não foi menor, na direção do Oriente, que a de seus sucessores, em direção ao Ocidente. Desde o início do século XII, Benjamin de Tudela havia ido até as Índias; cerca de cem anos mais tarde, Odorico de Pordenone chegava ao Tibete. As viagens de Marco Polo; aquelas, menos conhecidas, de João de Plano Carpini, de Guilherme de Rubruck, de André de Longjumeau e de João de Béthencourt bastam para dar noção da atividade desenvolvida naquela época pela descoberta da Terra. A Ásia e a África eram, então, infinitamente mais conhecidas do que o foram nas épocas seguintes. São Luís estabeleceu vínculos com o Cão dos mongóis, como com o Velho da Montanha, o mestre terrível da seita dos Assassinos. No ano de 1329, um bispado foi erguido em Colombo, ao sul da Índia, e recebeu como titular o dominicano Jordão de Séverac. Os Cruzados foram a oportunidade para o mundo ocidental de estabelecer e manter o contato com o Oriente Próximo; mas, na realidade, os laços jamais foram cortados, conservados como foram pelos peregrinos e pelos mercadores. Rumo à África, as explorações estenderam-se até a Abissínia e as fronteiras do Níger, que haviam sido alcançadas no início do século XV por um burguês de Toulouse, Anselme Ysalguier. Além disso, será que é certo que a América não tenha sido, se não "descoberta", ao menos visitada, já desde aquela época? É fato que os *vikings* tinham atravessado o Atlântico Norte e estabelecido relações regulares com a Groenlândia. Os islandeses instalaram-se por lá; um bispado foi instituído no local e, em 1327, os groenlandeses respondiam ao chamado à Cruzada do Papa João XXII, enviando-lhe, para contribuir com os custos, uma carga de peles de focas e dentes de morsas. Não é impossível que eles tenham desde então explorado uma parte do Canadá e subido o Saint-Laurent, onde Jacques Cartier viria a descobrir, séculos mais tarde, que os índios faziam o sinal da Cruz e declaravam que seus ancestrais lhos haviam ensinado.

Nada disso é de causar espanto se considerarmos que a Idade Média encontrava-se, por intermédio dos árabes, em relações ao menos indiretas com a Índia e a China e que também se beneficiava dos seus conhecimentos astronômicos e geográficos. Um planisfério datado de 1413, organizado por Mecia de Viladestes e conservado na Biblioteca Nacional da França, dá a nomenclatura e a localização exata das rotas e dos oásis saarianos, em toda a extensão do deserto e até Tombuctu. Um imenso espaço que, mais tarde e até meados do século XIX, permaneceria em branco em nossos mapas, na Idade Média, pelo qual um viajante podia preparar com precisão o seu itinerário e, do Atlas ao Níger, saber quais seriam as etapas de sua rota. Os desastres da Guerra dos Cem Anos, o Cisma do Oriente e, mais tarde, a ruptura com o Islã e os invasores turcos, bem como causas que atuaram diretamente nos vínculos entre a Europa e o Oriente e, em contrapartida, sobre as ciências geográficas. É preciso acrescentar que, contrariando o que se acredita, os estudiosos da Renascença manifestavam um espírito retrógrado em relação a seus precedentes, restaurando a base de seus estudos nas obras da Antiguidade.[1] Aristóteles e Ptolomeu haviam sido vastamente ultrapassados neste âmbito, e privar-se de lições da experiência para voltar-se às suas teorias foi privar-se de todo um conjunto de aquisições que a época moderna pouco a pouco reconquista, fazendo justiça, ainda nesta questão, à ciência medieval.

---

[1] Cf. sobre este tema, o artigo, muito pertinente e bem documentado, de R. P. Lecler, intitulado *La Géographie des humanistes*, no primeiro número da revista *Construire* (1940).

A VIDA COTIDIANA

No início da Idade Média, como se buscava antes de tudo a segurança, a vida tornava-se inteiramente concentrada no âmbito, ou quase: no regime da autarquia feudal, ou ainda familiar, durante o qual cada *mesnie* deve bastar-se a si mesma. A disposição dos vilarejos trai a necessidade de agrupar-se para defender-se; são rentes às encostas da casa senhoril onde os servos se refugiarão em caso de alerta; as casas são reunidas, empilhadas, utilizam a menor parte do terreno e não ultrapassam as escarpas da altura sobre a qual ergue-se o mirante. Disposição semelhante ainda é bastante visível nos castelos como o de Roquebrune, perto de Nice, que data do século XI. Porém, tão logo passada a época das invasões, as instalações dos camponeses no campo eram reavivadas, e a cidade destacava-se do castelo. Se a cidade primitiva não tinha mais que ruas estreitas, não era por uma questão de gosto, mas sim por necessidade, pois era preciso que a população coubesse, querendo ou não, no recinto intramuros; não é o mesmo como nos arrabaldes que se multiplicavam desde o fim do século XI. Da mesma forma, se as ruelas são tortuosas, é porque seguem o traçado das muralhas, determinado pela configuração natural do ambiente. Todavia, não se pense que o alinhamento das casas foi deixado unicamente à fantasia dos habitantes; a maioria das cidades antigas foi construída segundo um plano bastante evidente. Em Marselha, por exemplo, as vias principais, como a rua Saint-Laurent, são estritamente paralelas à margem do porto, sobre a qual se abrem pequenas ruas transversais. Quando essas ruas são estreitas, pode-se ter certeza que há um motivo preciso para tal: para defender-se do vento ou do sol do sul francês; é uma disposição muito criteriosa: observa-se isto em Marselha, quando os adeptos do barão Haussmann cortaram a deplorável rua da República, vasto corredor glacial que desfigura a antiga colina dos Moinhos.

Em Languedoc, para abrigar-se dos terríveis *cers*,[I] utilizou-se com frequência o plano central, como na pequena cidade de Bram, onde as ruas transformam-se em círculos concêntricos em torno da igreja. Porém, todas as vezes que podiam, e que não eram impedidos pelo clima ou pelas condições exteriores, os arquitetos davam preferência a um plano retangular similar ao das cidades mais modernas, como as da América e da Austrália — grandes artérias entrecortando-se em ângulos retos, com um posicionamento protegido no interior do retângulo para a praça pública na qual ergue-se a igreja, o mercado e, havendo espaço, a hospedaria da cidade — e ruas secundárias duplicando as primárias. Assim foi concebida a maior parte das cidades novas; a de Monpazier, em Dordogne, é bastante característica deste aspecto, com suas ruas estendidas ao comprido, cortando os quarteirões de casas com regularidade absoluta; cidades como Aigues-Mortes, Arics-sur-Aube e Gimont nos Gers apresentam a mesma simetria no desenho.

Esta paisagem da rua é importantíssima para o homem da Idade Média, pois muito de sua vida dá-se fora de casa. É até uma constatação curiosa de se fazer: até então, e seguindo o uso corrente na Antiguidade, as casas tomavam forma a partir do interior e não apresentavam mais que poucas aberturas. Na Idade Média, elas davam para a rua: é o indício de uma verdadeira revolução nos costumes. A rua tornava-se um elemento da vida cotidiana — como o foram, no passado, a ágora ou o ginásio. Ama-se sair de casa. Os comerciantes todos possuem toldos, que abrem todas as manhãs, e têm instalações a céu aberto. A claridade foi, até o século da

---

I   Ventos frequentes na região de Aude, no sudoeste francês — NT.

eletricidade, uma das grandes dificuldades existenciais, e a Idade Média, amante da luz, resolveu a questão aproveitando o máximo possível da luz do dia. Uma cortina que levasse os fregueses aos fundos da loja seria malvista: se não houvesse nenhuma malfeitoria em seus tecidos, não teria receio de colocá-los à exposição em plena rua, como faziam todos os demais; o que o freguês quer é poder sentar-se sob o toldo e examinar com calma, sob a luz do dia, as peças entre as quais fará a sua escolha, contando com os conselhos do costureiro que no mais das vezes o acompanha para tal. O sapateiro, o barbeiro e mesmo o tecelão trabalham na rua ou virados para ela; o cambista instala suas mesas sobre cavaletes, no exterior, e tudo o que a autoridade municipal pode fazer para evitar a obstrução do espaço é limitar a uma escala fixa a dimensão de tais mesas.

Além disso, as ruas são extraordinariamente vivas. Cada quarteirão possui uma cara própria, visto que os corpos de ofício geralmente se agrupavam — o que faz lembrar os nomes das ruas: em Paris, a rua da Cutelaria (*rue de Coutellerie*), o cais dos Ourives (*quai des Orfèvres*), o da Pelataria (*Mégisserie*), onde ficavam os curtidores; a rua dos Tonoleiros (*Tonneliers*), indicando perfeitamente que corpos de ofício lá se encontravam agrupados. As livrarias são quase todas reunidas na rua Saint-Jacques; o quarteirão de Saint--Honoré é o dos açougues. Mas todos são animados porque as lojas, que eram, ao mesmo tempo oficinas e pontos de venda, abrem-se diretamente às ruas; isso deve-se ao mesmo tempo aos mercados tunisianos e à Ponte-Vecchio, de Florença; na Paris atual, quase não há nada além dos cais da margem esquerda, com as caixas dos livreiros e seu público de flanadores e de conhecidos, que podem dar uma ideia do que era. Porém, seria preciso acrescentar ao cenário o "fundo sonoro", muito diferente na Idade Média do que há atualmente — a serra dos carpinteiros, o martelo dos formadores, os chamados dos marinheiros que paravam ao longo do rio os barcos carregados de víveres, os gritos dos mercadores —, em vez das buzinas dos táxis e do ronco dos ônibus. Pois tudo se "grita" na Idade Média: as notícias do dia, as decisões policiais e da justiça, os aumentos de impostos, as vendas nos leilões que ocorriam ao ar livre, em praça pública — e também, mas comumente, as mercadorias à venda; a publicidade, em vez de espalhar-se nos muros em diversos cartazes, é "falada" como se faz atualmente no rádio; não raro, as autoridades locais deviam até reprimir o abuso e impedir os comerciantes de "dar voz" de modo exagerado. O tipo mais popular, neste gênero, era o gritador de tavernas. Todos os hoteleiros mandavam anunciar o seu vinho por uma figura de garganta potente que se colocava diante de uma mesa e conduzia à degustação; os transeuntes atraídos eram servidos em copázios e, para aqueles que não tinham tempo de entrar na taverna, tal ritual fazia as vezes do "balcão" dos cafés parisienses. Em *Jeu de saint Nicolas*, o anunciante tem um grande papel:

> *Céans fait bon dîner, céans*
> *Ci a chaud pain et chaud hareng*
> *Et vin d'Auxerre à plein tonnel.[2]*

Ao mensageiro do rei, que se detém por um instante, ele serve um copo, dizendo:

> *Tiens, ci te montera au chef [à la tête]*
> *Bois bien, la meilleur est au fond![3]*

É preciso representar tais elementos nessas ruas medievais das quais as quadras de Rouen e de Lisieux ainda dão certa ideia, com casas de vigas aparentes e de bases esculpidas, as quais se apoiavam antigamente sobre placas de ferro forjado, e de onde surgia de súbito o poderoso arco de um portão de igreja da qual, elevando os olhos, perceber-se-ia a flecha apontando como um mastro em meio aos telhados — pois naquela época, longe de estarem isoladas,

---

2   "Aqui come-se bem, aqui/Tem pão quentinho e arenque quentinho/E um barril cheio de vinho de Auxerre" — NT.

3   "Eis aí, este te subirá à cabeça/Bebas bem, o melhor se encontra ao fundo!" — NT.

esmagadas pelos vastos espaços vazios que se habituou deixar ao seu redor, as igrejas eram incorporadas às moradias que se juntavam ao redor delas e pareciam querer alojar-se até debaixo do sino; isso ainda se observa nos fundos de Saint-Germain-des-Prés. Assim, a própria disposição exterior traduz a intimidade em que viviam então as pessoas e a sua igreja. Nossas catedrais góticas, neste sentido bem diferentes dos templos da Antiguidade, além disso, eram concebidas para serem vistas desta forma, em perspectiva vertical; quando da reconstrução da catedral de Reims, muitos se surpreenderam com o achado, entre as joias de nossa escultura medieval, estátuas com traços deformados, de uma feiura inacreditável; porém, bastou colocá-las em seus nichos, quase no cume da construção, para compreender: aquelas estátuas haviam sido esculpidas de modo que, para o espectador que as olha de baixo, os traços propositalmente exagerados conservem toda a sua expressão adquirindo uma beleza singular; era o fruto de um cálculo de geômetra tanto quanto o método de artista. Conjuntos como em Salers, em Auvergne; em Peille, perto de Nice, com suas inúmeras arcadas: portões, janelas enfileiradas nos andares de casas, pontes cobertas sobre a rua, ligando duas "ilhas", isto é, dois grupos de moradias — permitindo também reconstituir com grande fidelidade o aspecto de uma cidade medieval.

Pode-se perguntar, diante desses testemunhos inegáveis, o que teria sugerido a alguém como Luchaire a estranha opinião de que as casas medievais não passavam de "espeluncas ressumantes, e as ruas, cloacas";[4] é verdade que não cita nem documento, nem monumento de qualquer tipo para embasar a sua afirmação; concebe-se muito mal porque, se tivessem o costume de viver em espeluncas, nossos ancestrais dispensavam tanto cuidado em ornamentá-las com janelas gradeadas, com arcadas abertas apoiadas por sobre finas colunas esculpidas, que não raro reproduziam a ornamentação das capelas vizinhas, como se pode ver em Cluny, na Borgonha, em Blesle, em

---

4   Achille Luchaire, *La Société française au temps de Philippe-Auguste*, p. 6.

Auvergne, no pequeno vilarejo gascão de Saint-Antonin — para não citar apenas as casas datadas da época romana, isto é, do século XI ou dos primeiros anos do século XII.

Quanto às ruas, longe de serem "cloacas", eram pavimentadas desde muito cedo: Paris o foi desde os primeiros anos do reino de Filipe Augusto; por um processo semelhante ao da Antiguidade, colocava-se as pedras de pavimento sobre uma camada de cimento misturado com azulejos triturados; Troyes, Amiens, Douai e Dijon foram pavimentadas da mesma forma em diferentes épocas, como quase todas as cidades da França. E essas cidades também possuíam esgotos, que eram cobertos na maioria dos casos; em Paris, se lhes encontraram sob o lugar em que fica o Louvre e o antigo hotel da Trémouille, datado do século XIII, e sabe-se que a Universidade e os arrabaldes da cidade tinham, duzentos anos mais tarde, uma rede que abrangia quatro esgotos e um coletor; em Riom, em Dijon e em muitas outras cidades, pôde-se constatar até a presença de esgotos abobadados, o que atesta a preocupação com a salubridade pública. Onde o "tudo ao esgoto" não existia, foram criados aterros públicos de onde os dejetos eram vertidos aos rios — como ainda se faz nos dias de hoje — ou incinerados. Uma porção de prescrições de proibição tratavam da adequação das ruas, e os agentes de polícia de então, os "proibidores", tinham como missão assegurar que essas prescrições fossem respeitadas. Foi assim que os Estatutos municipais de Marselha ordenaram a cada proprietário que varresse em frente da sua casa e proceder de modo que, em caso de chuva, os dejetos não fossem arrastados para o porto pelas ruas inclinadas; além disso, fora construído no final das ruas que davam para a margem espécies de paliçadas com o intuito de proteger as águas do porto, que o município pretendia conservar limpas; eram dedicadas não menos que quatrocentas libras por ano para a sua manutenção e, para as limpezas que ocorriam periodicamente, imaginou-se um motor composto de uma embarcação à qual estivesse fixada uma roda de alcatruzes, que pouco a pouco rasparia o fundo e despejaria o vaso no barco,

A VIDA COTIDIANA

que, em seguida, seria esvaziado fora da costa. Regulações específicas garantiam a proteção de ambientes que o interesse público exigisse que fossem salvaguardados especialmente contra a impureza: o açougue, a peixaria que devia ser lavada com muita água todos os dias; a tanaria, da qual as águas nauseantes deviam ser despejadas expressamente por um canal cavado.

De tudo isso, resulta que se tinha preocupação com a salubridade pública, tanto na Idade Média quanto hoje. O maior inconveniente que se poderia opor a ela vinha dos animais domésticos, mais numerosos à época do que nos dias atuais: não era raro ver um rebanho de cabras ou de carneiros ou mesmo de bois desaparecer em meio às exposições de mercadorias, provocando desordem e agitação; também lhes foi fixado um limite para o cruzamento do perímetro da cidade; mais tarde, ainda se veria tal medida em alguns vilarejos e, em Londres, rebanhos de carneiros atravessam diariamente um dos lugares mais movimentados para ir pastar nos parques. Havia, sobretudo, os suínos — do qual cada domicílio mantinha, à época, uma criação suficiente para poder prover ao consumo familiar —, que circulavam nas calçadas a despeito das repetidas proibições; mas este era apenas o mal menor, pois eles devoravam todos os dejetos comestíveis e, consequentemente, contribuíam para suprimir uma causa de impureza.

Nesta cidade ruidosa, onde fervilhava uma população ininterruptamente atarefada, a voz dos sinos cantava as horas, e também isso fazia parte do "fundo sonoro": o *Angelus*, de manhã, ao meio-dia e ao anoitecer, marca as horas de trabalho e de repouso, atuando como as modernas sirenes das usinas. O sino anunciava os dias de festa, isto é, de feriado; chamava por socorro em caso de urgência; convocava o povo a reunir-se em assembleia geral, ou o magistrado municipal em conselho restrito; o sino tocava em caso de incêndio; tocava para anunciar mortes; tocava em festa — o dia inteiro se podia seguir pelo seu toque a vida da cidade, até o momento da noite em que ele dava o toque de recolhida; então, extinguiam-se as lâmpadas das lojas, os clarões das assadeiras; dobravam-se os toldos, fechavam-se os portões; se houvesse o temor de qualquer surpresa, cerrava-se até mesmo a cidade, fechando suas portas, levantando as pontes levadiças e abaixando as grades; às vezes, contentava-se em dispor correntes atravessando as ruas, o que tinha a vantagem de, nas áreas de má fama, cortar a rota de fuga; permaneciam acesas apenas os cotos que, dia e noite, aclaravam diante dos "morouços" — as estátuas da Virgem e dos santos protegidas em nichos ao lado das casa, e diante do Cristo no cruzamento das ruas —, enquanto que fora do vilarejo, nos portões, brilhavam faróis que demarcavam a entrada da baía e os principais recifes.

Os viajantes tardios só podiam circular munidos de uma tocha; tolerava-se, nas cidades marítimas, as idas e vindas daqueles que embarcariam brevemente; nos tempos de alerta, ou se fosse declarado qualquer desastre — incêndio, avaria grave de um navio, perigo de naufrágio —, as autoridades dispunham tochas nas esquinas das ruas para permitir o rápido socorro e prevenir acidentes.

Toda a corte era, então, recolhida ao abrigo dos muros da casa — muros aos quais se tomou a precaução de construir bastante espessos, muralhas contra o frio, contra o calor, contra os barulhos inoportunos: sabia-se à época que não havia conforto sem muros espessos que se lhes protegessem. De acordo com os recursos do meio, tais muros eram construídos de tijolos, ou em pedra talhada caso o indivíduo tivesse fortuna o bastante; mas o mais costumeiro era misturar madeira e adobe, como se fez um pouco por todo canto até a nossa época. Construía-se o plano, por terra, toda a armadura da fachada, em vigas sabiamente reunidas e, com o auxílio de molinetes, de macacos e de roldanas, se lhe erguia de uma só vez, para preencher os espaços vazios com tijolos ou com materiais empregados na região. As igrejas que restaram refletem o aspecto das casas: em Languedoc, triunfa o tijolo vermelho que empresta o seu resplendor tão particular às igrejas de Toulouse ou de Albi; em Auvergne, construía-se em pedra, com a sóbria pedra de Volvic, da qual as catedrais de Puy e de Clermont-Ferrand fornecem imponentes exemplos. Nos territórios de terras argilosas, como

A VIDA COTIDIANA

no sul provençal, casas e monumentos eram cobertos de ladrilhos que adquiriam no solo a cor de mel tão característica em cidades como Riez e Jouques; na Borgonha, esse ladrilho é voluntariamente envernizado, e os telhados refletem cores deslumbrantes — o asilo de Beaune e Saint-Bénigne de Dijon dão-nos uma noção do tipo; em Touraine e em Anjou, serviam-se da ardósia extraída na região; e quando, em vez de serem abobadadas, as igrejas são apenas emolduradas, como ocorria com frequência no norte e na região do Bassin Parisien, era porque as florestas, mais numerosas que as pedreiras, tornavam esse tipo de cobertura mais em conta; nesses territórios, as moradias particulares eram quase sempre cobertas de palha, mesmo nas cidades, não sem aumentar os riscos de incêndio. Um pouco por toda parte, as autoridades municipais recomendavam aos moradores medidas de prudência para evitar os acidentes: eis aí o motivo para o toque de recolher. Em Marselha, recomendava-se aos armadores, quando procedessem à operação da *brusque* — que consiste em aquecer o casco do navio em construção para endurecer mais facilmente a pez —, que vigiassem a chama para que ela não ultrapassasse certa altura, pois, conforme diziam os Estatutos da cidade, "nem sempre está ao alcance do homem reter as chamas que ele mesmo acendeu". Após um incêndio que destruiu vinte e duas casas em Limoges, em 1244, passou-se a construir vastos reservatórios de água onde os burgueses buscavam-na em caso de alerta. Quando se declarava um incêndio, era um dever de todos apressar-se ao toque do sino carregando um balde d'água; todos deviam dispor um outro balde em sua casa, por precaução.

O elemento essencial da casa medieval, sobretudo no norte da França, é o salão — o salão comum onde se reúne toda a família nas horas das refeições, e que guia em todos os eventos: batismos, casamentos, velórios; era o cômodo em que as pessoas viviam, em que as pessoas se reuniam, à noite, sob o manto da larga chaminé, para aquecerem-se contando história, antes de recolherem-se para deitar. Isto tanto nas moradias campesinas quanto nos castelos. Os demais cômodos, quartos ou outros, não passavam de acessórios;

o importante era o salão familiar — o cômodo que os franco-canadenses ainda chamam de *vivoir*. Quando o andamento da casa o exigia, a cozinha ficava separada; às vezes, nos castelos, ela chegava a ocupar uma construção à parte, certamente para limitar os riscos de incêndio; as vastas cozinhas reforçadas da abadia de Fontevrault e as do palácio dos duques de Borgonha em Dijon permaneceram tal como eram.

Fora isso, e sem falar dos múltiplos salões de guarda, salões de aparatos, entre outros, que podia comportar uma moradia senhorial, a casa burguesa contava com as oficinas de trabalho, se houvesse espaço, e os quartos. Para entrar nos mínimos detalhes, não se deixa de encontrar contíguos a tais quartos os redutos chamados *privadas*, *latrinas* ou *retretes*, isto é, aquilo que tomamos por hábito chamar pelo nome de lavabo. Por incrível que pareça, não faltava a nenhuma casa na Idade Média aquilo de que o Palácio de Versalhes era desprovido; a delicadeza chegava a ser bastante encorajada neste ponto, pois parecia pouco refinado não ter *retretes* particulares; a regra tencionava que, ao menos nas casas burguesas, cada uma tivesse as suas e que fosse a única a utilizá-los; os costumes só se tornaram grosseiros neste sentido no século XVI, que aliás passou a negligenciar quase todas as práticas de higiene conhecidas na Idade Média. A abadia de Cluny, no século XIX, contava com não menos de quarenta latrinas e — o que parecerá mais incrível, embora seja também verdadeiro — havia latrinas públicas na Idade Média; encontramos a prova disso em cidades como Rouen, Amiens e Agen; suas instalações e sua manutenção foram objetos de deliberação municipal, ou entraram nas contas da cidade. Entre os particulares, os *retretes* eram frequentemente dispostos no último andar da casa; um duto ao longo da escada correspondia aos esgotos ou aos depósitos, ou ainda às fossas bastante semelhantes às que são empregadas atualmente; utilizava-se até um procedimento muito próximo do das fossas sépticas mais modernas, servindo-se de cinzas de madeira que tinham a propriedade de decompor os dejetos orgânicos; assim, foram encontradas menções de compras

A VIDA COTIDIANA

de cinzas destinadas às latrinas do hospital de Nîmes, no século xv; no Palácio de Avignon, os dutos davam para um esgoto que desembocava no Sorgue. E sabe-se que é penetrando pelas fossas sanitárias — o único ponto que jamais se pensou fortalecer! — que os soldados de Filipe Augusto tomaram a fortaleza de Château-Gaillard, o orgulho de Ricardo Coração de Leão.

Os cômodos eram mobiliados com mais conforto que em geral o imaginamos; o mobiliário compreendia os leitos "bem adornados e cobertos de colchas e de tapetes, com lençóis brancos e peles",[5] as banquetas, as cadeiras de costas altas e os aparadores e baús talhados em que se guardavam as vestimentas e dos quais ainda se encontram tão belos exemplos, notavelmente no asilo de Beaune. As madeiras desta época são belíssimas; preparadas e enceradas com cuidado, não absorviam a poeira e ofereciam pouca aderência aos insetos; havia ainda os cestos de pão, as prateleiras e as guarda-louças; quanto às mesas, eram simples pranchas que se colocava sobre cavaletes no momento de servir a refeição e que em seguida se guardava ao longo dos muros, para evitar a obstrução do espaço. Em contrapartida, fazia-se largo uso de tinturas e tapeçarias que protegiam do frio e mitigavam as correntes de ar; as que nos restaram — como por exemplo o conjunto admirável da *Dame à la licorne*, conservado no Museu de Cluny — dizem muito sobre como se podia utilizá-las para mobiliar e decorar os interiores; tratava-se, evidentemente, de um luxo reservado aos castelões e aos burgueses abastados, mas o costume de usar tapetes e cobertas era geral. Falando de cuidados diversos de uma dona de casa, o *Ménagier de Paris* recomenda a Agnes, a beguina, que serve-lhe de intendente doméstica: "que ordene às camareiras que as entradas do vosso hotel, a saber, o vestíbulo e demais lugares por onde as pessoas entram e se detêm para conversar, sejam varridos pela manhã e mantidos limpos, que os escabelos (*tamboretes*), os bancos e os xairéis que estão sobre as arcas (*cofres*) sejam retirados e sacudidos; e, posteriormente, que

---

5   Do *Ménagier de Paris*.

os demais salões sejam limpos e ordenados para este dia, e a cada dia, como convém ao nosso estado [...]".

Talvez seja uma surpresa encontrar mencionado nos inventários, como parte do mobiliário, o lavatório ou o toldo de banho — espécie de velo que revestia o fundo dos lavatórios para evitar que se lascassem, o que era quase inevitável quando o fundo era de madeira. É que, com efeito, a Idade Média, ao contrário do que se acredita, conhecia o banho e dele fazia amplo uso; também quanto a isso é preciso cuidar para não confundir as épocas e acabar atribuindo ao século XIII as impropriedades repugnantes do século XVI e dos que o seguiram, até nossos tempos. A Idade Média é uma época de higiene e de pureza. Um ditado em uso da época fala precisamente sobre o que se considerava um dos prazeres da existência:

Venari, ludere, lavari, bibere,
Hoc est vivere!

Nos romances de cavalaria, vê-se que as leis da boa hospitalidade exigem que se ofereça um banho aos convidados quando estes chegam, após uma longa viagem. Era, além disso, um hábito corrente lavar os pés e as mãos quando se chegava da rua; ainda no *Ménagier de Paris*, recomenda-se a uma mulher, para o conforto e o bem-estar de seu marido, "ter uma grande bacia para lavar frequentemente os pés, uma guarnição de lenha para o aquecer, um bom colchão de penas, lençóis e cobertores, toucas, almofadas, meias e camisas limpos". Os banhos faziam parte, naturalmente, dos cuidados a se dispensar na primeira infância; Maria da França recorda em um de seus lais:

Par les villes où ils erroient
Sept fois le jour reposouoient
L'enfant faisoient allaiter,
Coucher de nouvel, et baigner.[6]

---

6   "Pelas cidades em que erravam/Sete vezes ao dia repousavam/A criança faziam aleitar/Dormir de novo, e banhar" — NT.

A VIDA COTIDIANA

Se não se tomava banho todos os dias na Idade Média (pode-se afirmar que esse é um hábito comum em nossa época?), ao menos o banho fazia parte da vida corrente; a banheira é uma peça da mobília; muitas vezes, não passa de uma simples cuba, e seu nome, *dolium*, que também quer dizer "tonel", pode ter se prestado à confusão. A abadia romana de Cluny, datada do século XI, comportava não menos que doze casas de banho: células abobadadas contendo banheiras de madeira. Agrada-nos ir banhar-nos nos rios no verão, e os *Três riches heures du duc de Berry* mostram aldeões e aldeãs lavando-se e nadando numa bela tarde de agosto, num aparelho simplório, pois então se tinha uma noção de pudor diferente daquela que se tem atualmente, e banhavam-se nus, como também dormiam nus entre os lençóis.

Havia banhos ou estufas públicas, que eram muito utilizadas; o Museum Borély, em Marselha, conservou uma placa de estufa em pedra esculpida que data do século XIII. Paris, a Paris de Filipe Augusto, contava com vinte e seis banhos públicos — um número maior do que as piscinas da Paris atual! Todas as manhãs, os trabalhadores das casas de banho mandavam "gritar-se" pela cidade:

> *Oyez qu'on crie au point du jour:*
> *Seigneurs, qu'or vous allez baigner*
> *Et étuver sans délayer;*
> *Les bains sont chauds, c'est sans mentir.*[7]

Alguns chegavam a exagerar: no *Livre des Métiers* ("Livro dos Ofícios"), de Étienne Boileau, prescreve-se: "que ninguém anuncie, nem mande anunciar suas estufas até o dia raiar". Pois essas "estufas" eram aquecidas por galerias e dutos subterrâneos, procedimento semelhante ao dos banhos romanos. Alguns particulares haviam instalado em suas casas sistemas deste gênero e, no hotel de Jacques Coeur, em Bourges, era possível ver ainda

---

7   Guilleume de Villeneuve, *Crieries de Paris*. ["Ouçam, que se brada ao nascer do dia:/ Senhores, que é hora de banharem-se/ E limparem-se sem demora/ Os banhos são quentes, e é sem mentira" — NT.]

uma casa de banho, aquecida por dutos muito similares ao aquecimento central moderno; mas tratava-se, evidentemente, de um luxo excepcional para uma casa privada. É a disposição que se encontrou nas estufas em Dijon, onde essas galerias correspondiam a três diferentes câmaras: a casa de banhos propriamente dita; uma espécie de piscina; e o banho a vapor; na Idade Média, os banhos eram acompanhados, com efeito, de banhos a vapor, como em hoje em dia há as *saunas* finlandesas, e o nome que se lhes dava de "estufas" basta para indicar que um não funcionava sem o outro. Os Cruzados trouxeram ao Ocidente o hábito de acrescentar a essas casas a câmara de depilação, cujo uso eles aprenderam através do contato com os árabes.

E as estufas públicas eram muito frequentadas. Pode-se até surpreender-se de ver, no século XIII, bispos reprovarem a ida de religiosas de aldeias latinas do Oriente aos banhos públicos — mas isso prova que, mesmo não havendo casas de banho instaladas em seus monastérios, elas precisavam conservar os seus hábitos de asseio. Em Provins, em 1309, o rei Luís X ordenou a construção de novas estufas, visto que as antigas não eram mais suficientes *ob affluentiam populi*; em Marselha, regulamentou-se o acesso e foi determinado um dia especial para os judeus, e outro para as prostitutas, para evitar o seu contato com os cristãos e com as mulheres retas.

A Idade Média conhecia ainda o valor curativo das águas e do uso das curas termais; no *Roman de Flamenca* ("Romance de Flamenca"), vê-se uma senhora fingir doenças e mandar pedir, por remédio, os banhos de Bourbon-l'Archambault — para lá poder encontrar-se com um cavaleiro charmoso.

Tudo isso está, evidentemente, longe das noções que se recebe do asseio na Idade Média; entretanto, os documentos que o provam estão lá. O erro provém de uma confusão com as épocas que a seguiram, como também de certos textos cômicos que se distorce ao tomá-los ao pé da letra. Sobre este assunto, Langlois comentou com muita sensatez: "Não se pode surpreender ao encontrar no

Chastoiement, de Robert de Blois, certos preceitos de asseio e de conveniência elementares que podem parecer conselhos completamente inúteis a damas que não se deve supor desprovidas de educação. 'Não enxugai', diz o poeta, por exemplo, 'os olhos na toalha de mesa, nem o nariz; não bebei em demasia'". Conselhos assim nos fazem sorrir hoje em dia. Mas a questão que se apresenta é saber se aí estão os indícios da grosseria inata da antiga sociedade da corte, ou se o autor não as formulou, justamente, para provocar o riso, e se os homens do século XIII não teriam sorrido como nós".[8] Não se deve, com efeito, levar com seriedade maior do que se deveria considerar como um rito tradicional da época o gesto recomendado por Villon:

> *C'est bien dîner quand on échappe*
> *Sans débourser pas un denier*
> *Et dire adieu au tavernier*
> *En torchant son nez à la nappe.*[9]

É como se alguém dissesse de nossos tempos: se você for convidado para uma recepção na Embaixada, evite cuspir no chão e apagar o cigarro na toalha de mesa. É preciso haver a porção de humor, sempre presente na Idade Média. O refinamento dos modos era, pelo contrário, muito encorajado; não só os costumes elementares como o de lavar as mãos antes das refeições eram gerais — na Parábola do Rico e Lázaro, vê-se aquele perder a paciência pois a esposa, que se demorava lavando as mãos, faz com que o marido se atrase à mesa —, como ainda se era favorável a certas pesquisas, como o uso do enxágue dos dedos. O *Ménagier de Paris* dá uma receita "para fazer a água de lavar as mãos à mesa": "Ferva-se sálvia e recolha-se a sua água, deixando-a esfriar até o ponto em que estiver mais que morna. Acrescente-se como acima camomila ou manjerona, ou inclua-se alecrim, e cozinhe-se com

---

8 Charles-Victor Langlois, *La Vie en France au Moyen Âge*, I, p. 161.

9 "É bom jantar quando se escapa/ Sem desembolsar um centavo/ E dar adeus ao taberneiro/ limpando o nariz na toalha" — NT.

a casca da laranja. Também as folhas de louro são benéficas". Para que se prove a necessidade de dar receitas do tipo, é preciso que as donas de casa fossem impelidas ao refino dos cuidados com o interior da casa e com o senso de boa conduta.

A mesma obra fornece esclarecimentos quanto à maneira pela qual se deve tratar os hóspedes comuns do domicílio, isto é, os domésticos, cujo destino não era de dar pena, se julgarmos pelos textos da época: "Nas horas pertinentes, faz com que estejam à mesa e alimenta-os com um tipo de carne apenas, e não vários, nem saborosos ou delicados, e dá a eles uma só bebida nutritiva e não inebriante, seja vinho ou outra qualquer, e não muitas; e admoesta-os a comerem bem e beberem bem e generosamente [...] e após o segundo trabalho e em dias de festa, a tomarem uma outra refeição e, depois desta, a saber, nas vésperas, sejam alimentados abundantemente como antes, e largamente, e conforme a estação o exigir, que sejam aquecidos ou resfriados". Em suma: três refeições por dia, de uma alimentação simples, mas substancial, e com o vinho como bebida. É também o que se destaca dos romances de ofício nos quais se vê burgueses abastados fazendo seus criados comerem à mesa e alimentar-lhes da mesma maneira que eles próprios, como já não é prática comum em nossos campos. A dona de casa deve estender mais além a sua solicitude: "Se um de vossos serviçais cair enfermo (*adoecer*), todas as coisas comuns postas de lado, pensai nele com grande amor e caridade, e o visitai novamente, e pensai dele ou dela com muito desejo de saber, promovendo a sua cura".

Ela deve pensar nos "irmãos inferiores", nos animais domésticos que parecem ter sido então muito mais numerosos do que hoje: não há miniatura de cenas de interior ou de vida familiar em que não figurem cães saltando próximos aos donos, rondando as mesas nos banquetes ou sabiamente estendidos aos pés de sua dona, enquanto ela fia; em todos os jardins, vê-se pavões espraiarem ao sol sua cauda cintilante. Os aviários eram muitos, cada qual com o seu equipamento próprio de caça, modesto o quanto fosse: um cachorro ou uma matilha inteira, falcões, gaviões ou esmerilhões. Ainda o autor de *Ménagier* recomenda à esposa que "faça principalmente e cuidadosamente e diligentemente pensar em seus animais domésticos, como os pequenos cachorrinhos, passarinhos domésticos; e pense em outros animais domésticos, pois eles não podem falar, e por isso você deve falar e pensar por eles".

Se eram amados os animais, não se tinha menos estima pelas flores, e a decoração habitual da vida é, junto com a rua e a casa, o jardim, dos quais os manuscritos iluminados nos mostram pinturas inesquecíveis: jardins encerrados em muros até meia-altura, sempre com um poço ou uma fonte e um ribeiro que corta margens de relva; frequentemente, há videiras, árvores em espaldeira onde amadurecem os frutos, ou ainda arvoredos de verduras em que, nos romances, encontram-se cavaleiros e damas. O notável que é a época não conhecia a nossa distinção entre jardim de hortaliças e jardim ornamental; os canteiros de flores recebiam flores e legumes e, sem dúvida, imaginava-se que a cabeça florida de uma couve-flor, o ligeiro rendilhado das folhas de cenoura e a folhagem abundante de um pé de melão ou de abóbora eram tão agradáveis aos olhos quanto uma bordadura de jacintos ou de tulipas. O pomar é objeto de passeio; é sob uma velha pereira que Tristão, em noites de luar, escuta Isolda, a loura. O que não quer dizer que não eram apreciadas as plantas puramente ornamentais; nossa literatura lírica mostra-nos constantemente pastorinhas e moças ocupadas de trançar "capelas" de flores e de folhagens; inúmeros quadros e tapeçarias têm fundos florais em cores delicadas. Mas se por um lado polvilham de flores e de pássaros os quadros das páginas nos manuscritos, os iluminadores também não deixam de empregar hortaliças, e a folha de alcachofra, tão estranhamente picotada, serviu de modelo a gerações inteiras de escultores, principalmente na época da arte exuberante.

Uma lenda bastante enraizada fez do homem do povo da Idade Média um perpétuo famélico, a ponto que poderíamos nos perguntar como pôde um povo subnutrido por oito séculos e, que além do mais, foi periodicamente arrasado pelas guerras, pela fome e pelas epidemias, ter conseguido sobreviver por si mesmo e ainda produzir uma descendência razoavelmente vigorosa. O erro advém em grande parte de uma má interpretação dos termos em uso. É correto que na Idade Média a alimentação era composta de "ervas e raízes" — mas ela sempre o foi assim, pois por *erva* quer-se dizer tudo o que cresce da terra: couve, espinafre, saladas, alho-poró, acelga etc., e por *raiz*, tudo o que cresce sob a terra: cenouras, nabos, rabanetes, rábanos etc.[10] Da mesma forma, era preocupante o fato de que à época o cardo fosse considerado uma iguaria — porém, deve-se ler *cardon*,[11] e assim a escolha não passa de uma questão de gosto! Se o camponês tinha o costume de ir colher bolotas, não era por as querer para si mesmo, mas sim para as dar de comer aos porcos. É possível que em alguns períodos de angústia excepcional — quando, por exemplo, das batalhas franco-inglesas que marcaram o declínio da Idade Média, enquanto a peste negra vinha acrescer os seus horrores aos da guerra e os bandoleiros arrasavam um país cuja defesa já não era organizada — a farinha de bolotas tenha sido servida, como em nossos dias, como uma substituta, mas texto nenhum dá a entender que isso não fosse coisa frequente.

Pois não seria preciso crer que a fome reinava em estado endêmico na Idade Média. Com base em Raoul Glaber, cronista de imaginação febril e que cede facilmente aos efeitos do estilo, tem-se a tendência de crer que quase não se passava ano em que não se recorresse à carne humana e aos cadáveres humanos recém-desenterrados para aplacar a fome — ao passo que o monge medieval, ao relatar tais fatos monstruosos, tem o cuidado de levar a afirmação em conta e acrescentar: *diz-se*. É certo que houve períodos de fome na Idade Média e que esses períodos foram incontáveis,

---

10 Este detalhe já foi destacado, principalmente por Funck-Brentano.

11 *Cardon*, ou cardo hortense: uma planta da família da alcachofra — NT.

A VIDA COTIDIANA

como acontece toda vez que a ausência ou a insuficiência de meios de transporte impede que se socorra rapidamente uma região ameaçada e que haja a troca de produtos — nossa experiência pessoal nos ensinou amplamente a esse respeito. Durante a Alta Idade Média, particularmente, quando cada domínio formava pela força das coisas um circuito fechado, quando as rotas ainda eram pouco seguras e, para assegurar a sua manutenção, eram cobrados pedágios frequentemente onerosos, bastava um ano de seca para que a escassez se fizesse sentir. Mas também não há dúvidas de que essas fomes eram bastante localizadas e que, em geral, não ultrapassavam as fronteiras da província ou da diocese. Mesmo durante a boa época da Idade Média, no século XIII, quando a autarquia dominial foi substituída por trocas fecundas e a circulação foi facilitada por toda a França, observa-se variações por vezes importantíssimas nos preços das provisões, sobretudo do trigo; cada província, cada cidade determinava a sua tarifa, segundo a colheita local. As tabelas feitas por Avanel e Wailly mostram numa mesma região econômica oscilações indo do simples ao dobro, e até ao triplo, como ocorreu no Franche-Comté onde, apenas no ano de 1272, o hectolitro de trigos custou de 4 a 13 francos.

Por outro lado, é preciso compreender ainda o que se chama de fome. Um texto citado por Luchaire — sujeito pouco suspeito de boa vontade no que diz respeito à Idade Média, e numa obra em que ele reúne deliberadamente os documentos que podem fazer com que se veja esta época em seus dias mais sombrios — foi exitoso em deixar perplexos os leitores do ano de 1943: "Naquele ano (1197), conta o Cronista de Liége, faltou trigo. Desde a Epifania até agosto, foi-nos preciso despender mais de cem marcos para obter pão. Não havia nem vinho, nem cerveja. Quinze dias antes da messe, *ainda comíamos o pão de centeio*".[12] Se a penúria era, para eles, não ter nada além de pão de centeio, quantos não achariam invejável a fortuna de nossos ancestrais do século XIII!

---

12   *La Société Française au temps de Philippe-Auguste*, op. cit., p. 8.

Na realidade, a alimentação medieval não era tão diferente da que tivemos em épocas normais. Em sua base estava naturalmente o pão, que, de acordo com a fartura da região, era de frumento, de centeio ou de uma mistura de trigo e centeio; porém, constata-se que mesmo regiões não produtoras, como o sul da França, havia o pão de frumento. Em Marselha, onde o território é pobre em trigo e onde frequentemente era necessário tomar medidas de exceção para que a cidade fosse abastecida, não era previsto, na regulamentação extremamente minuciosa da panificação, farinhas secundárias; eram fabricados três tipos de pão: o pão branco, o pão *méjan* mais rústico, e o pão completo; os preços eram fixados segundo uma tarifa rigorosa estabelecida depois de testes feitos por três mestres-panificadores auxiliados por um especialista e probos indicados pela comunidade, levando em conta os resíduos da moedura, da mistura da massa e da cozedura. Em Paris, são conhecidas múltiplas variedades de pães "de fantasia", dentre os quais o de Chilly e o de Gonesse, ou "pãozinho mole" (*petit pain mollet*), eram os mais estimados. Nas terras paupérrimas comia-se bolo de aveia, um artigo ainda muito bem-quisto na Escócia atual, ou panquecas de trigo sarraceno. Mas nenhum território ficava completamente desamparado, pois a economia da época, a do grande domínio que abrangia uma região vastíssima, era favorável à policultura; na Idade Média, não se via uma região dedicada unicamente à cultura do trigo ou da vinha, importando o resto dos produtos dos quais precisasse; o regime de vastas explorações permitia que se variasse suficientemente as culturas, consagrando a cada uma porções equilibradas de terra.

Roupnel, em seu estudo do campo francês,[13] observa que o *manse*, a "ordem de grandiosidade local", que, segundo a riqueza da terra, media de 10 a 12 hectares modernos, era composto quase sempre de três elementos: de campos aráveis, de prados e de bosques; estes não representavam mais que uma pequeníssima

---

13 Gaston Roupnel, *Histoire de la Campagne française*, p. 366.

porção, cerca de um décimo da exploração total; as terras cultiva-
das tinham o dobro de extensão das de pastagem. "Esse pequeno
domínio se manifesta como um conjunto, e parece-nos construir
a imagem reduzida e completa do próprio território". E continua:
"Não é apenas a sua imagem; ele contém a sua vitalidade e a sua
duração". Os manuscritos com miniaturas, que eram inspirados
pela realidade, são bastante reveladores neste sentido: um pouco
por todo lado via-se uma proporção significativamente igual de
prados, de campos e de vinhas.

A vinha era cultivada por todo lado na França, o que era, aliás,
uma resposta a uma necessidade de ordens religiosa e econômica, pois, até o século XIII, os fiéis comungavam dos dois artigos e,
portanto, o consumo de vinho na missa era muito maior do que
atualmente. Algumas das safras eram, à época, particularmente
estimadas: as de Beaune, de Saint-Emilion, de Chablis e de Eper-
nay; outras não têm hoje em dia o renome que outrora tiveram,
como por exemplo os vinhos de Auxerre e de Mantes-sur-Seine.
Em toda parte, era preciso defender a produção local contra a
importação estrangeira e, numa cidade como Marselha, medidas
draconianas foram tomadas contra a introdução de vinhos ou de
uvas provenientes de outros territórios; apenas os condes tinham
o direito de importá-los para consumo pessoal — provavelmente
tratava-se neste caso de vinhos finos da Espanha ou da Itália;
um navio que entrasse no porto com uma carga de vinhos ou de
uvas expunha-se a vê-la espalhada no chão, e as uvas pisoteadas.
Nas pousadas ou entrepostos estabelecidos no estrangeiro, era
igualmente proibida a entrada do vinho do país antes que os
mercadores de Marselha tivessem vendido os seus. O cultivo da
videira era então muito mais encorajado em terras marselhesas
do que o é hoje em dia, e os Estatutos da cidade asseguravam-lhe
uma proteção especial: a proibição da caça nas vinhas — exceto
naquelas que fossem sua propriedade; proibição, aos meeiros, de
colherem mais que cinco cachos de uva por dia para consumo
pessoal etc.

Fato é que o vinho era a bebida essencial da Idade Média; conhecia-se a cerveja, principalmente a cerveja gaulesa, feita com cevada, que os gauleses e os germanos já fabricavam, e também o hidromel; mas nada estava acima do vinho, que se encontrava em todas as mesas, desde a do senhor até a dos servos. O vinho era, a um só tempo, um prazer e um remédio; reconhecia-se nele toda sorte de virtudes fortificantes e ele entrava na composição de uma porção de elixires e de produtos farmacêuticos, de geleias e de xaropes. Eram populares também os vários vinhos doces ou hipocraz, vinhos nos quais se macerava plantas aromáticas: absinto, hissopo, alecrim, murta, acrescidos de açúcar ou de mel. Antes de ir deitar-se, geralmente sorvia-se uma mistura fervida de vinho e leite coalhado que, na Inglaterra e na Normandia, chamava-se de *posset*, à qual a literatura gaulesa daquele tempo atribuía toda sorte de poderes cuja lista faria corar os sujeitos pudicos. Em todo caso, ele proporcionava o calor que faltava às acomodações de então; é certo que o vinho era, com exercícios violentos como a caça, o que permitia suprir a insuficiência dos meios de aquecimento; e, contudo, não se observamos que houvesse na época qualquer razão para temer os efeitos nocivos do alcoolismo, nem a degeneração que o acompanha; sem dúvida, isso se deve ao fato de que nenhuma preparação química, nenhum subproduto adulterado era servido como bebida, ou à observação geral das leis eclesiásticas que permitiam o uso e reprimiam o abuso.

Com o pão e o vinho, havia o que no sul catalão chamava-se de *acompanhamento*, isto é, todos os outros alimentos. Ao contrário da opinião difundida, consumia-se muita carne naquela época, e de pesquisas feitas descobriu-se que o gado francês era, no século XIII, significativamente mais importante que na nossa época. Uma pequena localidade pirenaica, que hoje conta com apenas uma dúzia de cabeças de gado, em outros tempos contava com duzentas e cinquenta e, ainda que as proporções não fossem as mesmas por toda parte, sem dúvida a criação de gado era praticada de maneira muito mais intensiva na França até a introdução do gado americano, a preços mais em conta, tornar impossível a concorrência para os nossos pecuaristas. No que diz respeito às ovelhas, por exemplo, não havia fazenda que não tivesse a sua própria criação, tanto mais porque elas forneciam adubo natural para o campo que, em nossa época, achou-se mais cômodo substituir pelos fertilizantes químicos, o que acarretou na considerável baixa de nossa criação de ovinos. Os porcos, sobretudo, eram numerosíssimos; na cidade como no campo, não havia família, por pobre que fosse, que não criasse ao menos um ou dois para consumo próprio, e era tradição dos calendários comumente esculpidos nas entradas de nossas igrejas ou pintados em nossos manuscritos a cena do abate do porco, que fornecia carne e banha para a provisão do ano; eram conhecidos os processos de salga e de defumagem que ainda hoje são empregados. Matar o porco era a tal ponto um evento da vida familiar que só se vê surgir muito mais tarde a corporação dos charcuteiros; e mesmo estes não eram de início mais que mercadores de "pratos prontos", antes de se especializarem na confecção de linguiças e presuntos. Por outro lado, a corporação dos açougeiros era poderosa desde o início da Idade Média, e sabe-se o papel que ela tinha nos movimentos populares dos séculos XIV e XV. De acordo com o *Ménagier de Paris*, o consumo semanal da cidade era de 512 bois, 3.130 ovelhas, 528 porcos e 306 vitelos — sem contar o consumo das hospedarias reais ou principescas, o abate familiar e as diversas feiras de presuntos e outras que ocorriam na capital e nos arredores próximos. Também em Marselha são impressionantes os números de prescrições relatadas de animais pertencentes aos proprietários da cidade, ou destinados ao consumo dos burgueses. Acrescente-se a isto as aves, que passavam pela engorda como se fez desde os tempos mais antigos: os fígados de ganso e os doces faziam parte dos cardápios festivos, naquela época como hoje.

Por fim, a caça fornecia recursos abundantes, em florestas mais extensas que as atuais, e muitas caçadas. Havia então uma infinidade de métodos para capturar a caça, desde armadilhas ou laços comuns até aves de rapina especialmente treinadas, passando pelas diversas armadilhas, alçapões, redes e engenhocas como o arco, a zarabatana e a besta. Apanhava-se também as perdizes com visco e se fazia a caça montada de cervos e javalis. Assim, a carne de cervo fazia parte da dieta e, embora perto do fim da Idade Média o senhor tendesse a reservar para si o direito de caça em seus domínios, como o fazem hoje os proprietários de terras e o próprio Estado, os seus caçadores, falcoeiros e valetes, bem como os camponeses que lhes prestavam auxílio nas grandes caçadas, tinham parte nos lucros de suas explorações; isto se vê nos romances e nas pinturas da época.

Parte da dieta também eram os laticínios, e já então nossas manteigas e queijos adquiriram o seu renome: queijos gordos de Champagne ou Brie, *angelots* da Normandia. Nesta região, a manteiga era praticamente a única gordura empregada na cozinha, e como o uso de toda gordura animal era proibido durante a Quaresma, os moradores obtinham dispensas especiais porque não lhes era possível buscar óleo em quantidades suficientes; as esmolas prescritas para compensar esta dispensa por vezes serviram à edificação de igrejas, e é a isto que a *Torre da Manteiga* em Rouen deve seu nome. Este era, contudo, um caso particular, pois a oliveira era aclimatada por toda a França e o azeite de oliva era muito apreciado; como o vinho, ele entrava na composição de muitos remédios. Só era autorizada nos dias "magros", que na época eram muitos, e nos quais a abstinência é bastante severa, visto que estendia-se também aos ovos; durante a Quaresma, os ovos que as galinhas punham eram endurecidos para conservação, e esses eram os ovos que, apresentados à bênção do padre durante as cerimônias da Sexta-Feira Santa, deram origem ao costume dos ovos de Páscoa.

As mesmas necessidades de abstinência levaram nossos ancestrais ao abundante consumo de peixes; todo castelo tinha adjacente um tanque de peixes em que percas, tencas, enguias e gobiões eram objetos de uma verdadeira cultura; também os lagos eram cultivados, como ainda se pratica em províncias como Brenne, e a pesca nos lagos era seguida de um metódico repovoamento. Nas costas, a pesca marítima era uma indústria muito viva; as associações de pescadores tinham em quase toda parte um importante papel; nas margens do Mediterrâneo, foram estabelecidas várias determinações à sua prática e, como forma de proteger o seu comércio contra o dos meros revendedores, lhes foi assegurado uma espécie de monopólio da venda do peixe; em Marselha, por exemplo, os revendedores não podiam oferecer a sua mercadoria até o meio-dia; assim, deixava-se livre, a venda dos peixes pequenos ou peixes de *bourgin*, pescados com uma rede de malha fina com esse mesmo nome: sardinhas, girelas, piardas — que se distinguiam de peixes maiores como a cavalinha, o dourado e sobretudo o atum, cuja pesca era muito abundante nas imediações do porto. Conhecia-se a conservação do peixe bem como a das carnes, e os "mercadores d'água" subiam o Sena levando diariamente a Paris barris inteiros de arenques salgados ou defumados; uma iguaria comum da época era o *craspois*, sem dúvida uma variedade de baleia.

Por fim, vinham os legumes, que enfeitam menos os palácios e são, por isso, o alimento quase exclusivo dos monges, aos quais a sua condição recomenda a sobriedade e as mortificações. Então, comia-se feijões e ervilhas, que atuavam como nossas batatas. Para queixar-se do casamento ruim e exprimir a maldade de sua esposa, Mahieu de Boulogne não podia ter encontrado melhores palavras para dizê-lo senão como nos versos a seguir:

> *Nous sommes comme chien et leu* [*loup*]
> *Qui s'entrerechignent ès bois,*
> *Et si je veux avoir des pois*
> *Elle fera de la purée !*[14]

Eram conhecidas inúmeras variedades de couves: brancas, repolhos, romanas e de salada; o *Ménagier de Paris* cita a alface da

---

14 "Somos como o cão e o lobo/ Que se perseguem no bosque/ E se eu quiser ervilhas/ Ela me fará purê!" — NT.

França e a alface de Avignon como sendo as mais apreciadas. Espinafres, azedas, beterraba, abóbora, alho-poró, nabos e rabanetes faziam parte da dieta corrente, e a eles acrescente-se as plantas usadas como condimentos, muito usadas então para realçar o sabor das carnes e dos legumes: salsa, manjerona, segureza, manjericão, erva-doce, hortelã — sem contar a variedade cada vez maior de especiarias que chegavam do Oriente, sobretudo a pimenta, tão preciosa que por vezes seria usada como uma espécie de moeda e que certas comunidades comerciais se serviriam dela para quitar suas taxas, como por exemplo nas casas das ordens militares.

As frutas eram muito apreciadas à época: as peras, as maçãs, das quais já se sabia extrair a perada e a cidra; o marmelo, que passa por planta medicinal e do qual se faz deliciosos doces, sobretudo em Orléans; as cerejas, as ameixas que eram colocadas para secar, bem como as uvas e os figos, os quais eram servidos nas pastas e nos doces, costume que conservou-se até os dias de hoje em certas regiões, principalmente no norte da França; o pêssego e o damasco, introduzidos pelos árabes, já eram queridos nos tempos das Cruzadas, mas os morangos e as framboesas permaneceram silvestres por muito tempo e foram poucos cultivados nos quintais até o século XVI; em época bem anterior a esta, eram vendidas castanhas nas ruas de Paris e, desde o século XIV, havia tentativas de aclimatar laranjas ao solo francês. Amêndoas, nozes e avelãs também eram favorecidas e serviam à produção de doces. Enfim, os recursos da floresta — castanhas, faias, abrunhos etc. — têm sido apreciados desde muito antigamente.

O regime geral das refeições variava muito de acordo com as regiões, sendo mais sujeito aos recursos locais que o é no presente. É claro, as mudanças foram muitas, e mais extensas do que se imaginaria, visto que os figos de Malta e as uvas da Armênia eram cultivados em Paris; os comerciantes italianos e provençais levavam às grandes feiras de Champagne e de Flandres os produtos exóticos e, num plano mais restrito, os mercados atraíam negociantes de quase todas as regiões da França. Mas essas trocas

A VIDA COTIDIANA

eram naturalmente menos generalizadas que nos dias atuais e, nas regiões rurais, se excetuarmos o movimento comercial criado em torno do castelo senhorial, vivia-se da produção local. Não eram utilizados os métodos artificiais de agricultura para antecipar temporadas e como, por outro lado, os dias de jejum e abstinência eram muito numerosos, o alimento mudava de uma a outra época, bem mais que hoje em dia: durante toda a Quaresma, a dieta era composta unicamente de legumes, de peixes e de aves aquáticas, todos temperados com azeite, e o mesmo se aplicava às vigílias ou vésperas de dias santos, o que significava cerca de quarenta dias no ano. Além disso, é preciso lembrar que essas recomendações eclesiásticas estavam em perfeito acordo com os preceitos da higiene: o jejum da primavera, o das mudanças de estação, às Têmporas, correspondentes a uma necessidade de saúde, ao passo que a grande época de festas, que inevitavelmente traduziam-se em comezainas, encontrava-se durante os meses mais frios do inverno, quando sente-se a necessidade de uma rica nutrição.

De qualquer forma, dos tratados de cozinha que nossas bibliotecas encerram, bem como de obras tais como o precioso *Ménagier de Paris*, resulta que a mesa era muito bem cuidada na Idade Média, para não dizer refinada. Dava-se grande importância à apresentação das iguarias e à ordem geral das refeições. Nas moradias senhoriais, os convivas sentavam-se diante de longas mesas postas sobre cavaletes e cobertas de toalhas brancas; nos dias de festa, o chão frequentemente encontrava-se repleto de folhagens recém-colhidas; as mesas eram dispostas num quadrado que acompanhava as paredes e as pessoas não se sentavam de frente umas para as outras, de modo que os criados pudessem ir e vir e colocar diante de cada convidado aquilo de que ele precisasse. Os convidados eram sempre muitos, pois era costume para os barões ter aberta a mesa. Robert de Blois indignou-se com a possibilidade de certos senhores fecharem as portas dos salões onde comiam, em vez de deixá-las abertas a todos; a hospitalidade era, portanto, um dever sagrado e valia para as pessoas comuns e para seus iguais;

por outro lado, a moradia do senhor recebia todos os escudeiros ligados a seu serviço, os filhos dos vassalos, uma grande parte de sua parentela. De modo que ao lado da grande mesa, onde o suserano senta-se em lugar de honra, há, mais ou menos dispostos de acordo com os seus títulos de preeminência, uma multidão de comensais. Este costume explica por que os cavaleiros do Rei Arthur, entre os quais reinava a perfeita igualdade, assentam-se em volta de uma mesa redonda — ou antes, fazendo o desenho de uma espécie de ferradura, de modo que todos os lugares fossem igualmente honrosos e que, contudo, fosse possível circular para servir os convivas.

Pois a maior parte das iguarias não eram servidas à mesa; as carnes ficavam sobre um aparador, e o mesmo para as bebidas. Cortava-se porções de carne para cada conviva: era papel atribuído ao trinchador, em geral um jovem cavalheiro, e, nos romances de cavalaria, como em *Jean de Dammartin et Blonde d'Oxford*, obra de Beaumanoir, o cavaleiro servindo a dama cumpre este dever. Colocavam-se as porções sobre pedaços de um pão especial, mais compacto do que o pão comum, chamado pão de trincho, ou diretamente sobre o prato. Este costume subsistiu em certas partes da Inglaterra onde os pratos de carne não vão à mesa. O mesmo acontecia com as bebidas: os jarros d'água eram mantidos sobre o aparador e o escanção enchia os copos e cálices, segundo a vontade dos comensais. Desta forma, as cenas de banquete representam trinchadores e servidores indo e vindo durante as refeições, ao passo que as damas, assim como os senhores de alta posição, permanecem sentadas, e os anfitriões familiares da casa, os galgos esguios e os caniches pequeninos correndo para lá e para cá, em busca de um petisco. As refeições formais com frequência eram intercaladas por "entremezes", durante os quais os jograis recitavam poemas ou executavam acrobacias; às vezes, pantomimas ou peças teatrais inteiras desenrolavam-se diante dos olhos dos comensais.

Tinha-se extremo cuidado com a apresentação dos pratos: pavões e faisões eram preparados, revestidos com suas penas e, nas

A VIDA COTIDIANA

geleias, desenhava-se toda sorte de decorações. O serviço incluía primeiro as sopas, de grande variedade, seguidas dos caldos complexos, frequentemente temperados com ovos batidos, torradas grelhadas e condimentos inusitados, tais como o agraço, até os mingaus,[15] férvidos de aveia ou de cevada, que ainda se come nos campos franceses e que formavam a base da alimentação campesina. Os franceses tinham a reputação de serem grandes consumidores de sopas, bem como hoje. Eram também renomados pela excelência de suas pastas e de suas tortas; a corporação dos panificadores de Paris obteve uma reputação justa: pastas de carne de veado ou de aves, que eram vendidos quentes nas ruas, tortas de legumes ou de compotas, tudo temperado com ervas aromáticas, tomilho, louro, alecrim. Nos festins dados pelos príncipes em ocasiões de recepção, sobretudo a partir do século xiv, certas pastas monstruosas continham corças inteiras, sem prejuízo dos capões, de pombos e de láparos que os temperam, lardeados de banha de porco, crivados de cravos e polvilhados de açafrão. Muito apreciadas eram também as carnes grelhadas e assadas, bem como os molhos em que os mestres-cucas se especializavam, dentre os quais o mais estimado era o molho de alho, e que se vendiam preparados ao uso dos empregados. Cremes e pratos doces concluíam a refeição; certos bolos, tais como o coscorão e os bolos de amêndoas, ou marzipã, ainda são aqueles que tanto se estima atualmente e, como hoje, gostava-se de oferecê-los com doces de frutas, sobretudo o doce de marmelo, muito parecido à época, ou drágeas; eram esses os doces mais correntes, junto das compotas e dos xaropes.

Tudo isto evidentemente está longe de "ervas" e de "raízes". A alimentação, e o refinamento que nela se pode pôr, varia, naturalmente, com o grau de fortuna, mas sem dúvida não se teria vendido nas ruas "escaldados", patês e produtos exóticos como os

---

15 No original francês, *fromentées*: espécie de caldo grosso ou mingau de frumentos (cereais ou grãos, do latim *frumentum*), leite fervido ou caldo de carne, sendo um item básico da dieta medieval na França e em outros países europeus. Versões mais requintadas podiam incluir água de flor de laranjeira, leite de amêndoas, frutas e açúcares — NT.

figos de Malta, se não houvesse quem os comprasse, ou se esses pratos fossem feitos apenas para os burgueses ricos, cujas provisões se davam em outra escala e que tinham em casa os próprios cozinheiros. Nos romances de ofício, vê-se jovens aprendizes comprarem com frequência um pouco de pasta quando saem a buscar água na fonte para as necessidades da casa — portanto, o preço de tais itens não era inacessível para o seu bolso. E a vida no campo, ainda que menos variada, não devia ser menos vasta que na cidade — ao contrário, visto que as plantações e as criações de animais davam aos camponeses facilidades que os citadinos não tinham; quando se quisesse criar uma cidade, era-se obrigado, para atrair moradores para ela, promover a eles isenções e privilégios, o que não teria se mostrado necessário se o camponês fosse miserável ou, como nos nossos dias, estivesse numa posição desfavorável em relação ao citadino. Há todos os motivos para acreditar que é da Idade Média que datam as saudáveis tradições gastronômicas que estabeleceram tão firmemente pelo mundo a reputação da cozinha francesa.

~

O que impressiona nas vestes da Idade Média é a cor; o mundo medieval era um mundo colorido e o espetáculo da rua devia ser, na época, um encanto para os olhos; na decoração das fachadas pintadas e insígnias rutilantes, os movimentos desses personagens vestidos de vivas cores, homens e mulheres, nas quais destaca-se a batina preta dos clérigos, o burel castanho dos frades mendicantes e alvura resplandecente de uma capa ou de um chapéu de mulher — mal podemos imaginar, no mundo moderno, semelhante festa de cor se não for em desfiles que ainda se via na Inglaterra há pouco tempo, nas ocasiões do casamento de um príncipe ou da coroação de um rei, e em certas cerimônias eclesiásticas como as que se dão no Vaticano. Não se tratava apenas de vestimentas cerimoniais; simples campesinos vestiam-se em cores abertas, vermelhos, amarelos, azuis. A Idade Média parecia ter horror de cores sóbrias, e tudo o que nos foi legado — afrescos, iluminuras, tapeçarias, vitrais — dá testemunho dessa riqueza de cores tão característica da época.

Não é preciso, no entanto, exagerar o pitoresco ou a excentricidade da indumentária medieval; certos detalhes inevitavelmente associados aos quadros da época não eram usados senão excepcionalmente: as polainas, por exemplo, estiveram em moda durante cerca de cinquenta anos, não mais que isso, no decorrer do século XV, que tem presentes muitos exageros do vestuário; Carlos de Orléans zomba dos "gorgias", das moças elegantes que usam mangas "rasgadas" — mangas com fendas laterais que deixam entrever forros brilhantes. Da mesma forma, o chapéu feminino longo e pontudo que evoca irresistivelmente a alcunha de "castelã" foi muito menos usado que o chapéu quadrado ou arredondado que enquadra o olhar e frequentemente é acompanhado de uma fita sob o queixo, em voga no século XIV.

De modo geral, as mulheres na Idade Média usavam vestes que seguiam as linhas do corpo, com um busto bastante ajustado e amplas saias de curvas graciosas. O corpete geralmente abria-se sobre a *chainse*, ou camisa de tela, e às vezes as mangas eram duplas: as primeiras sendo as da sobreveste ou das vestes de baixo, indo até os cotovelos; e as de cima, em tecido mais leve, indo até os punhos. O pescoço era sempre aberto, enquanto as saias iam até o chão, seguradas por uma cinta que às vezes tinha fecho de joias.

As vestes masculinas mal se distinguiam das femininas, ao menos nos primeiros séculos da Idade Média, porém era mais curta, a cota deixava entrever as calças e, às vezes, as bragas ou calções; ao longo do século XII, sob a influência das Cruzadas, foram adotadas vestes longas e flutuantes, moda que fora vivamente repreendida pela Igreja como efeminada. Os camponeses usavam uma espécie de romeira com capuz, enquanto os burgueses cobriam a cabeça com um chapéu de feltro ou de tecido drapeado. Gostava-se muito das peles, desde o arminho reservado aos reis e príncipes do sangue, a marta ou os esquilos, até às simples raposas e carneiros, com os quais os aldeões confeccionavam sapatos, gorros e às vezes mantos. No século XV, os grandes senhores como o duque de Berri gastavam fortunas para adquirir peles preciosas, e foi também nesta época que a indumentária tornou-se mais complicada, que os calções tornaram-se estreitos e justos, que a cota foi significativamente encurtada e pregada na cintura, enquanto que os ombros eram estofados.

As roupas de baixo existiam desde o início da Idade Média, e a análise de iluminuras mostra que eram usadas tanto por camponeses quanto por burgueses; por toda a França, havia canhameirais, cuja fibra era fiada e tecida e fornecia uma bela e resistente trama. Em contrapartida, as roupas de baixo noturnas não existiam e o seu uso só foi introduzido muito mais tarde. Para as vestes, por meio das grandes feiras, uma grande variedade de tecidos circulava por toda a França. Vendia-se nas vilas mediterrâneas todas as especialidades da indústria têxtil de Flandres e do Norte da França: tecidos de Châlons, estambre forte de Arrás, panos de lã de Duaco, de Cambraia, de Saint-Quentin, de Metz, cortinas rubras de Ypres, estanfortes da Inglaterra, lonas finas de Reims, feltros e capas de Provins, sem contar as especialidades locais, como a *brunette* de Narbonne, os panos cinzas e verdes de Avignon. De outro lado, o comércio das cidades litorâneas — Genes, Pise, Marselha, Venise — permitia a importação de produtos exóticos do norte da África e até mesmo da Índia e da Arábia; certos registros de mercadores que frequentavam as feiras de Champagne são tão sugestivos quanto uma página dos contos das *Mil e uma noites*: panos dourados de Damas, sedas e veludos de Acre, véus bordados da Índia, tecidos de algodão da Armênia, peles da "Tartária", couros e cordovãos de Túnis e Bougie, peles processadas de Oran e Tlemcen. A seda e o veludo foram por muito tempo privilégio da nobreza, sendo os nobres os únicos prósperos o bastante para poder obtê-los. E o todo fazia-se objeto dos

A VIDA COTIDIANA

presentes dos príncipes: nas ocasiões de grandes festividades, eram distribuídos de bom grado aos sujeitos de sua comitiva, quaisquer que fossem suas posições, vestes mais ou menos suntuosas. No entanto, o luxo excessivo não era parte da realeza capetiana; a corte só se tornaria magnífica sob os Valois, e sobretudo com os príncipes abastados, duques de Berri, de Borgonha e de Anjou. Todavia, é sabido que figuras como Luís, *o Jovem*, São Luís e Filipe Augusto eram notáveis pela sobriedade de suas vestimentas, frequentemente mais simples que as de seus vassalos.

No que diz respeito ao vestuário militar, seria um erro imaginar o cavaleiro medieval sob as pesadas e complexas armaduras que vemos nos museus franceses e que só surgiriam por volta do fim do século XIV, quando as armas de fogo tornaram necessário o aperfeiçoamento do aparato defensivo. Nos séculos XII e XIII, a armadura era composta essencialmente da cota de malha que ia até os joelhos e do capacete que, sendo de início pesado e maciço, foi aperfeiçoado e incrementado com viseiras e com tiras de queixo móveis e, mais tarde, com uma peça para o nariz e outra para a testa. Sob o lorigão, ou a cota de malha, para atenuar-lhe o brilho, colocava-se uma cobertura de tecido, pano fino ou outro; as perneiras e esporas completavam o traje. Não há melhor representação da indumentária de guerra da época que a bela estátua do Cavaleiro de Bamberg, obra-prima de harmonia e de simplicidade máscula. Mas é preciso um esforço de imaginação suplementar para reconstituir o espetáculo deslumbrante que os exércitos de então deviam apresentar: a multidão de capacetes, de lanças, de espadas ardentes ao sol, ao ponto que a sua reverberação fosse causa frequente de derrota para aqueles que se encontrassem em orientação desfavorável.

Podemos imaginar os brados de admiração que eram arrancados dos cronistas da época por essas *hostes* rutilantes, com suas bandeiras e seus estandartes, seus cavalos carregados, as sedas brilhantes abrindo-se sobre as cotas de aço, cada casa reunida em torno de seu senhor e levando as suas cores. Pois é na mesma época, no início do século XII, que surge o brasão. Os termos e a maioria das partes foram tomadas de empréstimo do Oriente árabe, mas o costume espalhou-se rapidamente na Europa, difundido pelo uso dos torneios, nos quais, para seguir os avanços dos cavaleiros, em campos geralmente vastíssimos, confiava-se em seus brasões como hoje em dia se confia nas cores dos jóqueis. Este brasão, que retorna hoje de modo renovado, fazia parte integrante da vida medieval: ele traduz, de maneira articulada, a divisa de um senhor ou, antes, de uma família; é, a uma só vez, o grito de guerra e o signo de reunião. Sabe-se que cada cor, ou ainda, cada esmalte, tem significado próprio, como cada móvel pelos quais é responsável; o azul é símbolo de lealdade; o goles, de coragem; o saibro, de prudência; e a sinopla, de cortesia; dos dois metais, a prata significa pureza, e o ouro, ardor e amor. O brasão tornou-se mais complexo no decorrer dos séculos, mas, desde o seu surgimento, ele constitui uma ciência e uma espécie de linguagem hermética, traduzindo, sob essa forma rica e colorida na qual a Idade Média se deleitava, todo o feixe de tradições e de ambições que compunham a personalidade moral de cada casa.

Na Idade Média, os instrumentos de trabalho eram manifestamente os mesmos que aqueles de que se serviu até o século XIX, antes do desenvolvimento da maquinaria e da motorização da agricultura. Todavia, é preciso mencionar que o carro de mão, cuja invenção uma tradição estabelecida atribui a Pascal, já existia na Idade Média, bastante parecido com que o que se usa atualmente. Há manuscritos do século XV cujas iluminuras mostram serventes transportando pedras ou tijolos em carros de mão com um braço apoiado por uma alça passada sobre o ombro para facilitar o carregamento da carga; o procedimento ainda é usado por nossos operários.

Muitas invenções surgiram na Idade Média, e a sua importância no decorrer do tempo foi grande demais para ser relegada ao silêncio: a sela para cavalos, por exemplo. Até então, a atrelagem era feita pondo todo o peso sobre o peito do animal, de modo que um pouco mais de carga poderia sufocá-lo; foi durante o século X que se teve a ideia engenhosa de atrelar os animais de carga de maneira que todo o corpo servisse de apoio ao peso e à carga desejados.[16] Essa inovação introduziria uma profunda mudança nos costumes: a tração humana fora até então superior à tração animal; invertendo essa ordem, tornava-se fácil e quase possível a supressão da escravidão, uma necessidade econômica na Antiguidade. A Igreja lutara para que o escravo fosse considerado como ser humano e que os direitos da pessoa lhe fossem reconhecidos — o que em si já constituía uma revolução essencial nos costumes. Essa revolução foi definitiva a partir do momento em que o cavalo e o burro foram encarregados de uma parte do trabalho humano. Da mesma forma, a invenção do moinho: o moinho hidráulico, e então o moinho de vento, representariam um passo considerável para a humanidade, suprimindo a imagem clássica do escravo atrelado à mó. Num âmbito mais profundo, mas de uma incontestável comodidade, o procedimento que permitiu que os carros pudessem manobrar facilmente sobre si mesmos, graças ao dispositivo que torna as duas rodas dianteiras independentes das rodas traseiras, contribuiu tanto para com o progresso quanto para com o conforto: imagine o espaço que não deviam tomar, na tentativa de virar, as enormes carroças de grãos ou de forragem — e o congestionamento que resultava disso! É evidente que tais invenções tiveram mais efeito que quaisquer outras sobre o bem-estar da plebe e que contribuíram, sem problemas e sem custos, com a melhora eficaz de seu destino.

A essas invenções, que modificariam radicalmente as condições do trabalho humano, é preciso acrescentar a da bússola e do leme, não menos importantes na história do mundo. Os progressos da navegação viram-se ampliados com eles, e isso explica, ao menos em parte, a intensa circulação de que o século XIII foi testemunha.

O ritmo da jornada de trabalho varia muito na Idade Média, segundo as estações. É o sino da paróquia ou do monastério vizinho

---

16   Cf. Richard Lefebre des Noettes, *L'attelage à traves les âges*. Paris: 1931.

que chama o artesão à sua oficina como o camponês ao campo, e as horas do Angelus mudam com a duração da luz do sol; levanta-se e deita-se, a princípio, seguindo o sol: no inverno o trabalho começa, portanto, por volta das oito ou das nove horas, e termina às cinco ou seis da tarde; no verão, por sua vez a jornada começa às cinco horas da manhã para terminar só às sete ou oito da noite. Assim, tendo as duas interrupções para as refeições, as jornadas de trabalho variavam de oito a nove horas no inverno e de doze a treze ou às vezes quinze horas no verão — o que ainda é o regime habitual de famílias campesinas. Mas não era assim todos os dias. Antes de mais nada, praticava-se o que chamamos de semana inglesa; todo sábado e nas vésperas de festas, o trabalho se interrompia a partir da uma da tarde em certos ofícios e, para todos, às vésperas, isto é, no máximo por volta das quatro horas. O mesmo regime aplicava-se cerca de trinta dias por ano, nas festividades em que não havia folga, tais como o dia de Cinzas, de Rogações, dos Santos Inocentes etc. Repousava-se também no dia da festa do patrono da confraria, do da paróquia e, naturalmente, havia a folga completa aos domingos e feriados. Estes eram bastante numerosos na Idade Média: de trinta a trinta e três por ano, de acordo com a província; às quatro festas que se conhece hoje em dia na França, acrescentava-se não apenas o dia de Finados, a Epifania, as segundas-feiras da Páscoa e de Pentecostes e três dias da oitava de Natal, mas ainda muitas festas que hoje passam quase despercebidas, tais como a Purifica-ção, a Invenção e a Exaltação da Santa Cruz, a Anunciação, o dia de São João, o de São Martinho, o de São Nicolau etc. O calendário litúrgico regia, assim, o ano inteiro e introduzia nele uma grande variedade, ainda mais porque essas festas eram muito mais impor-tantes do que o são hoje em dia. Era pelas datas delas, e não pelo dia do mês, que se media o tempo: falava-se de "Santo André", e não de 30 de novembro; dizia-se "três dias após o São Marcos", em vez de 28 de abril. Em sua homenagem, também se derrogavam exigên-cias de ordem social, como as da justiça, por exemplo. Os devedores insolventes, aos quais era atribuída uma residência forçada — regime que lembra a prisão por dívidas, porém numa forma mais branda — podiam sair dela para ir e vir livremente da Sexta-Feira Santa à terça-feira de Páscoa, do sábado à terça-feira de Pentecostes e, por fim, da véspera de Natal à Circuncisão do Senhor. Eis aí noções que nos são difíceis de conceber atualmente.

No todo, havia cerca de noventa dias de folga completa por ano, com sessenta e dois dias ou mais de folga parcial, cerca de três meses de férias repartidos ao longo do ano, o que assegurava uma variedade inesgotável na cadência do trabalho. Em geral, as pessoas da época se queixariam de ter muitos dias de folga, como o sapateiro da fábula de La Fontaine.

A organização dos passatempos tinha base religiosa: toda folga é dia de festa, e toda festa começa pelas cerimônias religiosas. Estas frequentemente são longas e sempre solenes. Prolongam-se com apresentações que, originalmente ocorridas na própria igreja, logo foram relegadas ao pátio: são as cenas da vida do Cristo, das quais a principal, a Sua Paixão, suscitava obras-primas redescobertas em nossa época; a Virgem e os santos inspiravam também o teatro, e todos conheciam o *Milagre de Teófilo*, que teve uma recepção extraordinária. Essas apresentações eram essencialmente populares; tinham por atores o povo e por audiência — uma audiência ativa e vibrante aos menores detalhes das cenas que despertassem nela sentimentos e emoções de qualidade diversa das do teatro atual, pois não eram somente o intelecto ou a afetividade que entravam em jogo, mas também crenças profundas, capazes de conduzir esse mesmo povo até os rios da Ásia Menor ao chamado de um Papa. A isto misturava-se, como sempre, o tom paródico, que se levava muito longe: não chegavam ao ponto de subir ao púlpito para despejar palhaçadas temperadas com algumas crueldades das mais pungentes, durante os "sermões alegres"? Os clérigos não viam mal nessas excentricidades que, nos dias de hoje, seriam escandalosas, e participavam delas alegremente.

Ademais, não havia apenas o teatro religioso e, nos palcos dispostos na praça, frequentemente eram representadas farsas e sotias,[17] ou ainda peças de temas romanescos ou históricos; quase todas as cidades possuíam uma companhia de teatro; a dos clérigos da Basoche, em Paris, ainda é famosa. Os júbilos públicos também tinham lugar, ao lado das festas da Igreja: por vezes, eram magníficos cortejos a desfilar pelas ruas, na ocasião de assembleias e de cortes plenárias chamadas pelos reis em alguma de suas residências, em Paris ou em Orléans, lembrando os *champs de mars* e os *champs de mai* aos quais Carlos Magno convocara a nobreza do país em Poissy ou em Aix-la-Chapelle. Nessas ocasiões, a corte da França, em geral muito simples, se aprazia em ostentar certa pompa e, como para as entradas de reis ou de grandes vassalos nas cidades, eram decoradas com todo o luxo concebível: tapeçarias penduradas ao longo dos muros, casas ornadas com folhagens e vegetação, ruas repletas de flores. Era o que acontecia quando do coroamento de um rei; as cidades pelas quais ele passasse após as cerimônias de Reims apressavam-se para dar-lhe uma recepção solene; esta recepção nada tinha de rígida, nem de pomposa: era acompanhada de cortejos grotescos em que saltimbancos e artistas profissionais, misturados ao público, faziam mil truques que parecem incompatíveis com a majestade real; foi só na entrada do rei Henrique II em Paris que se decidiu descartar essas festas e "chalaças de outrora". Eram ocasião de munificências por vezes inauditas, sobretudo sob o reino dos Valois: fontes derramando vinho, festins oferecidos às multidões, para as quais se preparavam cozinhas ambulantes, em que as carnes eram empilhadas em enormes espetos. Foi na mesma época que se tomou gosto pelos bailes de máscaras ou a fantasia, dos quais um permaneceu tragicamente na memória sob o título de *Baile dos Ardentes*: aquele em que o jovem rei Carlos VI e quatro companheiros vestiram-se em roupas de *selvagem*, feitas de estopa e revestidas de betume e de penas, e no qual, tendo imprudentemente se aproximado de uma fogueira, o seu grupo pegou fogo; ele teria morrido se não fosse

---

17   Espécie de farsa satírica popular na França nos séculos XIV e XV — NT.

pela perspicácia da riqueza de Berry, que o envolveu nas dobras de seu vestido, sufocando as chamas; mas o perigo de que escapou não deixou de ter influência na já fragilizada mente do infeliz monarca e na enfermidade que o afligiria.

Todos os eventos que tocavam a família real, ou apenas a família senhorial do local — nascimentos, casamentos etc. — eram ocasião de distrações e de festividades. As feiras também traziam a sua porção de diversões. Era nesta ocasião que os jograis empregavam os seus talentos, desde aqueles que recitavam fragmentos de canções de gesta ao som do alaúde ou da viola, até os simples malabaristas que, por suas caretas, acrobacias e malabarismos, atraíam uma multidão de espectadores; por vezes, lançavam mão de pantomimas — ancestrais de Tabarin —, mostravam animais inteligentes ou equilibravam-se em cordas estendidas em alturas impressionantes.

Depois do espetáculo, qualquer que fosse o seu gênero, a distração preferida na Idade Média era a dança. Não havia banquete que não fosse sucedido por um baile: danças de donzéis nos castelos, canções aldeãs, rondas em torno da árvore do mastro; nenhum passatempo é mais estimado, sobretudo pelos jovens; romances e poemas fazem frequentes alusões a esses eventos. As pessoas gostavam de misturar cantos e danças e certos refrões serviam de pretexto a *bailar* e a *cantarolar*, como as fogueiras de São João o eram para pular e fazer rodas. As competições esportivas também tinham os seus adeptos: lutas, corridas, saltos em altura, saltos à distância e arco e flecha eram motivo de competições nos vilarejos, entre os burgos, bem como entre os pajens e escudeiros que compunham a casa de um senhor. A caça, ocasião de festins e de diversões, continuava sendo o esporte preferido e, naturalmente, campeonatos e torneios eram as principais atrações de dias de festa ou de grandes recepções. As crianças, como em todas as sociedades do mundo, imitavam em suas brincadeiras os jogos dos adultos, ou faziam intermináveis jogos de esconde-esconde ou de malha.

Não faltava o entretenimento em ambientes fechados. Sobretudo, o xadrez; durante as Cruzadas, jogava-se fervorosamente o xadrez, tanto entre os cruzados quanto entre os sarracenos, e são inúmeros os tratados de xadrez manuscritos presentes em nossas bibliotecas. Sabe-se que o Velho da Montanha, o mestre terrível dos Assassinos, deu a São Luís um magnífico tabuleiro de xadrez em ouro e marfim. Menos sofisticados, os jogos de mesa, isto é, damas ou gamão, também tinham os seus adeptos. Mas provocavam furor sobretudo os dados; vigaristas e jograis arruinavam-se por causa deles: Rutebeuf passou por uma experiência amarga com eles e conta em termos patéticos as esperanças sempre frustradas e os despertares angustiados dos infelizes jogadores arruinados; jogava-se dados até na casa real. Como em jogos assim deixa-se levar pelas imprecações, as autoridades tomavam medidas contra os blasfemadores: em Marselha, mergulhava-se três vezes numa vala lamacenta, próxima do Porto Velho, aqueles que tivessem esse hábito infeliz. Também eram punidos aqueles que usavam dados viciados ou trapaceassem de alguma forma. As crianças, por sua vez, jogavam ganizes. Mais distintos e comuns na sociedade da corte eram os diversos jogos mentais: adivinhações, anagramas, composições rimadas. Christine de Pisan deixou-nos *jogos de venda*, pequenas peças improvisadas — do mesmo gênero de "*Je vou vends mon corbillon*" ("Vendo-vos meu cesto") —, cheias de charme e de ligeira poesia.

A MENTALIDADE MEDIEVAL

Deste conjunto bastante desconcertante que a Idade Média forma destaca-se certo número de noções que é importante não perder de vista quando estudamos esta época tão diferente de todas aquelas que a precederam e que a sucederam. Esses traços são tão impregnados nela que mesmo a análise de um detalhe pode achar-se bastante distorcida se não os tivermos em mente. Conhecer a mentalidade medieval é ainda mais importante para compreender a época na medida em que cada parte se encontra firmemente relacionada ao todo: esse microcosmo que é o núcleo familiar reproduz o microcosmo, neste caso a senhoria e o Estado como um todo. É assim para todo o resto, se bem que estudar uma instituição sem levar em conta a atmosfera geral do tempo seria se expor a equívocos graves, ainda mais quanto a este período do que quanto as demais épocas da história.

Desta forma, um dos traços mais marcantes é o senso prático: nossos ancestrais medievais pareciam não ter tido outro critério senão a utilidade. Na arquitetura, na arte, da decoração da vida diária, não cediam espaço ao ornamento e ignoravam a arte pela arte. Se uma calha transformava-se para eles em gárgula, é porque a sua imaginação intensa segue ininterrupta em vigília e brinca com tudo o que os sentidos lhe revelam; contudo, não tiveram a ideia de esculpir gárgulas que não tivessem a função de calha, como também não sonhavam em desenhar jardins para o mero prazer dos olhos. O seu senso estético lhes permitiu fazer surgir beleza por todo canto, mas, para eles, a beleza não surgia sem utilidade. Além disso, é surpreendente ver com que facilidade eles harmonizavam os conceitos de beleza e de utilidade — como, por uma adaptação exata a seu fim e uma graça com algo de natural, simples utensílios domésticos, como uma jarra d'água, um cálice, um jarro, adquirem genuína beleza. É crível que não se vissem no dilema de sacrificar um pelo outro, ou de acrescentar um para tornar o outro aceitável, segundo a concepção comum ao século passado. Tudo o que nos resta da vida medieval, desde a história da formação do domínio real até a evolução da arquitetura, manifesta este espírito positivo, realista, que às vezes faz com que vejamos nossos ancestrais como "prosaicos" — o que pode ser excessivo, mas mais próximo da verdade que a tendência romântica de enxergar neles seres fantasistas e desordenados.

Pode-se objetar o seu gosto para a poesia. Mas o caso é que, ao contrário dos modernos — que viam nela um agradável capricho, uma "evasão", e no poeta uma espécie de boêmio, um ser à parte, ou um heredo-sifilítico —, as pessoas da Idade Média consideravam a poesia uma forma natural de expressão; para eles, ela fazia parte da vida, da mesma forma que as necessidades materiais ou, mais precisamente, que as faculdades próprias ao homem, como o pensamento e a linguagem. Para eles, o poeta não era um ser anormal; pelo contrário: era um homem completo, mais completo que o que não fosse capaz da criação artística ou poética; não lhes passava pela cabeça, como a Platão, com o seu banimento da República, pois a poesia tem o seu papel na república, como a eloquência o tinha na Grécia Antiga.

Esse senso prático se traduz, dentre outras formas, por uma grande prudência diante da vida. Usa-se de tudo, mas com medida. O homem tinha, na Idade Média, uma espécie de desconfiança instintiva de suas próprias forças — que curiosamente coexistia com o ímpeto e a audácia dos grandes empreendimentos aos quais a época testemunhou. Um dos adágios que explicam esse período é o de Roger Bacon: *Natura non vincitur, nisi parendo*, isto é, *a única forma de vencer a Natureza é obedecendo a ela.* Na época, professava-se um grande respeito pela tradição, pelo estado das coisas, pelos costumes que não eram mais que a constatação desse estado de coisas; tudo o que era consagrado pelo tempo tornava-se incontestável, e as descobertas — na arte, na arquitetura, na vida cotidiana — só se impunham na medida em que tinham base na experiência. Não se buscava a inovação, mas, ao contrário, o fortalecimento daquilo que o passado havia legado, aperfeiçoando-o. A Idade Média é uma época de empirismo: não se fundamentava a vida em princípios determinados de antemão, mas os princípios regentes de uma existência emergiam de condições às quais ela devia se adaptar.

É uma acusação bastante reveladora desse aspecto da mentalidade medieval o que os juristas chamavam de *crime de novidade*. O nome designava tudo o que representava um rompimento violento e brutal com o curso natural das coisas, ou o seu estado tradicional, desde a quebra de uma cerca até a desapropriação de um direito de que se desfrutara pacificamente. Esta "nova força", um ato de rompimento com um passado que havia provado o seu valor, era temida por suas consequências imprevisíveis; havia nisto uma espécie de humildade diante da Criação: sabe-se que o homem pode ser superado pelos eventos que ele mesmo desencadeou e, como tal, há certa desconfiança do que não foi ratificado pela tradição. Em contrapartida, o modo de investigação ou de justificativa mais comum consiste em apelar à memória dos testemunhos mais antigos: quando fica provado que o direito em disputa esteve em uso desde tempos imemoriais, todos curvam-se. É em virtude da mesma tendência que um arrendatário que se instalasse numa terra e a cultivasse pacificamente pela duração da prescrição seria, mais tarde, considerado como o seu proprietário legítimo: acredita-se que aqueles que tivessem razões para apresentar oposição deveriam ter feito nota de tal ao longo desse curso legal de "ano e dia", durante o qual a novidade (*nouvelleté*) se transformara em factual.

Mais significativa ainda é a noção que se tinha então da liberdade individual. Ela não surge, na Idade Média, como um bem ou um direito absoluto. Era antes considerada um resultado: aquele para quem a segurança é certa, aquele que possui terras suficientes para poder resistir aos agentes do fisco e defender ele mesmo o seu território: este é dito livre, porque tem, com efeito, a possibilidade de fazer o que lhe bem entender. Os demais tinham por princípio a segurança em primeiro lugar — e, além do mais, não pareciam sofrer com a restrição à sua liberdade de movimento, trazida pela necessidade, nem a reivindicar como um direito predeterminado. Naturalmente, aqui trata-se apenas da liberdade individual — "atômica", de acordo com Jacques Chevalier —, pois, ao contrário, o homem medieval mostrava-se bastante exigente a tudo o que dizia respeito aos direitos do grupo do qual ele pertencia e que eram considerados indispensáveis à existência: liberdades familiares, corporativas, comunais e outras eram sempre amargamente discutidas e reivindicadas; eram defendidas, se necessário, pelo uso de armas.

Tal senso prático, tal horror inato da abstração e da ideologia, tinham o seu complemento num grande senso de humor. Na Idade Média tudo diverte o homem; para ele, o desenho facilmente se transforma em caricatura e a emoção é vizinha da ironia. Esta é uma característica que não se pode perder de vista quando no estudo da época, pois, se levarmos os textos demasiadamente a sério, só os desfiguramos e os deixamos mais pesados. Julgava-se ter visto amostras da famosa "ingenuidade" medieval, ou certas segundas intenções de vingança sutil dos fracos sobre os fortes em passagens em que o autor buscava divertir-se, e nada além disso. Quando se esculpia nas estalas da igreja cônegos com traços grotescos, em posturas ridículas; quando tal cronista, falando dos efeitos do fogo grego, exclama, acerca da "água" que espalha o fogo: "[Ela] custa muito caro, assim como um bom vinho!"; quando, nas fábulas, o cura receba golpes de bastão — não se deve ver em tudo isso nada mais que o senso do ridículo, o prazer de rir e de fazer rir. Nada escapava a essa tendência, nem mesmo o que a época tinha por mais respeitável; às vezes, é-nos chocante ver certas cenas de taverna, a título de graça, introduzidas nos *Mystères* (*Mistérios*), e hoje em dia seria impossível reconstituir certas cerimônias religiosas ou oficiais sem escandalizar o público acostumado com uma seriedade maior. É sobretudo percorrendo os manuscritos que se faz evidente esta faculdade de misturar o sorriso às preocupações mais austeras, essa espécie de travessura natural que tornava nossos ancestrais incapazes de conservarem total seriedade: na sequência de um grave tratado sobre os diferentes pesos em uso e seus equivalentes, encontra-se, por exemplo, esta conclusão inesperada, acrescida de sua própria autoridade por um copista que, sem dúvida, relutava ao cumprir o seu trabalho: *et pondus est mensura, et mensuram odit anima mea*, ou seja, *e o peso é a medida, e eu detesto a medida!* Outro, na sequência de uma obra de filosofia, formula tranquilamente o seguinte desejo sem vergonha: *Scriptori pro pena sua detur pulchra puella — Quisera o copista que lhe dessem, como sua pena, uma bela moça!* Tudo isso sem transição, na mesma letra que o resto do texto e em meio a manuscritos destinados a figuras bastante sóbrias. Se passarmos aos desenhos e às iluminuras que ornam as páginas, serão incontáveis os exemplos de malícia e de ironia salpicados aqui e ali, com um vigor que não cessa de jorrar e que encontra o meio de se exercer até nos mais doutos tratados de filosofia.

Esse humor medieval é, além disso, curiosamente ligado à fé religiosa que anima a época e a qual devemos levar em conta, também, nos menores detalhes da história ou da vida cotidiana. A sua fé lhes ensina, com efeito, a originalidade da Pessoa Divina, a quem nada é impossível e que pode, por consequência, inverter os planos como bem entender. O *Credo quia absurdum*, atribuído a Santo Agostinho, faz parte da essência mesma da mentalidade medieval, para a qual a ação divina acrescenta a todas as probabilidades da existência terrestre um campo propriamente ilimitado de "impossíveis" realizáveis. As pequenas cenas nas quais escultores e santeiros daquele tempo gostavam de representar, por exemplo, um galo arrastando uma raposa, ou uma lebre abatendo um caçador, não são mais que traduções deste estado de espírito em que o tom humorístico está intimamente ligado à crença num Deus todo-poderoso tornado homem.

Se tentarmos resumir as preocupações da época, perceberemos que elas tinham em duas palavras dois polos contrários, mas não contraditórios: paço e peregrinação. Toda a existência era então ferozmente centrada na casa, na família, na paróquia, no território, no grupo de que se participasse. Não é uma tradição, nem um traço de costumes, que tende a reforçar essa fixação ou a fazê-la respeitada. As cidades proibiam tão zelosamente as suas liberdades quanto um senhor a sua castelania; as associações também se mostravam tão intransigentes em relação aos privilégios quanto um pai de família o era em relação ao seu feudo, por mais escasso que fosse; o *solar*, o ambiente em que se mora, é considerado como um santuário; isso resulta de tudo o que nos é possível saber da história medieval: direito privado, instituições familiares e municipais — e a própria formação do domínio real, resultado de uma paciente tenacidade, de combinações perspicazes de heranças e de casamentos, não passa de uma entre outras provas desse espírito positivo e realista de nossos ancestrais quando se tratava de fortalecer e de conservar o seu patrimônio.

E, no entanto, esses seres fixos no solo, ligados a seus ancestrais e a seus descendentes, mantinham-se em perpétuo movimento. A Idade Média era, a uma só vez, uma época em que se construía e uma época em que se movia — duas atividades que podem parecer inconciliáveis, e que, todavia, coexistiram sem dramas, nem rupturas. Ela testemunhou os maiores deslocamentos de multidões, a circulação mais intensa que a história do mundo já viu, exceto pela nossa época. Que foram os empreendimentos coloniais, os dos gregos e os do século passado, ao lado dos êxodos de população que marcaram as Cruzadas? E tratava-se de êxodos fecundos, sem nada em comum com esses lamentáveis efetivos que representam para nós uma tropa em marcha. Mal

A MENTALIDADE MEDIEVAL

instalados em costas hostis, conquistadas com muita luta, este punhado de senhores transplantados de sua província de Flandres ou de Languedoc revelaram-se construtores, juristas e administradores com um gênio adaptativo impressionante em territórios em que a língua, os hábitos e o clima lhes eram desconhecidos poucos meses antes. Dois séculos bastaram para se ver nascer, viver e ampliar-se uma civilização original, forjada peça a peça, e cujas reminiscências ainda nos maravilham.

Sabemos medir o trabalho que representa uma fortaleza como Château-Gaillard, ou uma catedral como a de Albi, mas o difícil de conceber é que ambas foram edificadas por figuras cujas vidas não passavam de idas e vindas: desde o mercador que deixava a sua loja rumo às feiras de Champagne ou de Flandres, ou para negociar nas bancadas da África ou da Ásia Menor, até o abade que ia inspecionar os monastérios; dos estudantes que iam de uma universidade a outra até os senhores que visitavam o seu condado ou os bispos nas estradas de sua diocese; dos reis que partiam para a Cruzada até a plebe que caminhava a Roma ou a Santiago de Compostela — todos, mais ou menos, participavam nesta febre de vaivém que fez do mundo medieval um mundo em movimento. Quando Guillaume de Rubruquis, a convite de São Luís, vai à corte do Cão dos mongóis, fica admirado de lá encontrar um ourives parisiense, Guillaume Boucher, cujo irmão possuía loja em Pont au Change e que, instalado na Horde d'Or, construiu para seus mecenas asiáticos uma "árvore mágica", em que serpentes douradas, enroladas no tronco, vertiam leite, vinho e hidromel. O arquiteto Villard de Honnecourt foi até a Hungria semeando, pode-se dizer, a *opus francigenum*, e foi um francês, Étienne de Bonneuil, que construiu, na Suécia, a catedral de Upsal.

Essa facilidade de partidas era firmemente ancorada nos costumes. Desde o momento em que fosse capaz de agir, isto é, desde os catorze ou quinze anos, o indivíduo tinha, segundo os seus hábitos familiares, o direito e a possibilidade de distanciar-se, de construir uma família, de exercer uma atividade própria, e nada do que lhe fosse passado da herança paterna lhe podia ser tirado. Por incrível que pareça, os mesmos laços que o fixavam no solo asseguravam a sua liberdade. Um pai de família podia partir para a Cruzada, deixando para trás terra, esposa e filhos: seus bens pertenciam à sua família mais do que a ele mesmo, e outros poderiam substituí-lo em seu ofício gerenciador. O errante que há nele não prejudica o administrador, e nada se opõe àquele que endossa alternadamente os dois papéis. O gosto da aventura é tal que mesmo o servo, preso à gleba, tem a permissão de deixá-la para sair em peregrinação. Quanto mais as tradições mantivessem o homem no lugar em que a natureza o fixara, mais o espírito do tempo compreendia a necessidade de evasão que corrige e compensa o sentido da estabilidade. Certas tradições chegavam a autorizar o viajante a tornar em sua rota o que lhe fosse necessário para a alimentação, sua e de sua montaria, e por todo canto os deveres da hospitalidade eram considerados como o que havia de mais sagrado: recusar asilo aos errantes era visto como uma falta grave, que acarretava algo tipo de maldição.

A Idade Média, além disso, conheceu excessos nesta ordem de coisas: testemunhou as medidas que a Igreja teve de tomar contra os clérigos errantes. E essa aptidão do camponês de partir de sua casa provocou os movimentos de "pastorinhos" que, por vezes, abandonavam-se às piores desordens. Mas o fato é que essa alegria da partida era uma promessa de vida e uma fonte de dinamismo incomparáveis. Foi assim que as trocas se multiplicaram na cristandade medieval, como entre a Europa e o Oriente. A época das grandes descobertas é a Idade Média; foi então que frutos diferentes e magníficos se aclimataram à nossa terra: a laranja, o limão, a romã, o pêssego e o damasco; foi graças às Cruzadas que a Europa conheceu o arroz, o algodão, a cana de açúcar; que aprendeu a valer-se da bússola, a fabricar o papel e ainda, infelizmente, a pólvora; no mesmo período, implantaram na Síria as indústrias francesas: vidraria, tecelagem, tinturaria; nossos mercadores exploraram o continente africano; um arquiteto europeu construiu a grande mesquita de Tombuctu e os etíopes recorreram aos nossos ourives de arte, pintores, cinzeladores, carpinteiros. Na Idade Média, viu-se Anselme Ysalguier, burguês pacífico de Toulouse, levar à sua cidade a princesa negra a quem desposou em Gao — na mesma altura em que vinha à França um médico das margens do Níger, cujos serviços foram solicitados pelo delfim, futuro Carlos VII. Solar e peregrinação, realismo e fantasia: tais são os dois polos da vida medieval, entre os quais o homem oscila sem o menor desconforto, unindo um e outro e passando de um a outro com uma facilidade que não se viu desde então.

Do todo, resulta a confiança na vida, uma alegria de viver que não encontra equivalente em nenhuma outra civilização. Aquela espécie de fatalidade que pesa sobre o mundo antigo, aquele terror do Destino, deus implacável aos quais os próprios deuses eram submetidos, eram totalmente ignorados no mundo medieval. Pode-se aplicar a ele os seguintes versos do poeta latino:

> [...] *metus omnes et inexorabile Fatum*
> *Subjecit pedibus* [...][1]

Em sua filosofia, em sua arquitetura, em seu modo de viver, por todo canto reluz uma alegria de ser e um poder de afirmação diante dos quais retornam à memória a risonha colocação de Luís VII, que foi criticado por sua falta de fausto: "Nós, na corte da França, temos apenas pão, vinho e contentamento". Magnífica expressão, que resume a Idade Média, época em que se soube mais que em qualquer outra apreciar as coisas simples, sãs e alegres: o pão, o vinho e o contentamento.

---

[1]   "[...] todos temem o destino inexorável/ Ele colocou os pés [...]" — NT.

Pequeno dicionário da Idade Média tradicional

América (Descoberta da) — Remonta ao ano 1000, aproximadamente; é devida aos *vikings*, que investiram de cinco a seis dias indo da Noruega à Groenlândia, onde foi erguido um bispado. Os groenlandeses, quando do chamado à Cruzada pelo Papa João XXII, em 1327, enviaram a Roma uma carga de dentes de morsa e de peles de foca como contribuição com os custos da empreitada.

Ano mil (Os terrores do) — Os historiadores do fim do século XVI, aos quais remonta a sua invenção, não mereciam ser conhecidos pelo seu senso do romanesco, ao menos no mesmo nível de Michelet, que se inspirou neles?

Arte gótica — A palavra *gótico* aplicada à arte medieval permanece sendo o único aspecto "tenebroso" da época, visto que o período não deve nada aos godos nem aos demais bárbaros e surgiu na Île-de-France em meados do século XII.

Asilo (Direito de) — O direito da Idade Média fundamenta-se em bases totalmente diferentes das nossas. Em parte alguma essa diferença fica mais evidente que neste direito de asilo que dá oportunidade mesmo aos criminosos; nossa época, pelo contrário, considera *a priori* todo acusado como culpado, donde a prisão preventiva, a qual, ao menos em princípio, estão expostos tanto o inocente quanto o criminoso.

BEL-PRAZER (POIS TAL É O NOSSO) — O primeiro soberano a fazer uso desta frase foi nada menos que Napoleão.

BURGUESIA — Nascida por volta do fim do século XI, quando da ampliação das cidades; só passou a tomar parte efetiva no poder no fim do século XIII; seu surgimento coincide com o declínio da Idade Média.

BÚSSOLA — Surgida no Ocidente no século XII; descrita em 1269 por Pérégrin de Maricourt; aperfeiçoada no século XIV.

CARRO DE MÃO — Comumente empregado na Idade Média. A atribuição de sua descoberta a Pascal, que não acrescenta nada de glorioso a ele, não seria uma piada de mau gosto?

CATEDRAL DE ORLÉANS — Citada como o modelo do gênero pelos românticos; data do século XVIII.

CORPORAÇÕES — O termo data do século XVIII; a coisa em si, com algumas exceções, do fim do século XV, ao menos em sua forma estrita e exclusiva, pois a burguesia, que sempre demonstrou maior espírito de casta que a nobreza, sem ter os mesmos encargos, logo reservou-se o monopólio do domínio.

CRUZADAS — Não se reduzem, como talvez se creia, a oito expedições: imaginemos uma Sociedade das Nações fundada sobre uma fé comum, em vez de sê-lo sobre uma convergência provisória de interesses, e organizando expedições ultramarinas.

PEQUENO DICIONÁRIO DA IDADE MÉDIA TRADICIONAL

EMPAREDAMENTO — Os enclausurados de Carcassonne forneceram a um de nossos mais estimados pintores acadêmicos o tema de uma obra muito comovente pela boa vontade que demonstra. Na Idade Média, o termo *emparedamento* designa a pena de prisão.

EPIDEMIAS — Se pudéssemos fazer uma lista de suas vítimas na Idade Média e a comparássemos às vítimas do alcoolismo e da tuberculose do século passado, não é certo que o balanço seria favorável a estas (visto que ambas as doenças, bem como a peste do século XVI, recaíram *sobre a população*, será que não mereceriam o nome de epidemias?).

FEITIÇARIA, FEITICEIROS — Os abusos dos processos sobre feitiçaria foram estigmatizados numa obra do Pe. Von Spee, S. J., a *Cautio criminalis*, publicada em 1631. Talvez seja surpreendente a data: é que os processos em questão, se começaram a surgir no declínio da Idade Média, no fim do século XV, só tornaram-se numerosos de fato no início do "Grande Século".

FEUDALIDADE — A única sociedade no mundo em que a base das relações entre os homens era a fidelidade recíproca e a proteção, devidas pelo senhor aos plebeus de seu domínio. É difícil compreender por que o termo foi empregado em relação aos trustes, pois é impossível encontrar nos textos a menor pista de acordo entre esses senhores para a exploração do povo.

FOMES — Foram numerosas, sobretudo no século XI, mas é difícil ter uma noção precisa delas, pois as do nosso tempo abrangem territórios muito grandes, ao passo que as da Idade Média eram bastante localizadas: o valor de um ou dois departamentos, no máximo, sofriam de um ano de má colheita.

GRAÇA DE DEUS (REI PELA) — Os dois sentidos que esta frase tomou são bastante reveladores, por sua oposição, do desenvolvimento da monarquia. Na boca de alguém como São Luís, o termo "rei pela graça de Deus" é uma expressão de humildade que reconhece a mão do Criador nas diversas missões designadas às Suas criaturas; na boca de alguém como Luís XIV, a mesma frase torna-se a proclamação de um privilégio de predestinação.

HIGIENE — "Ser recebido pelo rei sentado em seu trono era um privilégio que conferia um alvará especial, o "alvará de negócios" (Ernest Lavisse, *Histoire de France*); o castelo de Versalhes não comportava instalações sanitárias, e Luís XIV não tomou mais que um único banho em toda a sua vida. Essas poucas lembranças dos hábitos do século XVII mostram a extensão da mudança ocorrida nos costumes ao longo da Renascença. Basta lembrar que a Paris de Filipe Augusto tinha vinte e seis estabelecimentos de banhos públicos.

INGENUIDADE — "O Sr. Bédier me fez rever o preconceito da inconsciência e da falta de inteligência dos autores de canções de gesta. Por que supor, de fato, que eles não queriam ou que não compreendiam o que faziam?" (Gustave Lanson, *Histoire ilustre de la littérature française*, 2ª ed.).

INOCENTES (OSSÁRIO DOS) — Cf. Pátio de Milagres.

INQUISIÇÃO — A pena da fogueira foi empregada pela primeira vez aos hereges pelo imperador Frederico II, monarca "esclarecido", cético, muitas vezes excomungado e tido por todos os historiadores como um precursor da Renascença. Foi ao longo da mesma Renascença que a Inquisição assumiu, principalmente na Espanha e nos Países Baixos, o caráter que conservou na história e na tradição.

MASMORRAS — Não existe em documentos autênticos qualquer início de explicação para o curioso engano que fez os romancistas de imaginação confundirem a prisão, da qual, aliás, todo castelo feudal era provido, com as suas adegas de provisões.

MONGES — Lembremos que os maiores sábios, os maiores artistas, os maiores filósofos da Idade Média foram monges (cf. São Tomás de Aquino, Roger Bacon, Fra Angelico etc.).

MORGADIO (DIREITO DE PRIMOGENITURA) — Era o método que a Idade Média julgou mais seguro para evitar a fragmentação que implicava o abandono dos campos, e para estimular, nos caçulas das famílias, o espírito de iniciativa. Não foi pelo direito de primogenitura que a Inglaterra chegou a possuir o maior império do mundo?

NOTRE-DAME DE PARIS — As mutilações dos *sans-culottes* não devem fazer esquecer que graças à Revolução Francesa a sua fachada foi preservada — senão mantida intacta em seus detalhes, ao menos em seu conjunto: nos últimos anos do século XVIII, havia planos para demoli-la para reconstruir outra ao estilo do Panteão.

PÁTIO DOS MILAGRES — O bibliófilo Jacob representa o tipo mais exitoso dos historiadores para os quais a Idade Média está entre o Pátio dos Milagres e o Ossuário dos Inocentes. É de se lamentar que não tenha vivido o bastante para conhecer essas flores da civilização que são a zona em torno de Paris e certas periferias de nossas cidades grandes; ele teria encontrado nelas um tema mais autêntico para os seus talentos evocativos.

PATRIOTISMO — Se o nacionalismo inevitavelmente remonta à Revolução Francesa, o patriotismo existia bem antes de Joana d'Arc, como demonstram os companheiros de Carlos Magno, que morreram com o rosto virado para "a doce França".

Pernada (Direito da) — Diante de certas interpretações, fundadas em jogos de palavras (cf. *Bel-prazer*, *Emparedamento*, *Feudalidade*) e das quais "Direito da Pernada" é um exemplo impressionante, é de se perguntar se a Idade Média não terá sido vítima de uma verdadeira conspiração de "historiadores".

Probo — Representa o ideal medieval, como o *homem honesto* o foi para o século XVII. De acordo com Ménage, o homem probo deve possuir "a justeza de espírito e a retidão do coração; uma é uma virtude no espírito que combate os erros, e a outra é uma virtude no coração que impede o excesso das paixões, seja para o bem, seja para o mal". Na Idade Média, as qualidades exigidas do homem probo são resumidas nos versos seguintes:

> *Tant est prud'homme, si com semble*
> *Qui a ces deux choses ensemble:*
> *Valeur de corps et bonté d'âme.*[1]

Quimeras de Notre-Dame — Acrescentadas por Viollet-le-Duc quando da restauração do edifício no século XIX.

Raposa (Romance da) — Exemplo de criação popular, cuja popularidade foi tanta que o sobrenome de Renard ("raposa") viria a substituir o nome da raposa (*goupil*) e que chegou a ser adaptada por Goethe. Segue sendo uma figura do gosto pela mistificação, do senso de humor do qual não seria exagerado dizer que é a chave da Idade Média. Humor gratuito, visto que, ao contrário das fábulas antigas, não comporta segundas intenções moralistas.

Rãs — Cf. *Tanques*.

Servidão — A diferença entre a servidão e a escravidão permite entrar na grande oposição entre a sociedade antiga e a sociedade

---

[1] "É tão probo quanto o parece/Quem tem essas duas coisas reunidas/Valor de corpo e bondade d'alma" — NT.

medieval, posto que, ao contrário do escravo, tratado como objeto, o servo é um homem, possuindo família, casa, propriedade, e
encontra-se livre com o seu senhor enquanto tem paga a sua taxa
de licença, em troca da qual é protegido contra o desemprego, o
serviço militar e os agentes do fisco.

Suscitou grandes protestos: os dos servos, quando se os libertou
em massa. Estes, por sua resistência à medida, ficaram conhecidos
na história sob a alcunha de "servos recalcitrantes".

TANQUES — "O servo [...] passava as suas noites batendo na água
para silenciar as rãs que perturbavam o sono do senhor". A autora, que passou duas horas da noite batendo na água de um lago
na tentativa de silenciar as rãs, oferece grande recompensa a
quem puder demonstrar a veracidade da afirmação do Sr. Deviant
(*Manuel d'histoire, Cours Moyen*, p. II).

Para saber mais

Bezzola, R. *Les Origines et la formation de la tradition courtoise en Occident.* Champion, 1958–1963. 5 vols. gd in-8.

_____. *Le Sens de l'aventure et de l'amour.* La Jeune Parque, 1947.

Bruyne, Edgar de. *Études d'esthétique médiévale.* Bruges, 1946, 3 vol. in-4.

Cohen, Gustave. *La Grande Clarté du Moyen Age.* Gallimard, 1945.

Evans, Joan. *La Civilisation en France au Moyen Age.* Payot, 1930.

Focillon, Henri. *Art d'Occident.* Paris, 1938.

Génicot, L. *Les Lignes de faîte du Moyen Age.* Casterman, 1951.

Gille, Bertrand. *Les Origines de la civilisation technique. Le Moyen Age en Occident.* P.U.F., 1963.

Gimpel, Jean. *Les Bâtisseurs de cathédrales.* Le Seuil, 1980.

_____. *La Révolution industrielle du Moyen Age.* Le Seuil, 1975.

Haucourt, Geneviève d'. *La Vie au Moyen Age.* P.U.F., coleção "*Que sais-je?*", n. 132, 1957.

Labarge, M. W. *The Life of Louis IX of France.* Londres: Eyre e Spottiswoode, 1968.

Lagarde, G. de. *La Naissance de l'esprit laïc.* Paris, 1948.

Lubac, H. de. *Exégèse médiévale.* Aubier, 1959–1964, 4 vol. gd in-8.

Melville, Marion. *La Vie des templiers.* Gallimard, 1974.

Pognon, Ed. *L'An Mil.* Gallimard, 1947.

Richard, Jean. *L'Esprit de la croisade.* Le Cerf, 1969.

_____. *Le Royaume latin de Jérusalem.* P.U.F., 1953.

RICHÉ, Pierre. *De l'éducation antique à l'éducation chevaleresque*. Flammarion, 1968.

_____. *Education et culture dans l'Occident barbare*. Le Seuil, 1966.

ROUSSET, Paul. *Histoire des croisades*. Payot, 1957.

Siècle (Le) de Saint Louis. Hachette, 1970. Obra coletiva sob a direção de R. Pernoud.

ZUMTHOR, Paul. *Histoire littéraire de la France médiévale*. P.U.F., 1954.

Assinalamos, nas edições Stock-Plus, a coleção de textos "Idade Média" dirigida por Danièle Régnier-Bohler.

Direção geral
Renata Ferlin Sugai

Direção de aquisição
Hugo Langone

Direção editorial
Felipe Denardi

Produção editorial
Juliana Amato
Gabriela Haeitmann
Karine Santos
Ronaldo Vasconcelos

Capa
Gabriela Haeitmann

Diagramação
Sérgio Ramalho

Este livro acaba de imprimir-se
para a Quadrante Editora, nos alvores
do ano de 2025.

OMNIA IN BONUM